新世纪高等学校教材 · 工商管理核心课系列

项目管理

（第2版）

主　编◎曾赛星
副主编◎吕康娟　齐国友　董正英

Project Management

扫一扫进入课程资源学习

北京师范大学出版集团
BEIJING NORMAL UNIVERSITY PUBLISHING GROUP
北京师范大学出版社

图书在版编目(CIP)数据

项目管理／曾赛星主编．—2版．—北京：北京师范大学出版社，2022.6

新世纪高等学校教材·工商管理核心课系列

ISBN 978-7-303-27535-9

Ⅰ.①项… Ⅱ.①曾… Ⅲ.①项目管理—高等学校—教材
Ⅳ.①F224.5

中国版本图书馆CIP数据核字(2021)第244690号

营销中心电话 010-58802181 58805532
北师大出版社科技与经管分社 www.jswsbook.com
电子信箱 jswsbook@163.com

出版发行：北京师范大学出版社 www.bnupg.com
北京市西城区新街口外大街12-3号
邮政编码：100088
印　　刷：保定市中画美凯印刷有限公司
经　　销：全国新华书店
开　　本：730 mm×980 mm　1/16
印　　张：16.5
字　　数：341千字
版　　次：2022年6月第2版
印　　次：2022年6月第6次印刷
定　　价：48.00元

策划编辑：陈仕云　　责任编辑：陈仕云
美术编辑：李向昕　　装帧设计：李向昕
责任校对：陈　民　　责任印制：赵　龙

新世纪高等学校教材·工商管理核心课系列

编写指导委员会

新世纪高等学校教材·工商管理核心课系列

编写委员会

序言
PREFACE

随着经济全球化的深入推进以及新兴技术的快速发展，项目管理(Project Management)在理论与实践层面均突破了既往的“樊篱”，实现了前所未有的变革。如今，人们对于项目的理解，已经突破了传统的工程项目范畴，逐渐涵盖技术研发、新产品研制、企业组织发展乃至全球化合作等领域，项目管理也逐步成为推动社会有效运行与组织持续发展的重要载体。

21 世纪以来，各类重大项目的实施催生了项目管理理论的不断发展。项目管理理论不再局限于管理学与经济学，而与系统科学、控制科学、计算机科学、信息科学等学科深度交叉融合，产生了大量的创新研究成果。项目虚拟组织、复杂项目管理、信息化项目管理、项目风险管理、项目社会责任等理论成果不断涌现，促使项目管理理论不断完善。应该看到，我国项目管理在实践领域也取得了举世瞩目的成就，如青藏铁路通车、南水北调工程通水、港珠澳大桥成功落成、“蛟龙号”深海探秘等。这些项目的成功实施都离不开项目管理理论的应用，同时也在实践中对项目管理理论提出了新的需求，并在实践中逐步完善既往的项目管理理论，推动其持续发展。因此，项目能否成功实施正在逐步决定企业的成败，从而影响国家和区域的综合竞争力。

本书是一本从管理学角度构建项目管理体系并深入介绍项目管理知识的教科书，其特点主要体现在以下几个方面：首先，扩展了项目管理的内涵，将原本主要集中于建筑、交通等行业的建设项目扩展到软件开发、汽车制造等新兴行业；其次，介绍了新的项目管理理论，例如项目组织中的虚拟组织、项目治理中的社会责任、价值工程管理等；最后，融合了与时俱进的涉及多行业的全新项目管理案例，如疫情防控二维码的设计、概念车型的项目融资等，充分体现了项目管理理论与实践的高度融合。

本书共 11 章，在内容框架上，主要以项目管理过程为参考进行系统编排，同时包含了项目管理知识体系中的主要部分，力求向读者展现一个完整的项目管理知识体系与框架。第 1 章从整体上介绍项目管理概况，包括项目管理的历史发展、重要概念、知识体系以及时代新需求等；第 2 章围绕项目启动与范围管理展开，重点阐述如何识别一个可靠的项目以及如何实施项目启动、项目计划、项目范围规划与控制；第 3 章以项目组织管理为核心展开，重点解释了项目组织的构成以及如何选择合适的项目组织形式；第 4 章对项目进度管理进行分析，阐释了如何对项目活动进行排序、资源分配、时间估算、进度计划的制订与进度控制等；第 5 章分析了项目费用管理的重要性并详细说明了项目资源计划的编制、费用估算、预算编制与费用控制等内容；第 6 章围绕项目质量管理展开，论述了项目质量规划、质量保证与质量控制等内容；第 7 章解释了常用的项目融资方式，并对融资担保的主要形式以及融资文件的内容进行了介绍；第 8 章详细说明了项目采购与招投标管理，分析了招投标的程序、标书制作以及合同管理等内容；第 9 章将项目风险管理作为核心，阐述了项目风险的识别、分析、应对以及监控的全过程；第 10 章围绕项目治理展开，解释了敏捷项目管理、组织级项目管理、项目社会责任以及价值工程管理等内容；第 11 章对项目的信息化管理进行分析，详细介绍了项目管理软件的实施规划与基本应用。本书的每一章开篇都安排了本章要点与引导案例，方便读者快速掌握本章的核心内容；同时，在每章的末尾都设置了相应的思考与练习题，便于读者通过独立思考来回顾本章的核心内容。

本书由曾赛星任主编，吕康娟、齐国友、董正英任副主编，具体编写分工如下：曾赛星负责全面策划和架构设计并编写第 1、4 章，吕康娟负责编写第 2、3、8 章，齐国友负责编写第 6、10、11 章，董正英负责编写第 5、7、9 章。此外，陈宏权参与第 1、5、10 章的编写及引导案例的编制，高鑫参与第 3、10 章的编写及案例编制以及全书的统稿编排，马汉阳参与第 7 章的编写及案例编制，曾若辰参与第 4、10 章的编写，李玉龙参与第 1、4 章的编写。

为方便教学，本书配有项目管理课程教学大纲、电子课件、课后练习题参考答案及项目管理十大模板等教学资源，高校教师可加入北京师范大学出版社教学资源服务 QQ 群(群号：527033293)获取本书教学资源包。

在本书编写过程中，编者得到众多学术界和项目管理实践界专家的建议，在此一并致谢。

由于作者水平有限，书中难免存在不妥之处，恳请各位同行批评指正。

编　者

2022 年 1 月

目录 CONTENTS

第 1 章

项目管理概论

本章要点

- 项目及项目特征
- 项目管理要素
- 项目管理知识体系

引导案例

项目管理已成为提升企业竞争力及推动社会经济持续发展的重要依托。“蛟龙号”载人潜水器是一艘由中国自行设计、自主集成研制的载人潜水器，曾在2012年创造了7 062米的我国载人深潜纪录，也是当时世界上下潜能力最强的作业型载人潜水器。“蛟龙号”载人潜水器研制项目从立项到项目通过结题验收，历经21年的时间跨度，项目规划论证始于1992年，于2002年正式由科技部批复立项，2013年项目通过验收。“蛟龙号”研发项目是一个极其复杂的项目，主要涵盖潜水器本体、母船及水面支持系统、潜航员培训、应用体系4个子项目，而载人潜水器本体又分为总体、舾装、结构、推进、水声等12个分项目，无法依靠一家企业或机构完成全部的研发活动。“蛟龙号”载人潜水器由中国船舶第七〇二研究所等国内100余家科研单位共同研制成功，实现了我国深海载人装备技术由跟跑、并跑向领跑的重大跨越，是我国深海技术发展的里程碑。

1.1 项目管理的发展与应用

1.1.1 项目管理的发展

自从有组织的人类活动出现至今，人类就一直推动着各种规模的“项目”。中国的长城、印度的泰姬陵、埃及的金字塔、古罗马的尼姆水道等都是人类历史上运作大型复杂项目的范例。由此可见，项目在人类社会的经济发展中一直扮演着重要角色。如今，在工作和日常生活中，人们被各类项目所包围，例如家居装修、举办运动会、开发新产品、高速公路建设、港口建设、研制新能源汽车、建设巨型水利枢纽等。现代项目管理的发展缘起可追溯到20世纪40年代第二次世界大战的爆发。由于战争需要新式武器、探测需要雷达设备等，这些从未做过的项目接踵而至，不但技术复杂，参与的人员众多，而且时间又非常紧迫，因此，人们开始关注如何通过有效的项目管理来实现既定的目标。“项目管理”的概念就是从这时才开始被认识的。随着现代项目规模的不断加大，投资越来越多，涉及专业越来越广泛，项目利益相关关系越来越复杂，传统的管理模式已经无法满足成功运作一个项目的需要，于是产生了对项目进行管理的模式，并逐步发展成为对经济、社会各类生产与生活进行管理的主要手段。

实际上，项目管理的发展是各类项目管理实践的结果。传统的项目和项目管理的概念，主要起源于建筑行业和国防军事。对于建筑行业而言，传统的建筑项目应用最早，且面广、量大，组织实施过程与人们的生产和生活十分贴近。对于国防军事而言，庞大的军费开支以及特定环境条件下的军备竞争，都需要一套包括高效的质量、进度、成本甚至安全目标在内的管理体系。一般认为，“二战”期间以及20世纪60至70年代美苏争霸期间，美国军方为开展国防工业项目管理开发的计划评审技术、工作分解结构、值管理等一系列工具方法，对推动现代项目管理的发展发挥了重要作用。

现代项目管理通常被认为是第二次世界大战的产物，如美国研制原子弹的曼哈顿计划。在20世纪40至50年代，项目管理主要应用于国防和军工项目；60至80年代，其应用范围也还只局限于建筑、国防和航天等少数领域，如美国的阿波罗登月项目。进入21世纪以后，随着信息时代的来临和高新技术产业的飞速发展，现代项目管理的特点发生了巨大变化，应用范围也越来越广泛。

进入信息经济时代，管理人员发现此前建立起来的众多管理方法，已经难以适用现代化管理的需求。在制造业经济环境下，工业生产强调的是预测能力和重复性活动，管理的重点很大程度上在于制造过程的合理性和标准化；而在信息经济环境下，事务的独特性取代了重复性过程，信息本身是动态的、不断变化的，灵活性成了新秩序的代名词。在此背景下，人们很快发现，实行项目管理恰恰是实现灵活性的关键手段。

人们还发现项目管理在运作方式上最大限度地利用了内外部资源，从根本上改善了管理人员的工作效率，于是纷纷采用这一管理模式，并使之成为政府和企业重要的管理手段。经过长期探索和总结，现代项目管理逐步发展成为独立的学科体系，已成为现代管理学的重要分支。

项目管理的理论来自管理项目的工作实践。时至今日，项目管理已经成为一门学科，但是当前大多数项目管理人员拥有的项目管理专业知识不是通过系统教育培训得到的，而是在实践中逐步积累的，并且还有许多项目管理人员仍在不断地重新发现和积累这些专业知识。通常，他们要在相当长的时间内，甚至付出昂贵的代价后，才能成为合格的项目管理专业人员。近年来，随着项目管理的重要性被越来越多的组织(包括各类企业、社会团体，甚至政府机关)所认知，组织的决策者开始认识到项目管理知识、工具和技术可以为他们提供帮助，减少项目实施的盲目性。于是这些组织开始要求其雇员系统地学习项目管理知识，以减少项目过程的偶发性失误。在多种需求的促进下，项目管理迅速得到推广和普及。

目前，在欧美发达国家，项目管理不仅普遍应用于建筑、航天、国防等传统领域，而且已经在电子、通信、计算机、软件开发、制造业、金融业、服务业甚至政府机关和国际组织中成为其运作的中心模式，比如谷歌公司(Google Inc.)、苹果公司(Apple Inc.)、摩根士丹利(Morgan Stanley)、世界银行等在其运营管理过程中都广泛采用项目管理的运作模式。

1.1.2 我国项目管理的应用

20 世纪 80 年代以来，随着世界银行贷款项目在我国的启动，项目管理开始在我国部分重点建设项目中得到运用，如云南鲁布革水电站、二滩水电站等，并取得了良好的效果。进入 21 世纪后，我国掀起了一股项目管理热潮，项目管理逐渐扩展到各行各业。

但是，和国际先进水平相比，项目管理在我国的发展和应用仍有不足，仅在建筑、水利、国防等国家大型重点项目以及跨国公司的在华机构中使用较多。经过几十年的发展，我国依然迫切需要项目管理，尤其是在工程建设类项目之外，需要给予项目管理应有的关注。如今我国每年在各种项目上的投资以万亿元计，几乎涵盖了经济、文化、科教、国防等所有重要领域，诸如能源、交通、水利等基础设施项目，住宅、购物中心等房地产项目，农业发展项目、工业企业技改项目、环保项目、扶贫项目、科研项目、教育项目、体制改革项目，以及体育、文化活动项目等不同分类规则下的项目频繁见诸各类媒体。项目管理的需求几乎渗透到了各种形式的机构和组织中。

伴随着科技的进步和经济社会的持续发展，现代企业面临着严峻的竞争压力，几乎都在不断推出新产品、新技术、新工艺。而且在建设“一带一路”和人类命运共同体的背景下，我国涉外项目的比例将越来越高，中国经济正日益深刻地融入全球市场，对项目管理的国际化也提出了更高的要求。我国越来越多的企业管理者逐渐认识到采用常规的运行管理是难以应付的，必须成立专门的项目管理组织、组成专门的项目班子，采用项目管理方法。适应国际化形势与需求，进行科学的运作管理是各类企业、组织的当务之急。

1.1.3 项目管理应用的发展与需求

项目管理方式使企业能够处理跨领域、跨行业、跨区域的复杂问题，并能实现更高的运营效率，因此在现代企业发展中，项目管理具有很大的吸引力。一个企业中，众多的项目型组织交互在一起，不断推动企业的发展：来自不同职能部门的成员因为某一项目而组成团队，团队因为众多的专业化成员而具有广泛领域的知识——不仅仅是技术知识，而且对金融和预算、客户关系、合约以及后勤保障部门等都有深入了解。加上项目工作的弹性方式，需要及时将专家召集到团队，任务完成后他们又回到各自的职能部门。相较于传统的等级命令体系管理模式，项目运作通过“平面化”的结构，展示了一幅生机勃勃的企业运作状态。而这种状态(项目管理)的最终目的是使企业或机构能够按时地在预算范围内、高质量实现其目标。

回顾历史，人类发展的里程碑事件以及影响世界的超级企业诞生，都离不开一幕幕辉煌项目的图景。20世纪60年代，美国阿波罗登月项目的成功使得项目管理在实践中的应用得到了很大发展，也奠定了项目管理的科学地位。70年代项目管理首先在大型国防企业中开始流行并进一步得以完善。80年代随着项目管理知识体系的逐步推广、确立和完善，理论化程度越来越高，项目管理逐步开始向企业转移推广，在社会上得到越来越广泛的重视。进入90年代后，随着现代科学技术的飞速发展，管理科学领域内部革新与知识结构的重组，项目管理以其清新的面目脱颖而出，成为现代企业、政府部门和各类组织的最新管理科学，在社会上也得到越来越多的青睐并被各行各业广泛应用。而在如今数字经济的时代背景下，项目管理在各行各业的应用更加广泛。中国商飞、国铁集团、腾讯、阿里巴巴、字节跳动等在新产品开发中，都是通过先进的现代项目管理理论与方法来管理项目需求、控制进度和改进质量，并通过项目管理理论与方法的创新不断地改善项目实施过程，提高项目效率和效益。

项目管理已经形成了一套独特而完整的科学体系，产生了一套完整的科学管理项目的实用方法论。项目管理理论与方法在各行各业的大小项目中都得到了十分广泛的应用。而且项目管理的人才培养、需求识别、职业通道设计已经在各个领域形成了一套完备的体系。

美国《财富》杂志曾预言项目管理将成为21世纪人们的首选职业。目前，世界发达国家的各个行业对训练有素的项目管理人员有很大的需求，项目管理已经成为国际上流行的“黄金职业”，项目经理成了职场上的新贵。随着项目管理不断朝专业化、职业化的方向迈进，职业项目经理将会越来越受到重视。

1.2　项目

1.2.1　项目与项目特征

项目就是以一套独特而相互联系的任务为前提，有效地利用资源，为实现一个特定的目标所做的努力。关于项目，不同的学者和组织从不同的视角提出了各具特色的定义。

Martino 认为，项目是一个具有规定开始时间和结束时间的任务，它需要使用一种或多种资源，具有众多为完成该任务必须完成的互相独立、互相联系、互相依赖的活动。Harold 认为，项目是具有以下条件的任何活动和任务的序列：

①特定的目标；

②确定的时间范围；

③经费限制；

④需要消耗资源。

《国际标准 ISO 10006：质量管理——项目管理的质量指南》指出，项目是由一系列具有开始和结束日期、相互协调和控制的活动组成的，通过实施而达到满足时间、费用和资源等约束条件目标的独特的过程。过程的实施是为了达到规定的目标，包括满足时间、费用和资源等约束条件。世界银行提出，项目是指同一性质的投资，或同一部门内一系列有关或相同的投资，或不同部门的一系列投资。

美国项目管理协会(Project Management Institute，PMI)指出："项目是为创造独特产品、服务或成果而进行的临时性工作"。

德国国家标准 DIN 69901 提出，项目是指在总体上符合如下条件的具有唯一性的任务(计划)：

①具有预定的目标；

②具有时间、财务、人力和其他限制条件；

③具有专门的组织。

归纳起来看，项目一般具有一些共同的特征，了解这些共同特征有助于我们理解什么是项目。项目的共同特征可概括为如下 7 个方面。

①项目有一个明确界定的目标：一个期望的结果或产品。一个项目的目标通常依照工作范围、进度计划和成本来定义。例如，一个项目的目标可能是在 10 个月内把一款满足年轻消费者需求的新能源汽车，按 5 000 万元的预算(众筹)推向市场，而且能够高质量地满足年轻消费者个性化、多样化的需求。

②项目是独一无二的、一次性的工作。一些项目，因环境异常复杂、技术挑战巨大而成为独一无二的超级项目，例如京沪高铁、港珠澳大桥、青藏铁路等工程项目。

③项目需整合各类资源来执行任务。资源可能包括不同的人力、组织、设备、原材料、工具以及信息或数据。例如，举办一次国际会议就是一个需要整合筹备人、赞助商、后勤接待人员和会议场所等资源的项目。

④项目有具体的时间计划或有限的寿命。它有一个开始时间和目标必须实现的到期日。例如，参加一次商业比赛，必须在3月1日至5月31日的期限内完成。

⑤项目需要完成一系列任务。项目的执行阶段要完成一系列相互关联的任务，也就是许多不重复的任务以一定的顺序逐步完善直至完成，以达到项目目标。逐步完善意味着分步实施、连续积累。

【例1-1】 BD集团为扩大新能源车的产能，需要扩建工厂。首先要确定工艺流程性质、特点的定义，这些性质、特点将用做设计主要加工环节。其中，各种信息资料是工程设计图的基础，而工程设计图需要明确工厂布局细节、工艺流程以及辅助设备的机械特征。上述工作可以使项目管理者完善工程初步设计，接下来这个工程初步设计还要进一步具体化和细化，变成建筑施工图，用于施工建造。在建造过程中，根据需要在被许可的范围内进行解释和修改，并取得有关方面的批准，这些特征的逐步完善最终都反映在竣工图中。在检测和移交阶段，还要以调整运行方式为标准进一步完善这些特征。

⑥每个项目都有客户。客户提供必要的资金，它可能是一个人或一个组织，也可能是一个团队，或者是许多组织。例如，当一个公司从某政府部门获得一笔资金，开发一种疫情防护设备时，客户就是该政府部门。管理项目的人员和项目团队必须成功地完成项目目标，以使客户满意。

⑦项目具有一定的不确定性。每个项目都具有一定的风险性，一旦一个项目开始了，就有可能会发生无法预见的情况，如一个基础设施建设项目某些原材料的成本可能会高于最初估计的成本，恶劣天气可能会导致工期延误；一个境外投资项目，可能由于项目所在国政局变动造成搁置或被取消的结果。随着项目的进展，一些原有假定可能发生变化。所以，在项目开始前，项目经理应当在原有假定基础上准备一份应对风险或计划外事件发生的实施方案。

据此，可以看出项目的属性应包括：①明确的目标；②独特性/一次性；③消耗资源；④生命周期属性(明确的开始和结束时间)；⑤任务的可分解及复杂的相互依赖性；⑥目标计划与实施冲突属性。

围绕项目的上述特征，思考如下案例。

①安排一场迎接新生的文艺演出晚会。

②为一个新产品开发召开一次头脑风暴会议。

③在一座小城镇遭遇洪灾后进行重建。

④把一款自主品牌新能源汽车推向欧洲市场。

⑤对一个老小区进行智能宜居化改造。

1.2.2 项目生命周期

由于项目的一次性，每个项目都有一个从开始到结束的过程，在这个过程中，项目不同阶段具有不同的特征，需要完成的工作也有差异，我们把项目的这个从开始到结束的过程称作项目的生命周期，并把项目的生命周期分成四个阶段，如图 1-1 所示。

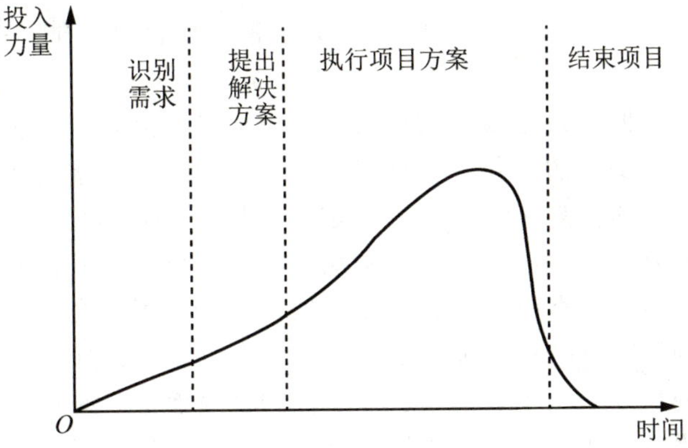

图 1-1 项目生命周期

客户(或业主)确定了需求，项目就诞生了。客户必须首先确定需求或问题，有些时候，问题会被迅速确认。而在另外一些情况下，可能会需要很长时间，收集问题的有关资料，确定解决问题的个人或团队等条件，顾客才能清晰地确认需求。对于项目管理而言，很多时候“发现真正的需求，要比盲目行动去解决‘伪命题’重要得多。”

项目生命周期的第一阶段涉及需求、问题或机会的确认，能导致客户向个人、项目团队或是组织征询需求建议书，以便实现已确认的需求或解决问题。具体要求通常由客户在需求建议书(Request for Proposal，RFP)中注明。通过 RFP，客户可以要求个人或承包商提交有关他们如何在成本约束和进度计划下解决问题的申请书。

例如，一对需要对新房进行装修的夫妇，可能会花时间来确认对装修的要求——风格、功能、预算以及他们想搬进去的日期，他们可能会写下这些要求，然后要求几个装修公司提出方案进行比较。然而，并不是所有情况下都有一个正式的需求建议书。如在一些会议或讨论中，人们通常会很任意地定义需求，某些情况下，愿意承担项目的人可能会自愿或被要求准备一份申请书。

项目生命周期的第二阶段，需要提出满足需求或解决问题的方案。这个阶段可能会有多个人或组织(承包商或供应商)向客户提交招标书，他们希望客户选择自己为其解决需求，并因此而获得酬劳。在这个阶段，承包商的努力很重要。对客户需求感兴趣的承包商会提出方案，并估计所需资源和执行解决方案所需时间。每个承包商都会以书面申请的方式，把有关信息用文件的方式表示出来，并把申请书提交给客户。

例如，若干个承包商可能会同时向一个客户提交有关开发和执行一个自动开发票和结账系统的申请书。在客户评估了所有申请书并选出中标者后，客户和中标的承包商将签署合同。有些时候项目是由公司内部的项目团队来做的，在这种情况下，项目是由公司员工来完成的，而不需要由外部承包商投标，这就是内包。

项目生命周期的第三阶段是执行项目方案。这个阶段开始于客户与承包商签订了合同之后，也就是项目的执行阶段，包括为项目制订详细的计划，然后执行计划。项目的执行阶段将导致项目目标的最终实现，决定整个项目是否能高质量地在预算内按时完成。

项目生命周期的第四阶段是项目结束阶段，当项目结束时，某些后续的活动仍需执行。例如：确定所有应交付的资料是否已提交给了客户，客户接收了吗？所有的款项已经交付结清了吗？所有的发票都偿付了吗？收尾阶段的一个重要任务就是评估项目绩效，并从中分析哪些方面有待改善，以便在未来执行相似项目时有所借鉴。收尾阶段还应当涉及从客户处获取反馈，以查明客户满意度和项目是否达到了客户的期望等活动。同样也应从项目团队得到反馈，以便得到有关未来项目绩效改善的建议。

项目生命周期的长度依据项目内容、复杂性和规模而定。而且，并不是所有项目都必然经历项目生命周期的四个阶段。如果项目的发起者和执行者是同一个团队，那么该项目可能只涉及第三阶段——计划和执行，项目生命周期的前两个阶段可能就与这个项目不相关了。

一般来说，当项目在商业环境中执行时，项目生命周期会以更正式、更富内在结构性的方式展开。

1.2.3 项目利益相关者

项目利益相关者就是积极参与项目，或其利益因项目的实施或完成而受到积极或消极影响的个人和组织，他们会对项目的目标和结果施加影响。项目利益相关者在参与项目时的责任与权限变化较大，并且在项目生命周期的不同阶段也会变化。然而，很多时候准确识别项目利益相关者也不容易。

项目利益相关者对于项目的影响，既有可能是积极的，也有可能是消极的。积极的利益相关者通常是指从项目的成功结果中获得利益者，而消极的利益相关者是指从项目的实施中看到利益受损的消极影响者。

每个项目都包括的利益相关者有：

①项目经理：负责管理项目的个人。

②顾客/用户：发起项目的个人或组织。

③项目实施组织：雇员最直接参与项目工作的单位。

④项目管理团队：完成项目工作的集体。

⑤项目团队成员：直接参与项目管理活动的团队成员。

⑥赞助人：为项目提供资金或实物财力资源的个人或团体。

⑦施加影响者：与项目使用没有直接关系，但因其在顾客组织中或实施组织中的地位而能对项目进程施加积极或消极影响的个人或集体。

在项目利益相关者管理中，项目经理需要关注以下三方面的工作：识别相关方、规划相关方参与、管控相关方参与。识别相关方主要包括定期识别项目相关方，及时了解他们的兴趣、参与度、依赖度、影响力以及对项目成功交付的影响。由于项目经理对外部环境以及项目本身的理解不断加深，识别相关方的过程能够帮助项目经理及其团队建立对每个相关方或相关方群体的适度关注。规划相关方参与主要是根据相关方需求和期望来制定相关方在整体项目中的参与过程，能有效地为相关方提供可行的互动计划。管控相关方参与包括管理和监督两方面。管理相关方参与是通过与相关方的协调与沟通以期确保项目目标和相关方期望的实现，并能针对动态需求做出及时调整，加强相关方的合理参与；监督相关方参与是通过制订并完善项目参与方的参与计划和策略来引导相关方合理参与项目，监督项目参与方关系健康度的过程。

【例 1-2】济南轨道交通 1 号线是山东省济南市第一条建成运营的地铁线路，于 2019 年 4 月 1 日开通运营，曾获 2020—2021 年度第一批国家优质工程奖和詹天佑奖。该项目部分利益相关者如表 1-1 所示。

表 1-1　项目利益相关者

序号	项目利益相关者	项目角色	基本需求和期望	对项目的影响程度
1	济南轨道交通集团有限公司	管理者	在保证工程质量和成本的基础上，顺利实现项目交付	高
2	北京城建设计发展集团公司	设计方	能获得业主支持。顺利完成业主委托，设计图纸复合标准	高
3	中国中铁股份有限公司	建设方	能获得政府部门大力支持，且获得市民理解。能够按时完工且获得较高项目收益	高
4	山东省地矿工程勘察院	……	……	……
5	上海同岩科技公司	……	……	……
6	济南市交管局	……	……	……
7	济南市气象局	……	……	……
8	济南市住房和城乡建设局	……	……	……
9	国网济南供电公司	……	……	……
10	济南市市民	……	……	……

1.2.4 项目与日常运作的关系

项目与日常运作具有许多共同之处，如：

①需要由人来完成。

②受制于有限的资源和规定的时间。

③需要规划、执行和控制。

然而，两者之间也有本质的不同，项目是一次性的、独特的；日常运作是持续不断的、重复进行的。项目的目标是实现其目标，然后结束项目，即当项目目标实现时，项目就结束了。而持续进行的日常运作的目标是维持经营，即在阶段性目标实现后确定一组新目标，然后持续进行。

项目是在组织中的所有层次上进行的。从时间角度看，完成一个项目可能需要若干星期，也可能需要若干年。项目可能仅需一人，也可能需要成千上万的人参与。项目可能只涉及组织中的一个单位，也可能跨越若干个单位，如组成联合体和伙伴关系。

因而，项目管理与日常运作管理有明显区别，项目管理充满了不确定因素，可以跨越部门的界限，并且有严格的时间期限要求。项目管理必须通过不完全确定的过程，在确定的期限内生产出产品或提供服务，进度控制常常对项目管理产生很大的压力。

而一般的日常运作管理则注重对效率和质量的考核，注重将当前执行情况与前期进行比较。在典型的项目环境中，尽管一般的日常管理办法也适用，但管理结构须以任务(活动)定义为基础来建立，以便进行时间、费用和人力的预算控制，并对技术、风险进行管理。

1.3 项目管理要素

1.3.1 项目的成功与失败

项目管理就是把各种知识、技能、工具与技术应用于项目活动之中，以满足项目的要求。项目管理是通过合理运用与整合特定项目所需的项目管理过程(如启动、规划、执行、监控和收尾)来进行的。

管理一个项目包括：

①识别需求。

②确定清晰而又能够实现的目标(进度、质量和费用)。

③在进度、质量和费用方面进行平衡。

④使技术规范说明书、计划和方法适合各方利益相关者的不同需求与期望。

有效控制项目的关键是定期监测项目实际进程，并与计划进程相比较，如发生的偏离超出允许范围，应立即采取纠正措施。

传统意义上，项目的成功，是指在进度、质量和费用的三大约束下完成项目。随着人们对商业价值的认识进一步加深，未来的项目成功则是指在竞争性约束条件下实现预期的商业价值。

应该看到，商业环境对项目管理的影响越来越大，主要表现在复杂性、竞争性和不确定性等方面。尤其对于创新性较强的项目而言，失败的概率较大。1994 年，美国斯坦迪集团(Standish Group)对 IT 产业的 8 400 个项目的调查结果表明：16%的项目实现了项目目标；50%的项目需要补救；34%的项目彻底失败。从失败项目的原因分析来看，问题主要来源于项目需求定义、团队组织和项目运行等方面，具体细分情况如表 1-2 所示。

表 1-2　项目失败的原因

项目需求定义	问题比例	团队组织	问题比例	项目运行	问题比例
定性不明确	15%左右			缺乏协调	11%左右
进度安排不当	10%左右	人员配置不当	12%左右	控制不良	7%左右
决策不力	8%左右	责任不明确	6%左右	沟通不良	6%左右
信息不良	5%左右	项目经理问题	5%左右	领导不力	6%左右
变化因素	4%左右			敬业精神差	5%左右
合计	42%左右	合计	23%左右	合计	35%左右

1.3.2 项目管理的益处

高质量地完成项目将会使项目参与者或管理者获得成就感。对于一个承包商来说，会促成将来与该客户或业主的再次合作，或者促成与其所推荐的新客户进行合作。

作为一名项目经理，在成功地领导一个项目之后，其知名度将会增加，并获得更好的职业发展机会。作为一名成功地完成了一个项目的团队成员，你会觉得在这个获胜团队里工作很愉快，你不仅对项目的成功做出了贡献，而且在工作中拓展了知识，增强了能力。

因此，良好的项目管理对组织进步的影响包括：

①建立良好的管理体系。

②营造和谐的项目管理文化。

③使项目成员有较高的工作热情和较明确的任务。

④明确的项目职责有利于促进管理人员的成长。

⑤能够缩短产品开发周期。

⑥有利于提高客户满意度。

【例 1-3】 华为公司是通信市场的领导厂商，在市场竞争日益激烈的情况下，华为的市场份额增长率持续领先。2019年度，华为的市场份额增长率为30.9%，居全球第一。华为公司的竞争优势除了来自对高科技的大量投入以外，还在于其努力建设一支优秀的团队来保障其领先地位。

华为的项目管理是一种业务运作模式。华为“以项目为中心”的运作不仅仅是一组实践或工具，更是一套相对完整的管理体系，包括政策、规则、流程、方法和IT工具平台、组织运作和评价等要素。这些要素在项目管理实践中集成应用，并通过一套三层的管控机制，有效开展项目、项目集和项目组合管理，最终实现商业价值。

1. 强底气，建设项目管理体系

华为的商业实践离不开公司战略的指导，华为的项目管理体系有效地支撑公司战略落地。该体系不仅包括项目本身的业务运作环节，也包括支撑项目的管理系统，涉及授权、考核、评价与激励等多个方面，也就是业界所称的组织级项目管理体系。

华为坚持用项目组合管理价值。以项目为中心的项目管理体系，牵引华为组织结构从“以功能为主、项目为辅”的弱矩阵向“以项目为主、功能为辅”的强矩阵转变，它包含项目组合、项目集、项目三个层次，而华为代表处、系统部和项目组分别对项目组合、项目集和项目负责。代表处是客户组合和产品组合管理的主体，承担华为战略目标实现的责任，是一个经营单元。代表处以年度预算为基础，在代表处层面优化资源配置，促进优质资源逐步向优质客户倾斜。系统部是项目集管理的主体，对经营目标的实现和客户满意度负责。项目组是项目管理的主体，基于契约开展优质、高效的交付，对交付进度、质量和客户满意等项目经营目标负责。

华为坚持科学度量成熟度。对于项目管理体系的成熟度，华为从组织、PMCoE、项目三个维度来度量。组织级度量标准从低到高分为五级：初级——公司不具备或未使用项目管理技能；推行——公司有基本的项目管理技能，偶尔使用，但不连贯，还处于开发过程中；运行——公司项目管理技能健全并全面运行，具有标准统一的流程；集成——公司项目管理技能娴熟实用，高度集成，在公司内持续使用，结果可预测；领先——公司项目管理技能达到世界领先水平，成为业界最佳实践。

2. 聚人气，培育项目管理文化

华为项目管理包含如下三种文化：理念文化，即公司价值观、项目管理价值观、高层领导的支持；制度文化，即规范的公司项目管理体系、明确的项目管理能力框架、匹配项目管理需要的组织架构；行为文化，即职业化的项目管理行为，卓越的领导力、战略和商业管理能力，健康的项目管理生态圈。

华为项目管理文化与华为企业文化一脉相承，是华为核心价值观的内涵在项目管理活动中的延伸和丰富，华为项目管理文化的精髓包括如下几个方面。

①以客户为中心。客户需求是华为发展的原动力，为客户服务是华为存在的唯一理由。为此，华为实行以客户为中心的作战方式，将支点建立在离客户最近的地方，让听得见炮声的人来呼唤炮火。同时，华为通过建构业务、流程、组织保障与信息化系统，建设以客户为中心的科学的管理体系及平台，支撑精兵作战，保障客户价值的成功实现。

②契约精神。华为坚持以诚信赢得客户，诚信是华为最重要的无形资产。契约精神的本质是一种双向的联系和规范，以立约方式确定人与人之间的互动关系。项目管理中的契约精神，就是项目成员拥有一种心理契约，养成按规则办事的习惯。为确保契约精神得以贯彻执行，华为的具体做法为：与公司立约，明确以项目为中心的政策、方法和流程，制定考核机制；与客户立约，客户的信任要靠不断的艰苦奋斗得来，没有客户的支持、信任和压力，就没有华为的今天；与员工立约，签订项目关键绩效指标(KPI)，实现高质量交付。

③结果导向。华为公司没有任何稀缺的资源可以依赖，唯有艰苦奋斗才能赢得客户的尊重和信赖。华为建立了以结果为导向的价值评价体系，将项目 KPI 纳入个人绩效承诺书，贯彻结果导向，传递市场压力。同时，华为坚持以奋斗者为本，建立基于给客户、上下游和团队带来的贡献和价值，以结果为导向的任职资格制度，使奋斗者获得合理的回报。

④团队协同作战。在“胜则举杯相庆，败则拼死相救”的团队合作方面，华为有著名的狼性文化，即目标一致、动作协同，同进同退、群狼众心，充分沟通、绝对服从，超强耐力、永不放弃。华为公司的每位员工都坚信：唯有建立健全的团队，企业才能立于不败之地。

资料来源：《华为的超强项目管理论》，搜狐网，2021-12-15。

1.4　项目管理知识体系

1984 年，美国项目管理协会(Project Management Institute，PMI)发布标准文档 A Guide to Project Management Body of Knowledge(PMBOK Guide)，即项目管理知识体系指南。该体系是一套反映项目管理专业共性知识的知识框架，为项目管理从业人员提供了快速提升自身知识水平和工作能力的系统基础知识。如今，项目管理已经发展成为一门专业、一种职业。尽管从行业领域的角度看，项目管理知识并不完全相同，但各行业领域的项目管理知识具有很多共性。作为一种职业，项目管理本身的特点对项目管理专业人员也具有一些内在的共同要求。

PMI 每 4～5 年更新一次 PMBOK 指南。2017 年发布的 PMBOK 指南第六版是在第五版的基础上修订完成的，在知识领域划分、项目过程划分、项目管理的工具方法等方面做出了修订。在该版本中，项目管理的核心内容分为 5 个过程组、10 个知识领域和 49 个管理过程。

5 个过程组分别是启动(Initiating)、规划(Planning)、执行(Executing)、监控(Monitoring & Controlling)和收尾(Closing)。

10 个知识领域分别是项目整合管理、项目范围管理、项目进度管理、项目成本管理、项目质量管理、项目资源管理、项目沟通管理、项目风险管理、项目采购管理和项目相关方管理。

2021年发布的PMBOK指南第七版包含价值交付系统和12个项目管理原则，强调项目的目的是交付价值，而不仅仅是交付物，这就强调了价值交付体系。总体来看，第七版PMBOK指南更加具有时代特征，更加面向未来。

1.5 项目管理的新需求

1.5.1 强调以客户为中心

在传统项目管理中，项目经理们用是否满足项目的三大约束即进度、质量和费用来衡量项目的成败。如果项目延期、成本超支或产生的可交付成果不能满足质量性能指标的要求，则项目就算失败了。目前，这种观念正在发生变化，越来越多的项目管理专业人员意识到，最惨痛的失败是所完成的项目不能让客户满意。

客户追求好的产品和优质服务，只有让客户满意，才有可能在市场上击败竞争对手；只有提供周到的售后服务，才可能赢得市场份额。因此，当今的项目管理者在关注项目属性的同时，也越来越关注客户和消费者满意度。

【例1-4】享道出行是上汽集团推出的移动出行战略品牌，全面覆盖网约车业务、企业用车业务、个人租车业务和出租车业务。企业通过不同项目来满足不同客户和消费者需求，提高其满意度。例如，为提高客户叫车体验，通过“一键叫车”功能可以同时呼叫舒享型专车、尊享型专车、商务专车以及出租车等多款车型；为保障司机和乘客安全，为客户端和司机端App提供“一键SOS保障”功能；为方便司机获得高效和私密的心理疏导，通过设置“一键呼叫”将免费心理热线嵌入享道司机端App。

1.5.2 对新技术应用的要求更高

在新环境下，企业往往面对着VUCA(Volatile Uncertain Complex Ambiguous)的情景，即存在易变性、不确定性、复杂性和模糊性，因此项目经理不仅需要了解管理方法和领导团队的技能，还必须有效搜寻、整理和吸收外部信息，以及时有效地响应外部环境带来的冲击。项目需求将不断进行调整，从规划、执行到监控的全过程都是动态变化的，分布式团队和并行执行也变成项目管理的日常。这是因为传统项目管理往往基于过去的结果预测未来的产出，从而提出相关项目需求和规划，而当今时代的项目管理需要不断吸收外部环境变量，通过分析假设条件来制订应急计划并测试先前假设条件，从而实现对项目需求和任务的动态调整。

信息技术等新技术在项目管理中的运用，能够高效地实现团队成员的及时交流和沟通，不断优化项目进程和目标，分布式协作管理的实现也解决了传统项目管理中的缺乏早期参与、治理不善、决策孤立等难题。当前，信息技术在项目管理中的运用主要包括通过云技术实现项目管理的远程协同和配合，从而确保项目管理者能够在充分了解项目需求的情况下，自上而下地进行工作分配，组建全球化的分布式团队，通过不同项目内容的并行执行，快速、高效地完成项目整体目标。

思考与练习

1. 简述项目管理应用的发展历程。
2. 什么是项目？项目具有哪些特征？
3. 列举 5 个日常生活中你所参与过的项目。
4. 客户在项目生命周期中扮演的是什么角色？
5. 项目管理的 10 个知识领域是什么？

第 2 章

项目启动与范围管理

本章要点

- 项目识别
- 项目启动
- 项目计划
- 项目范围管理

引导案例

2020 年年初，新冠肺炎疫情暴发，早期疫情在武汉快速传播，党和政府以及各行各业都迅速启动各种抗疫项目，积极开展疫情防控工作。

信息化项目“健康码”的理念和做法，迅速在全国得到普及和推广。“健康码”的开发与应用是我国“数字抗疫”的创新，也是政府与企业等多元主体协同提供公共服务的硕果，为抗疫防疫做出了巨大贡献。2020 年 2 月 4 日，杭州市余杭区政府提出数字化治理方案的项目需求，并迅速联合技术企业建立研发小组，于 2 月 7 日成功开发“健康码”并逐渐应用于全国范围内的公民健康管理(项目概况如图 2-1 所示)。“健康码”既是推动企业复工复产的必备工具，也成了每个人的“健康身份证”。除了可以动态显示个人疫情风险等级外，基于健康码，还可以开发企业复工管理系统与地区间数据互认，实现对企业复工复产情况和跨区域人员流动的动态精准管理。

“健康码”项目的快速实施，充分体现了项目识别、目标确定、项目计划与范围的编制等内容，充分体现了项目启动与范围管理在保证项目实施与落实中的重要作用。

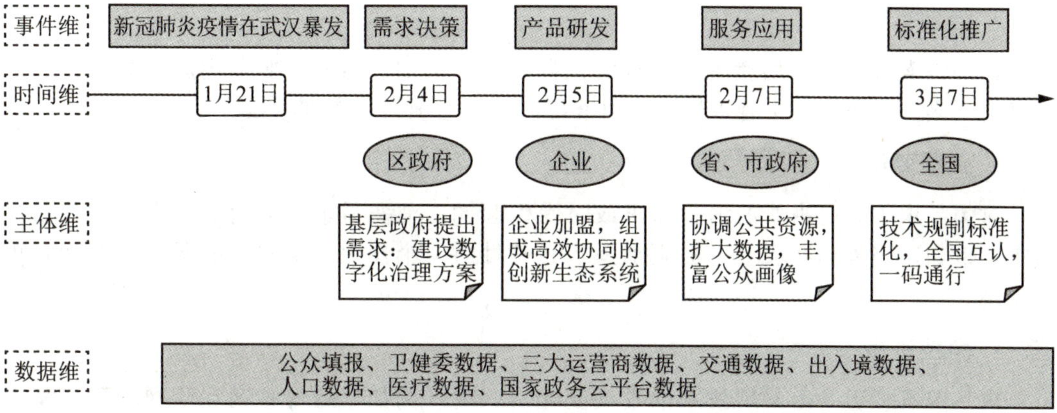

图 2-1 大数据驱动的防疫项目案例："健康码"

2.1 项目识别与选择

很多时候，人们可能意识到有哪些需要，但是，对于用何种项目来满足需要并不清楚。此外，满足同一需求，可以有多种项目。因此，如何识别和寻找新的项目、用新的方法来满足需要就变得尤为重要。

另外，当客观上产生了某种需要时，人们往往不能马上察觉。而当人们普遍感受到这种需要时，往往又无法马上对此需要加以满足，其原因是种种需要与项目的关系并非一目了然。例如，我国一些研究计划中涉及生产力长远发展的研究项目，如解决人类可持续发展遇到的能源、水源、粮食安全以及预防和减轻灾害的各种研究项目等，与人们的近期需要并非直接相关，但却能满足人们将来的潜在需要。

2.1.1 项目识别

研究和发现哪些项目能够促进国民经济和社会发展，能够提高人民生活水平或者提升企业的竞争力等的项目发现过程叫作“项目识别”。

随着社会生产力水平的不断提高，国际市场竞争变得异常激烈。企业要想开辟新市场或进入国际市场，就必须开发新的产品，为顾客提供新的服务。要实现这一目标，就要有新的项目。所以，识别新项目是非常重要的。

项目识别需要综合考虑以下几个方面的影响因素。

1. 市场需求

这一因素多数是由市场变化引起的。例如，由于市场长期的汽油供给短缺，一家石油公司决定建设一个炼油厂。

2. 商业机遇

这一因素大多与市场竞争中出现的机遇有关。例如，当需要职业生涯规划咨询的人数日益增多的时候，一个管理咨询公司就可以开发这项新的咨询项目。

3. 消费变化

这类需求主要是由新的消费需求或时尚引起的。消费需求的变化也会引发对项目的需求。例如，当人们在衣着方面更加追求独特性时，个性化、定制化的服装生产项目就会出现。

4. 科技进步

这一因素多数是由某项技术的发展变化引起的。例如，随着移动互联网和智能手机的普及，越来越多的企业开发与智能手机相关的新产品或服务，基于用户 App 的行为大数据以实现精准营销。

5. 法律要求

这一因素大多是由一个国家或地区的法律发生变化引起的。例如，政府颁布了新的大气保护法，汽车制造商们就要为解决汽车尾气排放达标问题而开展新的研究与开发项目。

项目识别阶段不仅要提出项目目标，也要识别有关的制约因素并从中明确制约实现项目目标的关键因素。项目制约因素多种多样，如地理、气候、自然资源、人文环境、政治体制、法律、技术能力、人力资源、时间期限等方面的限制条件。许多项目失败的原因就在于项目发起人和管理者忽略了这些制约因素。

2.1.2 项目构思

在激烈的市场竞争中，项目识别或项目构思越来越成为市场竞争者的重要活动。许多时候，识别有市场前景的新项目本身就是一个项目。目前，社会上有很多“策划”公司，它们策划的很多东西最后都变成了项目。有些媒体建议，应鼓励人们提出更多的新想法，尤其要鼓励人们提出有利于形成新的国民经济增长点、有利于更新国民经济结构、有利于改善产业布局的项目。

项目识别和项目构思是一种创造性劳动。识别和构思项目要有激情和灵感，这种激情源于立志成就一番事业的抱负。如李冰父子主持修建都江堰，林则徐谪戍新疆后修渠挖坎儿井，革命先驱孙中山先生在其《建国方略》一书中提出修建三峡大坝，等等。

2.1.3 项目识别和构思的方法

任何具有一定知识、经验和想象力的人都可以提出几个主意，列出几个项目。但是，要找出既是社会经济发展急需的，又是能够实施的，并且实施之后可以为社会和企业带来收益、不造成损失的项目，却不是一件容易的事。

一般来说，项目识别和构思的方法有以下两种。

1. 市场调查法

市场调查法是项目识别最基本、最直接的方法。在市场调查过程中，会发现许多需求或产生许多设想。通过市场调查可以发现以下事项。

①未得到满足的需要以及满足这些需要的最有前途的途径。

②由于缺乏基础设施、材料或人力等资源，或者由于发展过程中存在组织机构或其他障碍(贸易、国际收支平衡等)所造成的问题和制约因素；

③未利用或未充分利用的材料和人力资源，以及将其用于更好用途的机会，或者应被保护或储存，然而却被过度利用的自然资源。

④补充其他投资的需要。

个人或组织，除了直接进行市场调查之外，还可以从其他渠道了解对项目的需要。例如，各级政府的社会经济发展计划，社会团体和国际组织的建议，政协委员的提案和人大代表的议案，政治家和社会名流的言论，民众的呼吁，学者和专家的见解和意见，等等。还可以通过主动了解与评价社会、经济和科学技术的发展现状及未来方向来识别项目。例如，投资者可以到外地考察，与当地各界广泛接触，寻找投资机会。相对而言，若当需求已经迫在眉睫时才想到应实施何种项目，则称为被动项目识别。

2. 头脑风暴法

组织应当鼓励本组织内部尽可能多的人积极参与，深入思考，大胆提出各种项目设想。这样做不但可以广开思路，而且还可以降低决策失误的概率。

成功的组织应在预测、决策、规划以及其他方面都非常重视发挥集体的作用，利用集体的智慧。当组织遇到问题时，可以把有关人员召集在一起，让参加者出主意、想办法。通过适当的安排给参加者充分的自由，不加任何限制，允许其广开思路，提出想法。当有人提出想法后，其他人就会受到启发，也会提出一些新的想法。这些新的想法反过来又会触动最初提出想法的人，思想火花的碰撞使其头脑中升腾出更多、更好、更深入的想法。如此互相启发、互相补充、共同完善，最后就能汇集出好主意来。这种方法叫作“头脑风暴法”。头脑风暴法也是构思项目的常用方法之一。

2.1.4 项目的选择

经过项目识别和构思，企业或项目团队会有多种备选项目。此时，要通过项目选择从备选方案中选出最合适的项目。

1. 项目选择的基本原则

项目选择的基本原则是所选的项目必须与项目团队所在组织的发展战略保持一致。一个组织的发展战略、发展目标与其所从事的项目是密切相关的。

组织的发展战略最终是通过一个个项目的成功实施来实现的。组织的战略制定，首先要对组织所处的内外部环境进行分析，找出组织所处外部环境的机会和挑战，组织内部所具有的优势和劣势(SWOT 分析法)；其次根据组织的特点制定发展目标，围绕发展目标明确可能的战略规划，形成组织的战略；最后执行战略，将战略分解成一个个的项目逐步实现，最终达到组织的战略目标。组织的战略制定过程与项目选择的关系如图 2-2 所示。

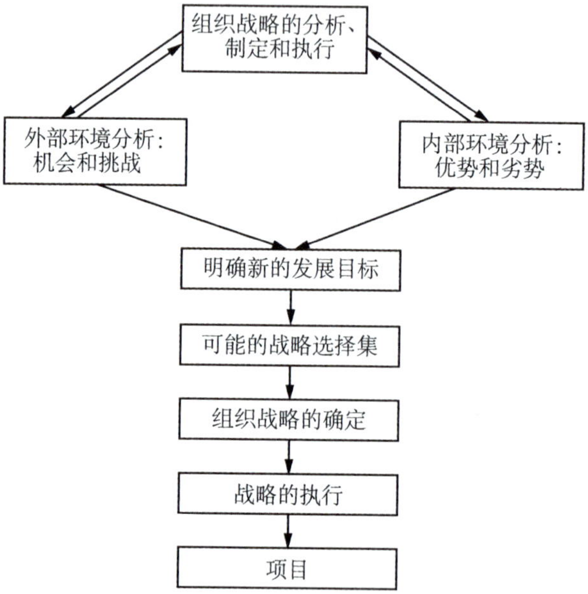

图 2-2 组织的战略制定与项目选择

SWOT 分析法是一种环境分析方法，后来被引入项目管理中进行项目战略决策和系统分析。SWOT 是英文 Strength(优势)、Weakness(劣势)、Opportunity(机会)和 Threat(挑战)的简写。SWOT 分析的基准点是对企业内部环境优劣势的分析，在了解企业自身特点的基础之上，分析企业外部的机会和威胁，然后对环境做出准确的判断，进而制定企业发展的战略和策略。

SWOT 分析是一种定性的分析工具，可操作性强。它把外界的条件和约束同组织自身的优缺点结合起来，分析项目或企业所处的位置，并且可随环境变化进行动态系统分析，以减少决策风险(如表 2-1 所示)。同时，该方法可以与多米诺法相结合，针对机会、挑战、优势、劣势为各战略决策打分。

表 2-1　SWOT 矩阵

	Ⅲ 优势(S) 列出自身优势	Ⅳ 劣势(W) 列出自身弱点
Ⅰ 机会(O) 列出现有的机会	Ⅴ SO 战略 抓住机会、发挥优势的战略	Ⅵ WO 战略 利用机会、克服劣势的战略
Ⅱ 挑战(T) 列出正面临的威胁	Ⅶ ST 战略 利用优势、减少威胁的战略	Ⅷ WT 战略 弥补缺点、规避威胁的战略

SWOT 分析一般分成五步：

①列出项目的优势和劣势，可能的机会与威胁，填入道斯矩阵表的Ⅰ、Ⅱ、Ⅲ、Ⅳ区；

②将内部优势与外部机会相组合，制定抓住机会、发挥优势的 SO 战略，填入道斯矩阵表的Ⅴ区；

③将内部劣势与外部机会相组合，制定利用机会、克服弱点的 WO 战略，填入道斯矩阵表的Ⅵ区；

④将内部优势与外部威胁相组合，制定利用优势、减少威胁的 ST 战略，填入道斯矩阵表的Ⅶ区；

⑤将内部劣势与外部挑战相组合，制定弥补缺点、规避威胁的 WT 战略，填入道斯矩阵表的Ⅷ区。

SWOT 分析的要点：

①SWOT 分析重在比较，特别是项目(或企业)的优劣势要着重比较竞争对手的情况，另外与行业平均水平的比较也非常重要。

②SWOT 分析形式上很简单，但实质上是一个长期积累的过程，只有在对自身企业和所处行业准确认识的基础上才能对项目(或企业)的优劣势和外部环境的机会与威胁有一个准确的把握。

③SWOT 分析必须承认现实，尊重现实，特别是对项目(或企业)自身优劣势的分析要以事实为基础，而不是靠个别人的主观臆断。

例如：经过调研分析，某个企业通过 SWOT 分析确定其发展战略为提高组织的运行效率，以满足顾客变化的需求。为提高组织的效率，企业要选择关于组织结构变革的一系列的项目来实现，以改善或重构经营流程、办事程序、制度、结构和文化，这里可能要选择组织结构调整和组织重构等项目。

2. 项目选择评价的方法

【例 2-1】近年来，AB 公司在项目管理过程中出现了许多问题。很多项目出现启动太晚、预算超支、产品性能不一致等问题。该公司目前选择项目的方法，主要考虑新产品开发项目的盈利能力和快速满足特殊消费者的能力两个指标。该公司选择的项目开发记录参差不齐，进度滞后、预算经常超支、产品性能不一致的情况时有发生，最后导致有些项目带来好的回报，而有些项目则造成亏损。公司高层管理人员聘请了咨询专家，对项目选择过程进行分析，并针对项目管理过程中存在的问题寻找有效的方法。咨询专家认为问题主要出在项目选择上。项目选择的主要方法过度依赖于折现现金流方法，凡是能够带来利润收入的项目都被高层认可，导致一个混乱的项目群，项目群中的项目互不协调，从而难以进行管理。咨询专家建议AB公司重新考虑公司的项目选择和审查过程。比如，所有新项目进入项目群之前，项目管理人员都要根据公司的战略目标进行衡量，并且要论证其与目前项目群的互补性。同时需要对项目经理的表现进行评价和分析。公司采纳了专家的建议，逐步改进了新项目的选择方法。

对于识别的多个项目，可以通过评价的方法决定项目的优先次序。首先确定选择评价的主要指标，其次对评价指标赋予一定的权重，然后对每一个可选择的项目的各个评价指标进行打分，最后计算出每一个备选项目的总分，得分高的项目具有较高的优先性。

【例2-2】 AC公司目前有5个待启动项目，但需要对项目启动的先后顺序进行评价。公司考虑了“与公司核心竞争力的一致性”等7项指标(如表2-2所示)，那么如何进行最优项目选择呢?

解：对该问题的解决可以采用德尔菲法，即首先由专家确定指标的权重，在本题表2-2的第一行已经给出指标权重。再对每一个可选择的项目进行计分，如项目1的总分为$1\times2.0+8\times1.0+2\times2.0+6\times1.0+4\times1.0+6\times1.0+5\times2.0=40$，然后按照得分高低对5个项目进行排序，得分高的项目具有较高的优先性。

表2-2 项目选择评价

评价指标	与公司核心竞争力的一致性	与战略的吻合程度	紧迫性	新产品销售前景	产品合格率能否得到保证	是否能保持客户的忠诚度	净收益率能否提高	总分
权重	2.0	1.0	2.0	1.0	1.0	1.0	2.0	
项目1	1	8	2	6	4	6	5	
项目2	3	3	2	3	3	5	1	
项目3	9	5	2	5	2	2	5	
项目4	3	3	10	6	5	6	4	
项目5	9	10	8	10	8	8	9	

3. 项目选择类型的平衡

项目的选择还要综合考虑企业所做项目的类型，以及项目资源的可获得性。如果某一个项目在项目评价中得分最高，但是目前企业正在做的有多个同类型的项目而且这些项目具有同质性，比如，同样的风险水平、使用同样的资源、投入大、回报期长等。这时就要从企业的层面考虑不同项目的短期效益和长期效益的互补效应，需要平衡企业资源的有效利用。

对科技性企业所从事的项目进行研究时，可以把一个企业所从事的项目划分为 4 种类型，如图 2-3 所示。在该图中，横坐标表示该项目的商业价值，纵坐标表示该项目的技术可行性。按照横纵坐标，把项目划分为面包奶油、珍珠、牡蛎、白象 4 种类型，其特点分别如下。

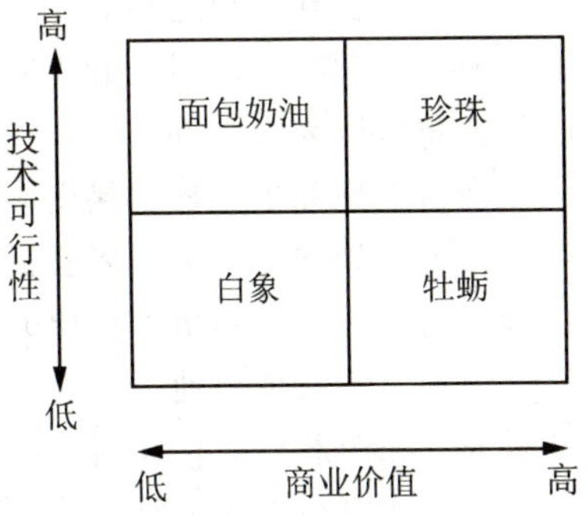

图 2-3 项目类型

①面包奶油项目。这种类型的项目容易实现，但是商业利润不高，包括企业内对产品和服务的持续改进过程。如软件的升级和制造成本的降低。

②珍珠项目。这种类型的项目实施可行性强，同时能够带来较高的商业利润。如已知可以进行大规模生产的新一代集成芯片的制造。

③牡蛎项目。这类项目能够实现良好的商业价值，但是对技术的要求比较高，不容易操作。如胚胎 DNA 的疾病治疗。

④白象项目。这类项目虽然操作的可行性很强，但是商业价值不大。如生产一种产品，而这种产品目前已经存在，且市场已经接近饱和。

企业在项目选择时需要平衡各类项目的数量，应该避免选择过多的白象类项目和过少的珍珠类项目，同时需要平衡面包奶油类和牡蛎类项目。企业的战略实现需要将关键的资源、资金和核心的技术投入到更多的珍珠类项目中。因此，在项目选择时，要注意平衡资源的利用率，平衡企业现有项目和新选项目的类型，确保企业的资源能够更多地投入到与企业战略一致的项目中。

2.2 项目启动

有些项目在选定之后还必须经过核准。项目核准即由项目实施组织决策者正式承认项目的必要性，把完成项目所需的全部权力交给项目经理的过程。此外，还有一些项目，由选定项目的个人或组织自己实施，无需由他人核准。

由政府投资的公共项目，必须按照法律、法规的规定，经过必要的程序，取得政府有关部门的批准。例如，建设项目要遵循基本建设程序；对环境产生不利影响的项目则要经过环境保护部门的审查批准等。

2.2.1 项目的启动

现代项目，特别是一些建设项目，技术复杂，项目时间长，需要投入巨额的资金、大量的人力和物力，单靠发起者个人或组织一家之力无法完成。项目发起者必须宣传、说服和动员社会上的有关力量，包括政府、企业等，给予其支持。

许多项目在核准之后，项目发起者自己并不实施项目，而是将其委托给项目经理和项目班子。此时，项目发起者就是“项目委托人”。项目委托人可以来自项目实施组织的内部，也可以来自外部。

项目经理和项目班子接受委托，正式着手工作之前，通常存在一个项目启动的过程。项目启动是让项目的参与者正式承认新项目或项目应当进入下一阶段的过程。项目或项目阶段启动后，项目班子就要开始项目或项目阶段的规划、项目计划的执行和控制过程。

小项目不必请求他人批准，启动过程很简单，如民营企业由自己的职工组成的项目班子开发一个新产品，无需再经过申请和批准过程。

只有在可行性研究结果表明项目可行或项目阶段必备的条件已经具备时，才可以启动项目。在不清楚项目是否可行，或项目阶段的必备条件尚未成熟之前，启动项目是不可取的。没有这样一个启动过程，项目参与者就不会行动起来，就不会根据自己的义务投入人力、物力、财力、信息或精力。

正式的项目启动过程应使项目实施组织所有有关成员认识到新项目或项目新阶段与自己目前正在处理的工作之间的联系，认识到新项目或项目新阶段在本组织发展中的地位和作用，认识到自己对项目应承担的义务和责任，因而能够给予项目经理和项目班子应有的支持。

项目启动时可以召开一个正式的启动会，让所有的利益相关者参加，例如，我国一些重大工程的开工典礼实际上就是项目启动过程的一部分。项目启动过程完成的实质性标志有两个，一是任命项目经理，建立项目班子；二是签发项目章程。一般来说，应当尽早地选定项目经理，并将其委派到项目上去。项目经理无论如何要在项目计划执行之前到岗。

2.2.2 项目章程或项目委托书

项目章程，或称“项目许可证书”“项目委托书”“项目使命说明书”等，是正式批准(认可、同意)项目的文件。该文件要说明项目的目的，包括要解决的问题、应利用的机会、应当满足的客户需要、组织发展战略需要、应当取得的成果以及对该成果的要求等。为了达到项目的目的，项目经理和项目班子必须制定项目委托人需要完成的任务，即项目的使命。项目章程通常由项目委托人、项目实施组织的高层管理者或者项目的主管部门颁发给项目经理和项目班子。项目章程颁发者的地位视项目的具体情况而定。项目章程赋予了项目经理或项目班子将资源用于项目活动的权利和职责。

【例 2-3】港珠澳大桥是“一国两制”框架下、粤港澳三地首次合作共建的超大型跨海通道。大桥于2003年8月启动前期工作，2009年12月开工建设，整个筹备和建设前后历时达15年，于2018年10月开通营运。为了保证项目的顺利进行，在2010年2月、

5 月，粤港澳三地政府分别签署《港珠澳大桥建设、运营、维护和管理三地政府协议》和《港珠澳大桥管理局章程》，其中章程规定了项目法人是港珠澳大桥管理局，负责大桥主体部分的建设、运营、维护和管理的组织实施等工作。

一般来说，项目章程应当包括以下内容。

①为满足顾客、赞助人及其他利益相关者需要、愿望与期望而提出的要求；

②经营需要、高层项目说明或本项目对应的产品说明；

③项目目的或项目实施的理由；

④委派的项目经理与权限级别；

⑤总体里程碑进度表；

⑥利益相关者的影响；

⑦职能组织及其参与；

⑧组织、环境与外部假设；

⑨组织、环境与外部制约因素；

⑩说明项目合理性的经营实例，包括投资收益率；

⑪总体预算。

在绝大多数情况下，委托人和受托人之间要签订合同。这时候，合同就是项目委托书，项目经理在接受委托时，一定要同委托人至少明确四件事，即资金、权限、要求和时间。如果是项目经理和项目班子自己选定和发起的项目，项目经理也应明确和落实资金、权限、要求和时间。

2.3　项目目标管理

2.3.1　项目的目标

目标是行动对象或想要达到的境地或标准。项目的目标可以有多个，即目标体系。

项目要创造独特的产品或服务或完成独特的任务，而创造独特的产品或服务或完成独特的任务的目的是解决组织遇到的问题、利用出现的机会或者满足组织的发展需要。

我们可以使用若干个指标来对项目目标加以衡量。假设某项目应取得的成果是一部反映城镇住房制度改革的电视节目，那么，对于这一项目的目标就可以用如下指标或标准予以衡量。

①内容是否客观、完整，即是否如实介绍了改革的缘由、发起、过程、重大事件、重要角色及其结果？

②观点是否正确，即是否宣传了城镇住房制度改革的本来用意？是否告诉了观众，城镇住房制度改革实际上是国民收入分配制度改革的内容之一？观众是否因此建立了信

心，坚信通过这样的改革，一定能够通过自己辛勤的劳动圆满解决自己家庭的居住问题？

③该节目的制作费用是否超过了预算？如果超过预算，则超过了多少？

④该节目的制作是否按期完成？如果未能按期完成，则延误了多长时间？

⑤摄制组人员是否健康、安全，是否发生过事故？如发生事故，情况严重吗？

⑥节目质量如何，画面、色彩、亮度、解说词和人物对白、音调、音乐等是否均达到了要求？

2.3.2 项目目标的标准

一般来说，项目目标要具有一定的标准，才可以进行目标管理。项目的目标要符合5个原则，即明确性(Specific)、可度量性(Measurable)、可完成性(Achievable)、相关性(Relevant)和可跟踪性(Time-bound)原则，又称为SMART原则。

①明确性原则：是指最终目标是否明确了应该做到哪一步以及何时完成。要达到的目标可用来决定项目的开始、暂停、结束或取消。含混不清的目标难以测定，也难以判断项目的目的是否已经达到，因而无法激励项目参与人员。项目的目标要具有清晰的指向性，即明确各目标与项目的费用、时间、性能指标、材料用量等变量的对应关系，同时需要明确各指标的计量单位，例如元、天、错误率、千克/立方米等。

②可度量性原则：即能在多大程度上测量最终目标的完成情况。可以量化的目标，如时间目标和成本(费用)目标，应当有一个允许变动的范围。只有这样，才便于测量项目的进展，及时发现问题；便于在不同的目标发生冲突时做出权衡；便于判定项目的目标是否能够实现；便于在必要时改变项目的方向或及时果断地中断项目。但有些时候，不得不使用一些无法量化的目标，如项目团队建设，有多种指标可用来衡量项目团队建设的好坏，包括人际关系、凝聚力、积极性、技能的提高等。显然，这些指标难以量化。

③可完成性原则：是指在规定的时间内，最终目标是否合理，是否能够实现，项目目标不能脱离现实。

④相关性原则：最终目标是否很重要、很有价值、是否值得实施，该目标与企业发展的其他目标是否有联系，是不是企业发展目标的一部分。

⑤可跟踪性原则：项目目标是否能够对整个项目的时间进程进行跟踪检查。

2.3.3 项目目标的管理

目标管理是在项目管理中经常采用的一种管理方法，它是相对于“过程管理”提出的。目标管理通过指导和监控行为提高工作绩效，也是一种有效的反馈工具，目标管理使员工知道组织对自己的期望，从而把时间和精力投入能最大程度实现重要组织目标的行为中去。

项目目标是在一定时间内、在预算内完成的工作范围，以达到使客户满意的最终目的。在制定项目目标时，我们可以通过提问的方式来明确目标：我们要做什么？我们为什么要做它？它将于什么时候完成？需要哪些资源？如何评估它的效果？项目在哪里完成？

项目目标的成功实现通常受到工作范围、成本、计划和客户满意度等的影响。为了确保项目能够成功，很有必要在项目开始前建立一份计划并明确项目的工作范围。

一旦项目开始了，就有可能发生无法预见的情况，进而危及项目目标中相关的工作范围、成本和进度计划的履行。例如，

①某些原材料的成本可能会高于最初估计的成本；

②狂风暴雨的天气可能会导致延误；

③为了满足性能规格，可能需要对一个复杂的自动化设备进行再设计和修改。

对于项目经理来说，在项目管理过程中的挑战就是防止、预测或克服这种意外情况的发生，以便能够在预算内按时地、使客户满意地完成各项项目工作。对于防止问题产生，以及当问题产生时，最大化地降低其对项目目标的影响，良好的计划和沟通都是很必要的。项目经理必须在计划和沟通上提前做好准备，并领导项目团队实现项目目标。

最后，项目经理的责任就是确保客户满意，这不仅仅是指按时并且在预算内完成工作或是在项目结束后咨询客户是否满意，而是需要在整个项目执行过程中使客户满意。因此，项目经理需要随时与客户沟通，使客户知晓项目进展情况，以便决定是否需要改变期望。定期地安排会议或做进度报告，经常进行电话讨论，发送电子邮件是实现这种沟通的一些方法。客户满意就意味着把客户作为合作伙伴，让承包商加入到项目中来，在整个项目过程中积极地参与，以获得项目的成功。项目经理必须了解整个项目过程中的客户满意度。通过保持与客户的定期沟通，项目经理完全可以向客户表示，他或她是真正关心客户期望的，以防止日后发生不愉快或者出乎意料的事情。

2.4　项目计划

2.4.1　制订项目计划的步骤

“凡事预则立，不预则废。”项目管理欲获得成功，亦应事先编制计划。计划是工作或行动前预先拟订的具体内容、目的、方针、办法、标准、规则、步骤、程序、过程等。

项目计划是项目经理和项目团队思想的具体化，体现了他们准备做什么、什么时候做、由谁去做以及如何做，是对未来行动方案的一种说明。项目计划的结果叫作“基准计划”。

在制订项目计划时，项目时间与费用等的估算都是根据预计情况，在基本假设的基础上所获得的。但项目实际的进度和发生的费用可能与基准计划相去甚远。很多时候，项目的时间、费用、范围以及其他目标可能会变动。

为了富有成效地开展工作，项目计划应该尽可能地保持稳定。但是，项目计划像其他计划一样，不可能完全一成不变。一般而言，项目的实施环境总是会变化的，因而无法完全准确地预料到项目在实际执行过程中可能遇到的各种意外情况。当环境发生变化时，就要适时地对项目计划(基准计划)进行修改。所以，在项目的执行过程中，要根据实际情况，对基准计划进行修订，以使计划更加符合实际。由此看来，项目计划的制订要反复多次进行，不可能一劳永逸。

项目计划的制订通常包括以下步骤：

①明确项目目标；

②将项目的工作范围分解为工作包；

③明确项目的具体活动；

④绘制网络图；

⑤进行项目时间估计；

⑥进行项目费用估计；

⑦编制项目的预算和进度计划。

项目计划的编制方法较多，如结构化的编制方法，这种方法就像一些标准的模板或表格一样，在计划编制时有着规定的格式或指导原则。例如，电气与电子工程师协会(IEEE)对“软件项目管理计划”的主要内容进行了标准化的界定，如表 2-3 所示。

表 2-3　IEEE 标准软件项目管理计划格式

项目管理计划的各个部分及其内容				
介绍	项目组织	管理过程	技术过程	工作包、进度和预算
项目概述；项目可交付成果；软件项目管理计划的制订过程；参考资料；有关定义和缩写说明	过程模型；组织结构；组织界限和界面；项目职责	管理目标和优先级；假设条件、依赖关系和约束条件；风险管理；监督与控制机制；人员计划	方法、工具和技术；软件文档；项目各项辅助职能	工作包；依赖关系；资源需求；预算与资源分配；项目进度计划

2.4.2 项目工作分解结构

一旦项目的目标确定，下一步就是确定需要执行哪些工作要素或活动来完成它，这需要编制一份所有项目活动的一览表。项目工作分解结构(Work Breakdown Structure，WBS)是一个常用的编制项目活动一览表的工具。WBS 是指以实现项目目标为最终目的，对应当由项目团队执行并创造必要的可交付成果的工作，按可交付成果将整个项目进行层次分解。WBS 将项目的整个范围组织在一起并加以明确。每向下分解一个层次，就意味着项目工作的定义深入一步，最终分解为工作细目。该层次结构以可交付成果为对象，包括内部和外部的可交付成果。项目的工作分解结构是项目管理的基本方法之一，工作分解得合理与否，关系到项目管理的有效性。

【例 2-4】图书馆“赦免周”项目的 WBS 开发过程

一家大型公共图书馆系统执行总监发起了一个名为“赦免周”的项目。这个项目的初衷是让读者归还过期的图书而无须缴纳罚款，无论他们过期了多长时间(该项目需要秘密地计划，否则人们会预计到赦免罚款周的到来而停止正常归还图书)。执行总监委派了所有的图书馆主管参与项目团队，他们进行了一天的项目计划研讨。明确了主要的可交付成果之后，团队划分成子团队来编制 WBS。流程进行了 20 分钟后，子团队就在 WBS 的问题上出现了一些争议。诸如“我们不需要做这件事”“你们漏掉了最重要的部分”这些争议话语充斥在房间里。项目的推动者探究这些争议的根源，发现参与者对于项目目标有非常不同的理解。有些人认为项目目标就是纯文本工作——在新的信息系统安装前清理清单文件；有些人认为项目的目标是抓住那些经常不还书的人；其他人认为项目的主要目的是致力于在社区内提高正面曝光率和努力改善图书馆的公共关系。通过三轮的探讨，所有团队成员最终同意项目的核心目标是改善公共关系。在一致的使命下，他们得以更快、更有效率地编制项目的 WBS。

最后，这个项目取得了成功，归还的图书超出了所有图书馆员工的想象，一些借出 10 年甚至更久远的书也完璧归赵。

1. WBS 的原理和方法

WBS 的主要原理是将任务主体目标逐级分解，直至最底层的任务活动可直接分派到个人去完成。将一个项目分解成易于管理的几个部分或几个细目，有助于确保找出完成项目工作范围所需的所有工作要素。它是项目团队在项目期间要完成或生产出的最终细目的等级树。所有这些细目的完成或产出构成了整个项目工作范围。WBS 实际上就是将一个复杂的开发系统分层逐步细化为若干个工作任务单元，这样可以使项目工作人员将复杂的、不知如何下手的庞大系统划分成若干个独立的能预测、计划和控制的单元，从而也就达到了对整个系统进行控制的目的。

工作分解的方法有两种：一种是基于成果或功能的分解方法，以完成该项目应该交付的成果为导向，通常包括确定相关的任务、工作、活动和要素等内容。另一种是基于流程的分解方法，以完成该项目所应经历的流程为导向，以确定相关的任务、工作、活动和要素。在实际项目实施过程中，具体采取何种方法进行项目分解，应针对项目的具体情况加以确定。

2. WBS 的表达方式

(1)树型结构图

常见的项目结构分解结果是树状图形。例如，如果你要组织一次旅游活动项目，按照 WBS 进行工作分解计划。对于该项目，可以考虑采用基于流程的分解方法，如图 2-4 所示。如果选择基于成果的分解方法，则难以进行分解。

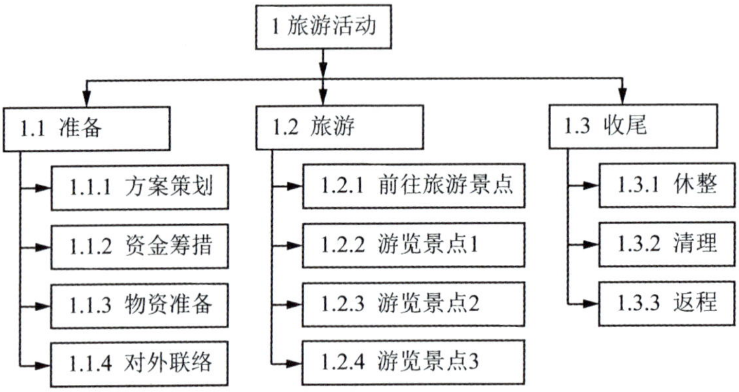

图 2-4 基于流程的工作分解结构图

(2)项目结构分析表

将项目结构图用表来表示则构成项目结构分析表，即项目的工作任务分配表。它的结构类似于计算机中文件的目录路径。例如上面的项目结构图可以用一个简单的表来表示(见表 2-4)。

表 2-4 旅游项目结构分解表(项目工作分配表)

WBS 项目	活动名称	负责人	预算费用	计划时间	……
1					
1.1 1.1.1 1.1.2 1.1.3 1.1.4					
1.2 1.2.1 1.2.2 1.2.3 1.2.4					
1.3 1.3.1 1.3.2 1.3.3					

3. WBS 的注意事项

①分解的结果应包含项目所有的工作要素，不能有漏项；

②分解的每一个工作要素都应有明确的范围和内容；

③分解的粗细程度应根据项目管理的需要加以确定；

④分解应运用系统分析思想，充分考虑项目各层次、各要素之间的相关性，即母子关系；

⑤分解过程中，不考虑工作要素之间的顺序关系；

⑥对分解结构中的各层次、各工作要素都需要编码；

⑦由高层向下层用多位码编排，要求每项工作有唯一的编码。

4. WBS 的作用

WBS 将大系统变成具体的小工作单元，使复杂的项目变得简单，难以预测变得易于预测，难以控制变得易于控制。WBS 是制订项目计划、编制项目预算、确定项目组织、分配工作的基础。

WBS 使我们对项目整体情况有了更加深入详细的了解，特别是对应做的工作有了更为清晰的概念。WBS 便于项目团队了解整个项目开发系统的结构，有利于加强合作与协调。

5. 责任矩阵

责任矩阵是以表格形式表示工作分解结构中每个工作的个人责任。这是项目管理中很有用的工具，因为它强调每一个具体的工作单元由谁负责，并表明每一个人的角色及其在整个项目中的地位。表 2-5 是旅游活动项目工作分解结构的责任矩阵。

表 2-5　旅游项目的责任矩阵

WBS 项目	工作任务	项目团队				
		张明	李红	赵光	刘乐	王海
1.1	准备	R		R		
1.1.1	方案策划	R	S	S		
1.1.2	资金筹措			R	S	
1.1.3	物资准备	R	S	S		
1.1.4	对外联络		S	R		S
1.2	旅游		R		R	
1.2.1	前往旅游景点	S	R			
1.2.2	游览景点 1			S	R	
1.2.3	游览景点 2		R			S
1.2.4	游览景点 3				R	S

续表

WBS 项目	工作任务	项目团队				
		张明	李红	赵光	刘乐	王海
1.3	收尾					R
1.3.1	休整					R
1.3.2	清理	S				R
1.3.3	返程				S	R

注：责任矩阵中用 R(Responsibility)表示主要责任人，用 S(Support)表示次要责任人。

2.5 项目范围规划与控制

项目范围管理是确保项目包括成功完成项目所需的各项工作，但只包括必须完成的各个过程。主要包括如下内容。

①范围规划：制订项目范围管理计划，记载如何确定、核实与控制项目范围，以及如何制订与定义工作分解结构(WBS)。

②范围定义：制订详细的项目范围说明书，作为将来项目决策的依据。

③制订工作结构分解：将项目大的可交付成果与项目工作划分为较小和更易于管理的组成部分。

④范围核实：正式验收已经完成的项目可交付成果。

⑤范围控制：控制项目范围的变更。

2.5.1 项目范围

由于项目范围是指为提供具有规定特征与功能的产品、服务或成果而需要完成的工作，所以项目经理和项目团队在制订项目计划时，不但必须明确应做哪些工作，交付哪些成果，还要明确哪些工作不属于自己的责任。

以炼油厂建设项目为例，业主将炼油厂的设计委托给设计院。设计院请业主说明油码头到炼油厂的输油管线是否要由本院设计。设计院和业主就这个问题的询问和回答实际上就是澄清设计项目的范围。

就项目而言，“范围”有两种含义，即项目成果的范围和项目及项目管理的范围。项目成果的范围，是指准备让项目创造的产品或服务具备的性能和功能；项目的范围，是指为了提交具备规定性能和功能的产品或服务，或为了完成规定的任务而必须做的工作。

成果范围和项目范围的区别可根据以下例子予以解释：

①粉刷住宅项目。住户原来想将室内墙壁刷成绿色，但他后来改变了主意想改成米

黄色。显然，粉刷住宅项目的成果范围变了。但是，项目范围是否也变了？这取决于时间因素。如果涂料已买，或者墙壁已经刷成绿色，则项目范围发生改变；如果尚未购买，则项目范围并未改变。

②炼油厂建成后的设备和设施、配备的各种电脑软件、新制定的规章制度、新招募的技术管理人员与操作人员等，都是该建设项目的成果；炼油厂建成后是否应当有从油码头到炼油厂的输油管线，也属于成果的范围问题。设计院是否要设计这条输油管线则属于设计院的项目范围问题。

成果范围是否完备应当根据成果最终使用者提出的要求来衡量，而项目范围是否完备则须对照项目计划来检查。两种范围的管理必须很好地结合为一个整体，以确保项目的工作最终能够交出规定的成果，满足项目要求。

2.5.2 项目范围规划

项目范围规划就是逐步细化为创造项目成果而必须完成哪些工作并编写说明书的过程。项目范围说明书需要明确做这个项目的原因和目的，明确项目的目标和应交付的主要成果。该说明书是制订项目计划中其他部分，如进度表、费用基准以及执行项目计划的重要基础。项目和子项目都需要编写范围说明书。

上述炼油厂项目业主与设计院澄清并一致同意设计项目的范围后，应将其写成设计任务书，即范围说明书。设计任务书是业主和设计院签订设计委托合同的基础。

范围说明书中特别要列出用以判断项目或项目阶段是否已经圆满完成的标准。一般而言，可以将项目和项目阶段的目标作为标准。一般来说，项目范围说明书要由项目班子来编制，应以工作分解结构为依托，编制各层次的多个范围说明书。项目范围说明书是项目班子和项目委托人之间签订协议的基础。

项目范围规划的结果是项目范围说明书，在编写项目范围说明书时必须了解以下情况，作为范围规划的依据。

①制约因素。在编写范围说明书时，需要考虑有哪些因素会限制自己的行动。例如，自己是否有足够的资源完成项目中规定的任务。

②假设。在编制范围说明书时，若将许多工作视为现成的条件，而实际上却须由项目班子自己承担时，一旦开始执行项目计划，就会遇到许多麻烦，例如，制备混凝土用的水，在我国绝大部分地区都可以在施工现场附近取得，大家对此已经习惯。于是，“就地取水”就成了很多人的一种假设。但是，这种假设在世界上许多地方不成立。

【例 2-5】SS 海外工程公司承担了某海外公路工程项目，在编制范围说明书时，并未预料到项目现场附近无法找到沙石料和水源，因此没有在报价中填报沙石料和水的运输费用。签订施工承包合同后，到现场才发现附近找不到满足合同要求的沙石料和水。无奈之下，只好从较远的地方运来，而且运距越来越长，路况极差，运输成本很高。结果导致工期严重延误，项目成本直线上升。

因此，在确定项目范围时，应以项目现场的实际情况为基础，而不能心存侥幸。

2.5.3 项目范围控制

范围控制指控制项目范围的变更。现实中，项目团队为了拿到项目，业务人员在客户面前信誓旦旦，最终签订项目合约。但是项目启动之后，项目经理和项目团队应该认真研究合同，与业务人员沟通，了解客户最想要的是什么，然后重新明确项目的范围，并让客户认同。但是在项目执行过程中，项目范围不可能一成不变，这时就需要进行项目范围的控制。

项目范围控制要在项目进行中按照项目的范围规划进行。如果在实际中按规划范围有困难，则要进行范围变更并且需要与客户沟通取得认可。另外，客户也可能主动要求变更项目范围。例如，客户的需求可能会发生改变，客户今天说的项目范围可能比昨天说的要多，有时候客户只会从结果考虑，他们想要什么，但是没有考虑这个过程。而项目管理者就要通过项目范围控制让客户尽量减少需求变更，一方面要锁定项目范围，另一方面需要做好沟通。当然，如果项目的范围必须改变，就应答应客户的要求，并签订好补充协议。

项目范围控制关心的是如何对造成项目变更的因素施加影响，并控制这些变更造成的影响。项目控制必须确保所有请求的变更与推荐的纠正都通过项目整体变更控制过程进行处理。项目范围控制也在实际变更出现时，用于管理这些变更并与其他控制过程相结合。未得到控制的变更通常称为项目范围潜变。变更不可避免，因而必须强制实施某种形式的变更控制过程。

项目范围控制的依据包括项目范围说明书、WBS、项目范围管理计划、绩效报告、批准的变更请求、工作绩效信息等。

思考与练习

1. 结合自身经历思考项目识别和构思的要素。
2. 如何启动项目？在项目启动时应做哪些事情？
3. 制约项目目标实现的因素是什么？
4. 列举和描述建立一个项目基准计划时所需的步骤。
5. 根据你目前正在参与或参与过的项目进行如下思考：

(1)描述项目目标、工作范围、进度计划、成本和其他的一些假定条件。

(2)项目在整个生命周期中处于哪个位置？

(3)试描述一些可能危及项目成功的意料之外的环境。

(4)试描述项目的预期收益。

第3章

项目组织管理

本章要点

- 项目组织
- 项目经理的主要职责
- 项目团队的构成
- 项目组织的选择

引导案例

港珠澳大桥工程项目是目前世界上最长的跨海通道工程项目。项目在建设过程中必须攻克极其复杂的技术和管理难题。由于项目穿越中华白海豚保护区，且要求全桥阻水比小于10%，必须满足很高环保标准。由于项目跨越海上重要航线，因而对项目施工过程中的安全管理和现场管理提出更大挑战。由于项目毗邻位于新界大屿山赤鱲角的香港国际机场，还必须满足相应的航空限高要求。因此，岛隧工程成为港珠澳大桥项目能够成功交付的关键，而外海沉管隧道施工技术掌握在外国企业手中，项目团队负责人集成了企业内部核心专业技术人员，邀请海外沉管隧道专家顾问，联合设计单位共同组建了应对外海沉管隧道施工技术的团队，最终，项目团队充分发挥合作精神，研究完成了外海沉管安装技术，研制了定深精挖船、沉管精调系统、拉合系统、沉管沉放水下测控系统等10余项国内首创、世界领先的先进技术和大型专用设备，实现了技术突破。

3.1 项目组织

项目组织对项目管理系统、文化、作风、组织结构等方面产生影响。

3.1.1 项目组织制度

项目组织是指其业务主要由项目构成的组织，可以分为以下两类。

①收入主要来自根据合同为其他组织实施项目的组织，如建筑师事务所、咨询公司、施工承包公司和政府采购承包商等。

②采用了按照项目进行管理的公司。这些组织往往都已有现成的管理制度，以利于实施项目管理。例如，它们的财务制度往往是针对多个项目同时进行的核算、追踪和报告而具体设计的。

一般情况下，不以项目为主业的企业往往缺少为高效支持项目需要而设计的管理制度，进而给项目管理增加困难。有时，不以项目为主业的组织会设有类似项目组织部门，或其他下属单位并配有相应的管理制度。

3.1.2 项目组织文化

大多数组织都形成了独特的文化，组织文化表现在各方面，如，愿景；价值观、规范、信念和期望；方针和办事程序；对权力关系的看法；工作道德；等等。

组织文化往往对项目有直接影响。例如，项目团队提出的不寻常或风险较高的方案，在一个进取心较强或具有开拓精神的组织中容易获得赞许。工作作风有强烈参与意识的项目经理，在等级界限泾渭分明的组织中会处处碰壁；而作风武断的项目经理在鼓励参与的组织中同样也会遇到麻烦。

3.2 项目经理

3.2.1 项目经理的角色

项目经理是项目管理的核心人物，作为领导者和决策人全面推进项目工作，并确保项目在预算和计划时间内优质完成。项目经理领导项目的计划、组织和控制工作，以实现项目目标为目的。

①项目经理是项目的计划者。项目经理必须高度明确项目目标，并就该目标与客户

取得一致意见。然后，项目经理与项目团队就这一目标进行沟通和交流，达成共识。

②项目经理是项目的组织者。项目经理要决定项目的具体工作由谁完成，把任务分配给具体的成员，然后根据任务对其授权。对于大型项目，项目经理也可以为具体任务团队选派领导。最后，项目经理应营造一种工作环境，使所有成员士气十足地投入项目工作中。

③项目经理是项目的控制者。项目经理要根据项目管理信息系统，跟踪实际工作进程并将其与计划安排进程进行比较。项目经理应定期召开项目工作会议，对项目的进程、时间进度、成本和相关的信息进行了解。如果实际工作进程落后于计划，或发生意外，必须立即采取措施。项目经理应及早发现问题，并采取行动，要在问题变得糟糕之前采取行动予以解决。

④项目经理是项目利益的协调人。项目经理与项目的所有关系人发生联系，并且要起到沟通和协调的作用，以保障项目不同利益者的信息畅通。项目经理与项目相关利益者的关系如图 3-1 所示。

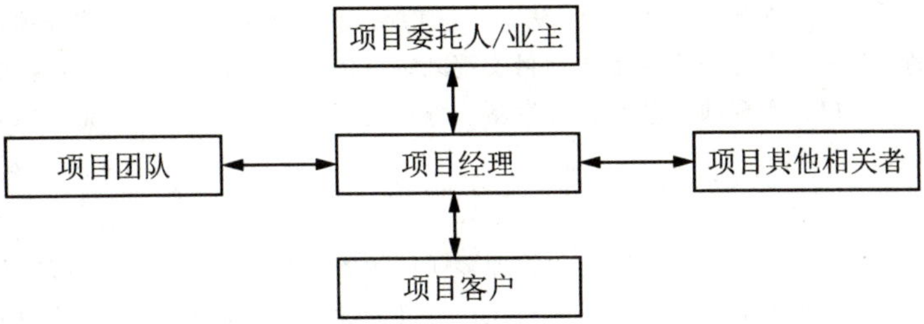

图 3-1 项目经理与项目相关利益者的关系

项目经理必须具有专业技能、控制能力、指导能力及协调能力，尤其是面对突发情境的应急处理能力。

3.2.2 项目经理的职责和工作描述

项目、环境和组织随公司和项目的不同而变更，因此，对公司来说，有理由为项目经理和相关人员提供合理的工作描述。

由于在项目管理环境中存在工作描述和权限重叠的可能，因此一些公司试图分别为每一个项目管理职位确定详细的职责，如表 3-1 所示。

表 3-1 项目管理职位和职责

项目管理职位	主要职责	技能要求
项目行政人员 项目协调者 技术助理	协调和综合子系统任务，协助确定技术和人才需求、进度和预算，根据技术进度、进度计划、预算来预测和分析项目的执行情况	计划编制 协调 分析 对组织的了解

续表

项目管理职位	主要职责	技能要求
业务经理 项目工程师 项目经理助理	与上述相同，但更强调对项目要求的确定和把握；进行权衡；根据制定的项目进度和预算对技术进行指导	专业技术知识 权变分析 任务实施管理 对任务专家的领导
项目经理 项目集经理	与上述相同，但更注重项目计划的编制和控制；协调和商谈投资者与执行组织间的要求；提出发展建议和价格；建立项目组织并配备人员；全面领导项目计划的实施；实现项目利润；开发新业务	全面领导项目集 组建团队 解决冲突 管理多种职能任务 计划编制和资源配置 接洽客户或投资者
项目集执行经理	一般在超大项目集中设立此管理头衔，职责同上；主要是指导整体项目实现既定目标；联系客户；实现项目盈利；开发新业务；培养项目组织	业务领导 综合项目业务管理 组建项目集组织 培养人员 开发新业务
项目集总监 项目集开发副总裁	通过各种项目组织负责管理多项目业务，其中每一业务由一个项目经理领导；主要负责企业规划和发展，实现盈利，完成技术开发，制定项目集管理指导方针，培养人员和组织	领导 战略计划编制 项目集业务指导和管理 组织建设 关键人员的挑选和开发 新业务的开拓和发展

3.2.3 项目经理与项目集经理的技能要求

为了获得成功，项目经理与项目集经理必须清楚以下几点。①自己的下属；②应该完成的任务；③可用的工具；④组织结构；⑤组织环境，包括客户群。

只有充分了解公司各机构间的相互关系和行为要素，项目经理才能营造满足团队工作需要的和谐氛围。同时，项目经理还应该了解他所处的工作环境中的文化和价值体系，仅仅依靠专业技术知识或纯粹的管理技巧的经理时代已经不复存在了。项目管理的有效执行与下面10种特殊的技能直接相关：团队组建、组织、领导、企业家才干、冲突解决、行政管理、专业技术知识、管理支持构建技能、规划、资源配置。

当然，除了上述技能外，随着项目管理的发展和成熟，项目经理还需具备商务知识、风险管理以及整合技能。其中，最关键的技能是风险管理。随着项目规模越来越大，整合管理的复杂性也更加明显。早期的项目经理会把大量时间花在与团队进行计划编制和修订上，这是因为项目经理通常是技术出身。如今，部门经理作为技术专家承担了大部分计划制订和修订工作，项目经理则主要致力于整合各部门计划，编制一份整体项目计划。

3.2.4 项目经理的项目职权

项目管理结构创造了一个可能引起职权授权及内部职权结构混乱的关系网。在描述项目职权时，必须考虑 4 个问题：项目职权是什么？权力是什么，如何实现？应该授予项目经理多大的项目职权？谁来解决项目职权交接问题？

在规划阶段，项目小组建立一个包含下列要素的职责分配矩阵（Responsibility Assignment Matrix，RAM）：①总管理职责；②专门职责；③必须征询其意见的人；④可以征询其意见的人；⑤必须通报的人；⑥必须得到其批准的人。

职责矩阵通常被认为源于直线职责图（Linear Responsibility Chart，LRC）或职责分配矩阵图。直线职责图确定参与人、活动完成程度及决策制定的程度，试图阐明当不同的职能单位共同分担一项工作任务时可能存在的职权关系。

图 3-2 是一个典型的直线职责图，其中的行表示要求的活动、职责或职能，它可以是工作细分结构中的任何工作任务；其中的列或者表示岗位、头衔，或者表示拥有某种头衔的人。如果把该表交给一个外部客户，那么解决客户相关问题的唯一头衔应该出现在这个图中，否则客户会直接找员工而不会通过项目经理这道关口。其中的符号表示存在于行与列之间的职权或职责的地位。

采购原材料	项目经理	项目办公室	团队成员	部门经理	项目发起人
准备物料清单		△	●	▲	
联系供货商		△	●	□	
走访供货商	■	●	●	□	□
准备订货单		●	▲		
批准支出	○	■	□		
发出订货单			△	●	
检查原材料		□	△	●	
质量控制测试		■	△	●	
更新财产清册		▲	▲	●	
准备财产清册报告			△	●	
收回原材料		■	●		

图例
○ 总管理职责
● 专门职责
△ 必须征询其意见的人
▲ 可以征询其意见的人
□ 必须通报的人
■ 必须得到其批准的人

图 3-2 直线职责图（职责分配矩阵图）

将项目经理的职权规范化的最好方法是通过项目章程明确，它是图 3-3 中所示的 3 种方法之一，通过这些方法项目经理可以实现其职权。项目经理的职权可以通过文本形式进行公示。

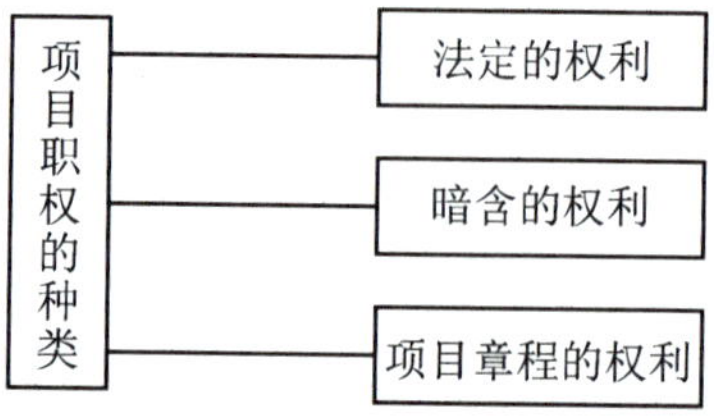

图 3-3　项目职权的种类

3.2.5 由技术专家向项目经理转变

如前所述，多数项目经理曾经是技术专家。但研究表明，在现实工作中，由技术专家走上管理岗位的人员中，有70%仍然持有技术人员的心态。所以，项目经理有时会陷入“做事”的陷阱中，常常喜欢继续做原来的技术工作，感觉做管理工作总是不如做技术工作那样舒服。如果这样下去，项目经理就会被项目团队成员看成一名技术工作者，而不是管理者，以后他们只会在技术问题上向项目经理寻求帮助。技术专家要转变成真正的项目经理，需要关注以下变化，调整心态。

1. 由专注技术转向关注拥有技术的人

项目经理不应只专注于技术，而应专注于借助他人的劳动，获得和组织有技术的人。项目经理的工作重心不再是技术，应由做自己感兴趣的事转向做自己该做的事；并且要学会授权，让技术人员来做事，调动成员的激情、兼容的价值观和成就感，形成团队的共同愿景。将思维转移到获取和分配资源、人际调整、激励上，具有解决问题和决策技能，善于聆听、反馈和处理人际关系。

2. 由理性转向感性和理性相结合

技术的指标一般可以量化，而量化的目标可以简单地判断是否达到，量化的目标在理解上不会产生歧义。但管理本身没有度量单位，它产生的效果往往必须通过其他指标反映出来。所以项目经理不应只追求理性和量化的结果，而应将创造性的工作和直觉合理地结合。

3. 由追求完美转向追求满意

管理不同于技术，是一种持续改善的过程，只有是否合理、有效之分，而没有对错之别。项目不可能达到完美，但追求顾客满意，追求团队和相关利益者满意，是项目经理的目标。所以，在实践中建议灵活使用“二八原理”。

4. 由技术权威转向管理能手

项目是以目标为导向的，不是以技术或活动为导向的，因此项目经理的权威应在管理方面。项目经理不应只热衷于技术的开发和创新，应由着眼于项目工作转向着眼于项目的商业价值，实现由技术权威到管理能手的转变。

项目经理在选择领导模式时，既要注意强调下属把任务完成，又要注意处理好与下属的交往或关系。刘易斯提出的一个领导模型把领导模式分为 4 种类型，即手把手模式、影响模式、参与模式和授权模式，如图 3-4 所示。

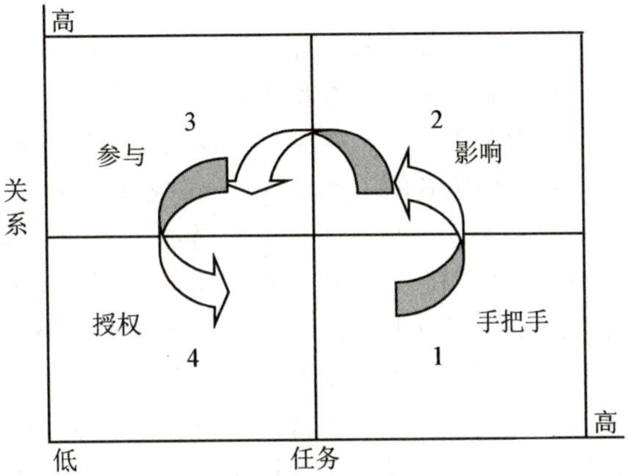

图 3-4　领导模型

不同的领导模式有不同的适应条件。

(1) 手把手模式：下属不能做也不愿做。

(2) 影响模式：下属不能够但很愿意做这件工作。

(3) 参与模式：下属能够做但不愿意或缺乏信心。

(4) 授权模式：下属既能做也愿意做。

按照这个模型，可以得出一个有趣的结论：随着员工成熟度的增长，监管者最终可以授权给他，这样就可以把监管者解放出来管理其他事务。因此，尽管参与模式具有很强的吸引力，但授权模式显然是最理想的模式。

3.3　项目办公室

如图 3-5 所示，项目团队由项目办公室及其职能人员组成。虽然图中的项目办公室人员都被标以项目经理或项目经理助理的职务，但现实中有些办公室人员可能没有任何头衔。具有此类头衔的好处是他们有权直接和客户对话。这样的称呼非常重要，因为当项目经理和客户交谈时，他代表的是公司；相对的，职能部门员工仅能代表个人。

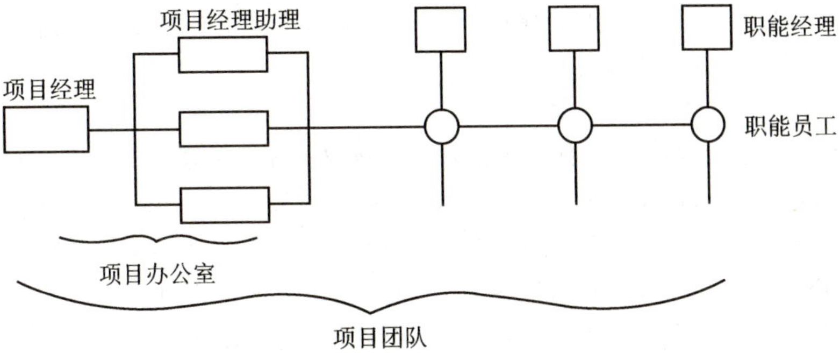

图 3-5　项目组织

项目办公室是帮助项目经理履行职责的日常办事机构，项目办公室人员必须与项目经理一样对项目尽职尽责，并且要与项目经理和部门主管保持良好的工作关系。项目办公室的职能如下。

- 作为内部控制和客户报告的信息中心
- 控制时间、成本和成效以符合合同要求
- 确保所有的工作要求都有记录并分发到各个关键人员手中
- 确保所有的工作都有合同的授权和资金的供给

项目经理和项目办公室人员的主要职责是对组织中跨职能部门的工作进行整合，像工程、研发和生产这些职能机构及公司外的分包商，都必须按同样的规范、计划甚至目标工作。缺乏这些职能机构的有效整合是项目失败的最常见原因。项目成员要尽力完成为保证项目成功所要求的各项工作，而不只是履行其职能责任。解决因整合不力而引发的问题的最好办法是项目办公室成员的全职化参与，并非项目团队所有成员都是项目办公室人员，有时候处于项目层与职能层间的部门代表也可充当整合者，但其“屁股”更靠近于工作最终完成的地方(职能部门)。

项目经理面临的最大挑战是确定项目办公室的规模。理想的规模是通过权衡决定的，一方面要保证完成任务所需的人员数量，另一方面又不能超过行政管理的成本控制线。成员资格则取决于项目规模、内部要求、项目类型(如研发、质量、产品)需要的技术水平和客户要求等，同时成员规模还取决于该项目的战略地位。如果该项目具有战略性质，那么项目办公室的规模会趋于增大，尤其是在项目还有后续工作的时候。

在不同规模的项目中，如果没有长期固定的项目人员，项目也是很难成功的。许多高层管理者对项目办公室的性质和用途存在误解。他们认为工作于项目办公室中的职员首要考虑的是项目的管理，而不是提高专业技术知识。但是，一个没有经过二级、三级项目和职能部门交叉培养的员工，不可能执行项目各阶段的工作。例如，一个成本项目经理可能曾经是采购经理助理的助理。项目办公室中的轮岗培训是培养优秀项目经理的一个极好办法。

【例 3-1】 项目绩效的 OKR 管理法

《德勤全球人力资本趋势报告》指出，绩效考核最早出现在 19 世纪的美国，当时，工人的工作可以很好地被量化，比如铺设了多少火车轨枕、工作了多少时间等。但是现在超过 70%的员工在服务型和知识型的岗位工作，他们的绩效多来自技能、态度、创新、对团队的指导和贡献方面，这些需要长期被培养，所以，对员工的绩效管理更应该侧重员工能力的持续发展。这一点是非常适合对项目经理和项目管理团队进行考核的。

OKR(Objectives and Key Results，目标与关键结果法)是一套定义和跟踪目标及其完成情况的管理方法。恰当运用 OKR，可以帮助提高沟通效率、降低管理成本、增强员工能动性。OKR 由英特尔公司(Intel)发明，已经被世界很多公司采用，包括百度、字节跳动、优步(Uber)、谷歌(Google)、领英(LinkedIn)、推特(Twitter)等。目前广泛应用于 IT、风险投资、游戏开发、创意等以项目为主的企业中。OKR 在项目中应用起来简单直接、透明。每个目标不超过 4 个具体的 KR，每个 KR 都必须能够直接完成对应目标，项目团队中每个人的目标和 KR，都是公开和透明的。OKR 强调目标导向的人力资源考核，因为首字母 O 就是目标，可以说是无目标，不 OKR。而传统的 KPI 考核偏离了对目标的强调，而是重点强调考核。但是 OKR 实施的要点是将项目目标与个人目标契合起来。

3.4 项目团队

3.4.1 项目团队的含义

项目团队一般由项目经理、项目办公室(其成员不一定直接向项目经理汇报)及职能组织和项目组织的界面管理成员(他们在水平和垂直两个方向汇报信息)组成，是成员直接参与项目管理活动的协同工作队伍。因此，项目团队的特性体现在：项目团队具有很高的目的性；项目团队是一种一次性临时组织；项目团队强调的是团队精神和团队合作。不同组织中的项目团队由不同的人员组成，具有不同的稳定性和不同的责权利构成。

3.4.2 项目团队的组建与发展

1. 项目团队的组建模式

项目团队组建是指获取完成项目工作所需的人力资源。项目团队组建可以运用下列途径或模式：①预分派；②谈判；③招募；④虚拟团队。这里主要介绍虚拟团队。

虚拟团队为项目团队成员的招募提供了新的可能性。虚拟团队可被定义为具有共同目标，并且在完成角色任务过程中基本上或完全没有面对面的一组人员。虚拟团队的特点包括：

①虚拟团队不具有法人资格，也没有固定的组织层次和内部管理系统，而是一种开放式的组织结构。参与单位提供各自的核心能力进行横向或纵向的合作，而不必通过固定的组织形式实现组织的功能。他们的合作关系是动态的，一旦目标实现、产品或项目生命期结束，虚拟组织自动解散或重新开始新一轮的组合运作过程。

②虚拟团队中的成员可以遍布各地，彼此也许并不存在产权上的联系，完全突破了以内部组织制度为基础的传统的管理方法。虚拟团队按照平等的原则组建，成员之间是平等合作的伙伴关系，在信任的基础上实现知识产权、技能和信息资源的共享。

③团队成员的协调是通过信息和通信系统实现的。互联网技术、计算机技术以及电子商务技术等是虚拟团队的技术平台，推动了虚拟团队的发展。

④虚拟团队实现目标的方式是通过提供各自的核心能力和资源的优化配置，优势互补。在互联网上，通过竞争招标或自由选择等方式确定合作伙伴关系，通过资源的整合利用和能力的互补，迅速形成各专业领域中独特的竞争优势，以低成本和最快的速度对市场做出反应，完成单个企业难以承担的项目。

同时，也应看到虚拟团队还存在一些问题，如：

①虚拟团队的控制力较弱。在项目中有可能失去对信息、技术和一些外部资源的控制。传统的项目组织可以通过严格的层级制度对组织成员的行为、信息、资源和技术加以控制，工作中出现问题可以通过企业内部的组织机构进行协调、控制加以解决。虚拟团队建立在相互合作基础之上，每个成员只能控制项目中的一个小部分，如果某个环节或合作者出现问题会造成整个项目过程的断裂，导致项目的失败。

②由于通过信息技术无法获得软信息，容易导致信息反馈失真和项目失控。

③与传统组织不同，虚拟团队的管理者需要花更多的时间在组织成员之间的协调与沟通上。在应如何评价虚拟团队的管理业绩，如何对管理者进行激励，以及如何与其他组织成员共同工作从而提高组织整体效率等方面还存在许多问题。

【例3-2】为了应对造车新势力所带来的市场冲击，SQ集团推出了自主品牌的新项目——ZJ电动车。有别于传统汽车制造企业与用户的关系是从产品交付时开始建立，ZJ电动车的开发希望在产品设计前期将用户融入项目中，构建虚拟团队，用户可以把自己的理念反馈给设计师，SQ集团期待即将启动的ZJ电动车项目可以更好地满足消费者的个性化需求。

2. 项目团队的组建过程

任何项目团队的创建和发展都需要经历形成阶段、震荡阶段、规范阶段和辉煌阶段，如图3-6所示。

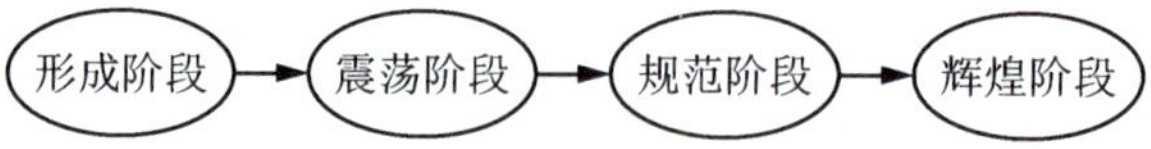

图3-6 团队的组建过程

(1)形成阶段

形成阶段是项目团队的初创和组建阶段。在这个阶段中，团队成员由个体而归属于一个团队，总体上有一种积极向上的愿望，团队成员的情绪特点包括激动、希望、怀疑、焦急和犹豫，在心理上处于一种极不稳定的阶段。在这一阶段，项目经理需要为整个团队明确方向、目标和任务，为每个人确定职责和角色，以创建一个良好的项目团队。

(2)震荡阶段

震荡阶段是项目团队发展的第二阶段。在这一阶段，团队成员按照分工开始了初步的合作，有些成员会发现项目的工作与个人当初的设想不一致，有些成员会发现项目团队成员之间的关系与自己期望的不同，有些团队成员与项目管理人员或项目经理发生矛盾，因此产生抵触情绪。在这一阶段，团队成员情绪的特点是紧张、挫折、不满、对立和抵制。在震荡阶段，项目经理需要应付和解决出现的各种问题和矛盾，需要容忍不满的出现，及时解决冲突，协调关系，消除团队中的各种震荡因素。

(3)规范阶段

经受了震荡阶段的考验后，项目团队就进入了正常发展的规范阶段。在这一阶段，项目团队的矛盾要低于震荡阶段。这一阶段团队成员的情绪特点是信任、合作、忠诚、友谊和满意。项目经理在这一阶段应该对项目团队成员所取得的进步予以表扬，应积极支持项目团队成员的各种建议和参与，应该努力地去规范整个团队的行为和全体团队成员的行为。

(4)辉煌阶段

辉煌阶段是项目团队不断取得成就的阶段。在这一阶段，项目团队的成员积极工作，努力为实现项目目标而做贡献。这一阶段团队成员的情绪特点是开放、坦诚、依赖、团队的集体感和荣誉感。项目经理在这一阶段应该积极放权，以使项目团队成员更多地进行自我管理和自我激励。同时，项目经理应该及时公告项目的进程、表彰先进的团队成员，努力帮助项目团队完成项目计划，实现项目的目标。

3.4.3 项目团队管理

项目团队管理是以提高项目绩效为目标，将跟踪团队成员工作状况、提供反馈建议、协调各种变更、解决涌现出的各类问题等作为主要内容的一项管理活动。实施项目团队管理可以采用的技术包括观察与交谈、项目绩效考核、冲突管理、问题登记等。

1. 观察与交谈

通过观察与交谈可随时了解项目团队成员的工作情况与态度。项目管理团队将监控相关指标，如项目应交付的成果绩效、团队成员引以为豪的成就以及人际关系等。

2. 项目绩效考核

采用正式还是非正式的项目绩效考核要取决于项目工期长短、复杂程度、组织政策、劳动合同要求以及定期沟通的数量与质量。项目团队成员从其主管处获得反馈。评估资料也可采用360度反馈方法，即从多种不同渠道，如上级领导、同级同事和下属人员，获得某人绩效情况的反馈信息。

3. 冲突管理

由于冲突的来源包括资源匮乏、进度安排的先后顺序和个人工作风格等，因而团队规则、团队规范、成熟的项目管理制度可减少冲突。如果意见分歧成为负面影响的因素，首先应由团队成员负责解决相互间的冲突，如果冲突升级，项目经理应协助促成满意的结局。

4. 问题登记

如果在项目团队管理过程中出现问题，可通过书面登记方法记录负责解决特定问题的人员，以及问题解决的要求日期。问题登记有助于团队成员监控问题的绩效，直至问题得到解决。

3.4.4 团队精神与绩效

团队精神体现在团队成员之间高度的相互信任和依赖，所有成员具有共同的目标与平等的关系，通过积极参与项目和互动合作，能够实现自我激励和自我约束。团队精神需要一定合理有效的团队建设。所以，团队精神能够使团队获得更高的工作绩效。项目团队成长各阶段的绩效水平与团队精神见图 3-7。

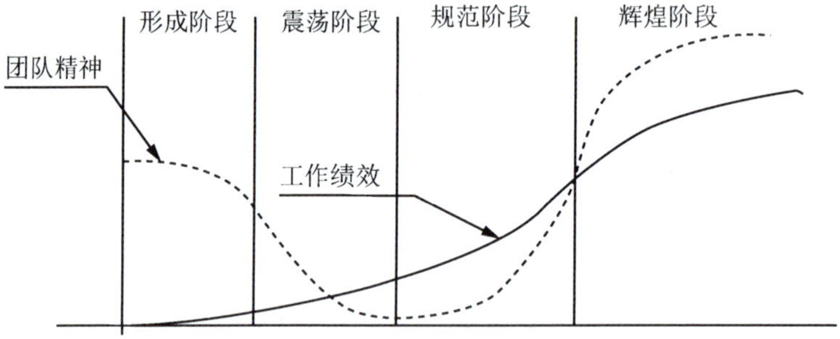

图 3-7　项目团队成长各阶段的绩效水平与团队精神

除团队精神外，团队绩效还受到其他因素的影响，如项目经理和管理人员的能力、项目管理的目标、职责分配、沟通、激励、制度规范等。因此，正如图 3-7 所示，两者之间的变化并非完全的正相关关系。

此外，学习型组织的创建对提高团队绩效水平也有积极的促进作用。所谓学习型组织是指善于创造、获取和转移知识，并且根据这些新知识和新见解改正行为的组织。

【例 3-3】20 世纪初，英国的乡村有一套牛奶配送系统，将牛奶送到顾客门口。由于牛奶瓶没有盖子，知更鸟与山雀常常毫不费力，便在顾客开门收取牛奶前，先一步享用。后来，随着生产商加装了铝制的瓶盖，知更鸟与山雀便不再拥有这种“免费早餐”。但到了 20 世纪 50 年代初期，当地的所有山雀居然又都学会了刺穿铝制瓶盖，重开“免费早餐”的大门。而知更鸟，却只有少数学会了，始终没有扩散到其余的大多数。为什么山雀可以，而知更鸟却不能呢？

山雀在年幼时期，就已习惯和同类和平相处，甚至编队飞行。而知更鸟则是排他性较强的鸟类，在其势力范围内不允许其他雄鸟进入，同类之间基本上是以敌对的方式沟通。因此，虽然两者同属鸟类，但和谐相处的山雀，比起互相敌视的知更鸟，更能学习互助，进化程度更高。山雀经历了组织学习的过程，借由个体的创新技能，传送给群体成员，成功增加了族群对环境的适应力。

在一个群体之内，如果内部竞争太激烈，成员之间无法沟通，是难以发展成一个学习型组织的。要成为学习型组织，先决条件是必须有和谐的氛围，组织内的成员才能互相分享知识。

团队建设的具体对策如表 3-2 所示。

表 3-2　有效团队建设的障碍及对策

障碍	有效处理障碍的建议(如何最小化或消除障碍)
团队成员之间不同的见解、优先顺序和兴趣	在项目生命周期早期就尽力发现这些冲突的差异，充分解释项目的范围和顺利完成项目可能带来的奖赏，宣传“团队”概念并解释职责，设法使个人兴趣与整个项目的目标相一致
角色冲突	在尽可能早的项目前期，询问团队成员他们认为自己最适合从事项目的哪项工作；确定如何才能把整个项目分为最恰当的子系统和子任务(如工作分解结构)；分配或协商任务；举行常规状态评议会议，以便让团队了解进展情况，注意在项目生命周期中未曾预料的任务冲突
项目目标或结果不明确	确保各团体理解总体的和跨组织的项目目标；与高层管理者和客户进行明确而频繁的沟通，召开状态评议会议来听取反馈；适宜的团队名称有助于强化项目目标
动态的项目环境	主要问题是稳定外部影响：主要项目职员必须拟订有关主要项目方向的协议并且把这个方向灌输给整个团队，同时让高层管理者和客户了解无根据的变化带来的不利后果；预测项目发展所处环境的变化是至关重要的；制订应急计划
团队领导权的竞争	高层管理者必须帮助建立项目经理领导职责；项目经理需要具备团队成员期望的领导能力；明确的任务和职责定义通常会使团队领导阶层的权力冲突降至最低
缺乏团队定义和结构	项目领导需要把团队概念同时灌输给高层管理者和他的团队成员，定期举行团队会议和明确界定的任务、职能和责任，都能强化团队意识。此外，清楚明白的备忘录和其他形式的书面信息，以及高级管理层和客户的参与都能使团队协调一致
团队职员选择	试图与可能成为团队成员的人协商项目的任务分配；明确地与可能成为团队成员的人讨论项目的重要性，他们在其中的任务，完成任务可能带来的奖赏，以及项目管理总的“一般准则”；最后，如果团队成员对项目还不感兴趣，那么应该考虑换人
项目领导者的信誉	项目领导者在团队成员中的信誉是至关重要的。信誉随着领导者管理知识和技术专长的日臻完善而增长；信誉随着项目负责人和其他支持团队工作的重要领导的关系的改善而增强
团队成员缺乏责任心	设法在项目生命周期的早期察觉团队成员缺乏责任心，并且尽力改变可能对项目不利的观点。缺乏安全感通常是导致团队成员责任心不足的主要原因。设法搞清为什么存在不安全感，然后努力减少团队成员的担心。和其他团队成员的冲突可能是导致其缺乏责任心的另一个重要原因。项目经理尽快干预和调节这些冲突是很重要的。最后，如果一个团队成员的专业兴趣在其他领域，项目领导者应分析满足该项目成员兴趣的方法或考虑换人

续表

障碍	有效处理障碍的建议(如何最小化或消除障碍)
沟通问题	项目领导者应该投入相当的时间与个别团队成员就其需要和关心的事进行交流。此外，项目负责人应该提供一种召开适时会议的媒介来鼓励个别团队成员之间的交流。强化沟通的方式有状态通报会、检查进度、汇报系统和协同定位。同样，项目负责人应该与客户和高级管理层建立定期而全面的联系，重点应放在就关键问题和合作协议的书面或口头联系上
缺乏高级管理层的支持	高级管理层的支持，对于有效处理有相互作用的组织和恰当的资源配置是绝对必要的。因此，项目负责人的一个主要目标就是保持高级管理层对其项目的持续的兴趣和承诺。建议高级管理层担任项目监管委员会的核心成员。同等重要的是，高级管理层要为项目的有效运行提供适宜的环境，而项目负责人需要在项目开始时就告诉管理层需要何种资源。项目经理和高级管理层的关系及获取高级管理层支持的能力，受到个人信誉及项目的显著性和优先级的严重影响

3.4.5 项目团队领导

1. 人际关系和权力导向

领导可以被定义为一种用来把组织需要和个人兴趣结合起来，追求某种目标的行为模式。所有经理都有某种领导责任。如果时间允许，成功的领导技巧和习惯可以培养。

领导是由一些复杂的要素构成的，最普遍的三个要素是实施领导的人、被领导的人以及环境(如项目环境)。项目经理能否被选中，通常与其领导风格有关。未被选中的最常见的原因是他没有能力平衡技术上和管理上的项目职能。

【例 3-4】有若干项调查用于确定何种领导技巧最佳。下面是 Richard Hodgetts 做出的一项调查结果，这些调查结果对今天的大多数项目管理环境依然有效。

(1)人际关系导向的领导技巧

①项目经理必须让所有的团队成员感到他们的工作很重要，并对项目的结果有直接影响。

②项目经理必须让整个团队关心该做什么和这样做的作用。

③对项目参与者表示信任。

④应该给予项目成员职务上的认可和授权。

⑤让团队成员感到和相信他们对团队的成败起重要作用。

⑥通过与团队成员亲密合作，项目经理可以在赢得对项目忠诚的同时，最大限度地减少职权隔阂问题。

⑦只要设身处地地去了解员工，就会对员工产生巨大的鼓舞。我对许多业务人员的了解都超过了他们自己的直接上司。此外，我设法让他们知道他们是团队中必不可少的

一员。

⑧克服职权隔阂的最重要的技巧，就是尽可能多地理解他人的需要，包括与你打交道的人，以及你对其没有直接支配权的人。

(2)正式权力导向的领导技巧

①指出如果不合作将造成的巨大损失。

②把所有的职权写在职能陈述中。

③开始用一种策略性的方法施加压力，在环境许可的情况下把施加的压力减至最小，然后再增加。

④以诉诸上级领导干预相威胁，如果有必要将其付诸实践。

⑤让团队成员相信对公司有益的事必然对他们有益。

⑥授权给运营部门的专职工作人员以完成必要的工作。

⑦保持对开支的控制。

⑧最重要的是让团队成员认识到项目经理有权指挥整个项目的运作。

2. 价值导向

价值导向对项目经理的领导风格有重要影响。以前，项目管理的领导们认为，在个人价值观和组织价值观间存在着不可避免的冲突。如今，企业管理者正在寻找方法以确保员工的个人价值观与组织的价值观保持一致，这样企业就能够建立一种支持项目管理的文化，因此组织文化也随之开始改变。

根据赫尔特曼(Hultman)和盖勒(Gellerm)的研究结果，表3-3介绍了随着时间的流逝，人们的价值观是怎么改变的。观察表3-3中的各个项目，就会发现个人价值观的变化比组织价值观的变化更大。

表3-3 不断变化的价值观

远离：无效的价值观	即将到来的：有效的价值观
不信任	信任
岗位描述	胜任力模型
职权	团队合作
关注内部	关注相关方
安全	任务风险
一致性	创新
可预测性	弹性
内部竞争	内部协作
传统教育	终身教育
领导等级制	多向领导

续表

远离：无效的价值观	即将到来的：有效的价值观
战术思维	战略思维
服从	承担义务
符合标准	持续改进

此外，项目经理、项目团队、企业组织及项目利益相关方这四类项目相关方之间的冲突也变得更大。这四类相关方的各自需求是：

①项目经理：完成目标、展示创造力、示范创新。

②项目团队：成就、提高、抱负、证书、赞誉。

③企业组织：持续改进、学习、质量、关注战略、道德与伦理、盈利能力、赞誉与形象。

④项目利益相关方：组织利益相关方——工作保障；产品/市场利益相关方——产品质量性能和实用性；资本市场——财政增长。

3.5 项目组织选择

项目所在的不同组织结构形式对团队效率会起到促进或阻碍作用。按照组织效率原则，应建立一个规模适度、组织结构层次较少、结构简单，能高效率运作的项目组织。由于现代项目具有规模大、参与单位多的特点，造成组织结构非常复杂。组织结构设置常常要在管理跨度与管理层次之间进行权衡。

管理跨度是指某一组织单元直接管理下一层次的组织单元的数量；管理层次是指一个组织总的结构层次。通常管理跨度小会造成组织层次多，反之管理跨度大会造成组织层次少。

管理跨度 N 与工作接触关系系数 C 的关系公式如下：

$$C=N(2^{N-1}+N-1)$$

这就是邱格纳斯公式，是个几何级数，当 $N=10$ 时，$C=5\ 210$。可见，管理跨度太大时，项目领导者会对要处理的事务应接不暇。

1. 采用窄跨度、多层次的组织结构的优点及问题

①严密的监督和控制，一般不会出现失控现象。项目组织层次多，则决策慢。当项目比较多时，易于造成计划和控制复杂化，项目控制困难。

②上下级之间联络迅速，但上级往往会过多地干预下级的工作，容易影响下级人员的积极性和创造性。

③层次多则管理费用多，信息处理量大，用于管理的精力多，设施费用增加，管理

人员增加，协调各部门活动也增加。

④最低层与最高层之间的距离过长，组织联系复杂，协调困难。当信息按直线向下传达时容易发生遗漏和曲解现象，信息沟通复杂化。

⑤造成项目组织低效率，工期延长，实施过程延缓。

⑥常常会造成指挥失灵，会失去组织总目标的明确性和一贯性。

2. 采用宽跨度、少层次的组织结构的优点和问题

现代大型、特大型的项目，以及项目型企业的组织一般都是扁平化的。这种组织灵活、结构层次少。当然，宽跨度组织也有缺点：

①高层负担过重，容易成为决策的“瓶颈”，在这种组织中上层对下层必须有较多的授权。

②高层有失控的危险。

③必须谨慎地选择下级管理人员，他们必须经过训练，有较高的素质。

④由于协调困难，必须制订明确的组织运作规则和政策，必须拥有有效的项目管理系统。

常见的组织结构有职能型、矩阵型和项目型等，接下来将介绍这些组织结构的特点以及每种组织结构的优缺点。

3.5.1 传统型(古典的)组织结构

传统型组织管理结构历经了两个多世纪依然存续下来，如图 3-8 所示。传统型组织结构可以实现控制和管理，但也仅存在最低限度的冲突强度。

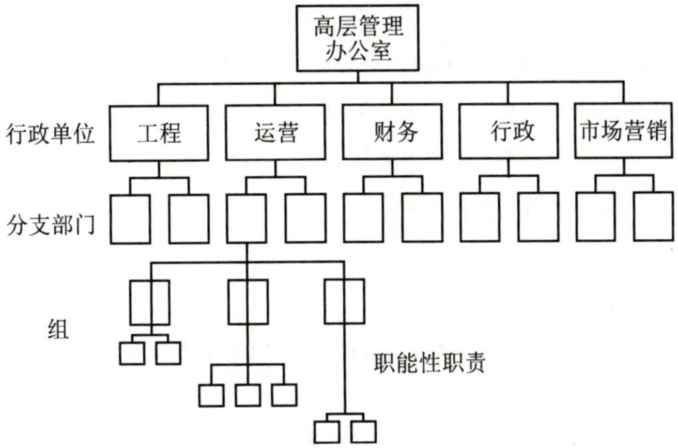

图 3-8 传统型组织结构

如图 3-8 所示，总经理指挥所有必要的职能部门，来进行产品研发。所有任务由各职

能部门执行并由部门主管(有时是区域或分支主管)进行领导。每个部门只关心自己部门的技术知识。因为所有的项目都必须通过各个职能部门，每个项目都受益于最专精的技术，这种组织形式十分适合大规模生产。职能部门经理可以网罗各界专家，并给他们职业发展晋升的机会。表3-4与表3-5列出了传统型组织结构的优缺点。

表3-4 传统型(典型的)组织结构的优点

序号	优点
1	预算简单，便于控制成本
2	能实现更好的技术控制
3	专业人员可以分成小组，共享资源，分担责任
4	人员可分配在各种不同的项目上
5	所有的项目都能利用最先进的技术(人员少而效率更高)
6	人员的使用可自由决定
7	有充足的工作人员
8	职能纪律具有稳定性，政策、工作程序和职责规范十分明确并容易理解
9	在已有的专业化生产上容易采取大规模生产
10	人员比较容易控制，因为每个职员都有而且只有一个上级
11	沟通渠道是垂直型的，而且十分畅通
12	具有快速反应能力，但这可能取决于职能经理的自主权的大小

表3-5 传统型(典型的)组织结构的缺点

序号	缺点
1	没有一个直接对整个项目负责的人(如没有正式的权力部门、委员会等)
2	没有完成项目任务所必需的项目导向的重视
3	协调十分困难，为获得一致的决定需要加上从产品设计到实际投产的时间
4	决策通常有利于实力最强的职能团队
5	没有客户问题处理中心
6	对客户需求的反应十分迟钝
7	责任难以确定，这是因为很少有或没有直接的项目报告，很少有项目发展计划，没有项目权力
8	激励和创新力下降
9	计划倾向于如何更易于实施，很少考虑正在进行的项目

总体而言，在传统型组织结构中，项目容易拖延。各方主管总是在进度计划上讨价还价。参与这些任务的部门主管会先为自己及下属提供便利。

3.5.2 产品开发型(项目化)组织结构

由于传统的组织形式开始演变和发展，伴随着现代项目组织形式日见成效，对项目管理的需求浮上水面。产品开发型组织结构如图 3-9 所示，在这种组织内，每个项目都有其自有的职能人员，只要这个项目存在，那么相关的职能工作就不会有所变化，各成员、各项目之间也不会产生什么矛盾。这种组织流程的主要优点就是由项目集经理把控整个项目。他不仅能分配任务，而且能进行业绩审查。由于每个职员只需向一人汇报，沟通渠道十分通畅，各方反馈都很迅速及时。

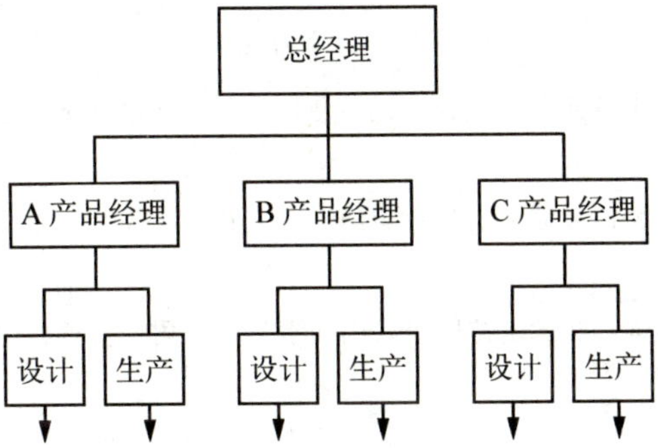

图 3-9　产品开发型组织结构

在产品开发型组织里，从产品设计到实际投产这一漫长的时间提前期已成为过去。机会成本分析很快完成，不需要再考虑对其他项目的影响(当然，除非有特殊的设施或装备要求)。而且，部门经理可以为新产品的开发保留合格的工作人员，不需要和其他项目或者项目集共享职员。

项目经理的职责是全新的。首先，项目经理由副总裁和总经理选任。项目集经理处理包括在他的组织内部和涉及其他项目的所有冲突，即整合管理由项目集经理这一级进行。这样，高层管理者就有更多的时间进行宏观管理决策，而不需再处理部门冲突。

表 3-6 与表 3-7 总结了产品开发型组织结构的优点与缺点。

表 3-6　产品开发型组织结构的优点

序号	优点
1	整个项目具有完整的直线职权(也就是说，有一个很强的项目权威控制)
2	项目参与者直接为项目经理工作，不合适的生产线可以很容易地被发现并予以撤销
3	沟通渠道通畅
4	参谋人员作为某一既定项目的专家存在，而不需共享关键人员
5	反应时间快

续表

序号	优点
6	职员对项目忠诚，对产品形象有更强的信念
7	有一个处理客户关系的中心
8	时间(进度表)、成本和(产品开发周期)权衡绩效的执行都是有弹性的
9	随着单位规模的缩小，人际管理变得更为容易
10	上层主管有更多的自由时间用于行政决策

表 3-7 产品开发型组织结构的缺点

序号	缺点
1	由于工作、设备、人员的重复配置及低效使用，一个产品多元化的公司为维持这种组织形式要花费很高的成本
2	容易造成职员在相关任务完成后仍被束缚在项目里，上层主管必须在项目开始和接近尾声时权衡工作量
3	没有强大的职能群体，技术支持困难，因而阻碍了公司在新项目中能力的提高(也就是说，没有稳定的技术基础)
4	对各部门专家(或组织中的专家)的管控需要高层管理人员的协调
5	不同项目之间缺乏技术交流的机会
6	项目人员工作缺少稳定性，工作机会不固定

3.5.3 矩阵型组织结构

矩阵型组织试图把纯职能型组织和产品开发型组织的优点结合起来。这种组织结构形式理论上适用于项目驱动型公司。图 3-10 是一种典型的矩阵型组织结构，各个项目经理直接对总经理负责。因为每个项目都象征着一个潜在的利润中心，因而项目经理的职权由总经理直接授予。项目经理对项目的成功负有全部责任。相对应的是，各部门则有职能上的责任为项目提供最好的技术支持。每个职能单位都由一位部门经理来领导，他的主要职责是确保有一个统一的技术平台，所有的有效信息都能在项目之间进行交流。同时，部门经理还必须让部门员工及时了解业内最新的技术成果。

矩阵法是试图通过让项目管理者和职能管理者共同承担责任而建立的一种协作机制。然而没有两种工作环境是完全一样的，而且没有两个公司有着一模一样的矩阵设计。在建立一个成功的矩阵型结构之前必须先解决以下问题：

①如果每个职能单位只负责项目的一个方面，而其他方面由别的部门实施(很可能会承包给其他公司)，那么如何去创造一个协调的环境?

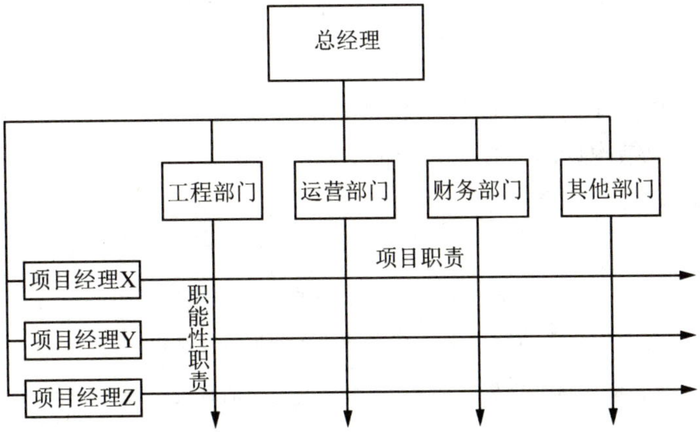

图 3-10 典型的矩阵型组织结构

②由谁来决定项目中的哪个因素最重要?

③一个职能单位(按垂直结构运作)如何回答问题，并实现与其他项目一致的项目目标和目的?

这些问题的解决取决于项目经理和职能经理之间的相互理解，因为他们在项目中都拥有一定的职权和职责，所以他们必须不断地协商。然而遗憾的是，项目经理可能只考虑什么对自己的项目最有利(而不考虑任何其他方面)，部门经理则可能认为自己的部门比任何项目都重要。

为了完成工作，项目经理有时需要一定的组织地位和授权。一位公司的总经理认为，图 3-10 所示的组织结构图应该加以修改，应把部门经理的图标放到职能责任箭头的顶端。通过这种方法，项目经理的地位看起来比部门其他员工的地位要高，但事实上他们的地位是平等的。对于想要实施这一方案的总经理们一定要小心，因为部门经理和项目经理可能并不认为权力是平等的。

在这种环境下，问题的解决通常是间断和分散的。项目经理充当了项目资源和技术控制的总代表。他必须与各方充分交流，以确保每个独立的项目达到局部最优。

在许多情况下，如果部门经理可以主动地从项目的整体角度思考问题，他们就有能力让项目经理满意，然而实践中经常事与愿违。正如曼特尔(Mantell)所说：等级制度森严的单位总有这样一种不可避免的倾向，每个人发现问题并寻求答案时，总是从本身单一的职能范围出发，无法超越这一界限。无论管理人员的能力高低，这种现象都会存在。它产生的原因是权力的下放和职能的分工。

项目环境和职能环境不可分离，二者必须协同作用。项目与职能单位的交界面是一切活动的焦点。

部门经理控制着内部资源(如人员)。这就产生了一个问题，尽管项目经理有权(通过部门经理)控制所有资源，包括成本资金和人力资源，但必须由部门经理配置项目所需人员。这样，部门经理和项目经理之间不可避免地就会产生冲突。

1. 纯矩阵组织结构的优缺点

矩阵型组织结构是在传统型组织结构基础上发展起来的，它拥有传统型组织结构的优点，但是，该组织结构也同样存在自身的缺点。表3-8和表3-9分别总结了纯矩阵组织结构的优点和缺点。

表3-8 纯矩阵组织结构的优点

序号	优点
1	项目经理(通过直线经理)拥有对所有资源的最大的项目控制权，包括成本和工作人员
2	可以为每个项目单独制定政策和程序，只要不与公司的政策和程序相冲突就行
3	项目经理有权调用公司资源，只要时间上不与其他项目相冲突就行
4	对变化、冲突的解决及项目的需求(如技术或进度上的)可以做出快速反应
5	职能组织对项目主要起支持作用
6	每个人在项目结束后都有自己的“归宿”；个人对激励和最终项目的鉴定很敏感，每个人都能通过项目找到自己的发展之路
7	由于技术骨干共享，因此项目成本是最小的；职员可以从事多种工作，也就是说，能够进行更好的人员控制
8	能够建立一个很强的技术基础，职能经理有更多的时间可用于解决复杂问题；所有项目都能平等地获取信息
9	冲突最少，而那些需要使用等级推介的问题也很容易解决
10	时间、成本和任务协调得更好
11	能很快培养出一批专家和经理人员
12	权力与责任共担
13	压力分散在团队内部(及职能经理之间)

表3-9 纯矩阵组织结构的缺点

序号	缺点
1	信息流多维化
2	工作流多维化
3	双重领导
4	不断变更项目的优先顺序

续表

序号	缺点
5	管理目标不同于项目目标
6	需要解决连续不断的项目冲突
7	监督与控制困难
8	在公司范围内缺少成本效率，机构臃肿，尤其是行政人员太多
9	各个项目独立进行，必须谨防出现重复工作
10	与传统型组织结构相比，刚开始时需要更多的时间和精力来制定政策和程序
11	职能经理由于有自己的一套优先顺序而可能存在偏见
12	必须注意职能组织与项目组织间的权力平衡
13	必须对时间、成本和绩效之间的平衡进行监督
14	尽管个人问题可以获得快速解决，但反应时间可能变得非常慢
15	职员和经理比在传统型组织中更不易弄清自己的角色
16	冲突的产生和解决可能不断发生(很可能需要组织发展专家的帮助)
17	当需要不断向多个经理报告工作情况时，人们感觉不到对自己命运的控制

2. 矩阵型组织结构的修正

矩阵型组织结构可采取多种形式，每种形式都代表对项目经理不同程度的授权，间接表明了公司的规模。在矩阵型组织结构图(图 3-10)中，所有的项目经理都直接向总经理报告。这种设置最适合小公司，因为项目数量较少，总经理有足够的时间去协调项目经理之间的活动。在这种设置下，项目间的所有冲突都直接由总经理处理。

随着公司规模的扩大和项目的增多，总经理渐渐难以应付管理所有项目的角色。于是就产生了新的职位——项目管理总监、项目集经理或多项目经理，他们需要负责所有的项目管理，如图 3-11 所示。

下面，我们来讨论项目经理和项目工程师所应具备的素质。如图 3-12 所示，大部分人会把项目经理放在图中 A 点右边的区间，即人际关系技巧强于技术技能，而把项目工程师放在左边的区间，即技术技能强于人际关系技巧。那么，问题是："项目经理和项目工程师两个方向上距离中点 A 有多远?"现在许多公司把项目管理者和项目工程师合并成一个职位，这一点从表 3-10 中就可以看出来。项目经理和项目工程师前五项的工作职能是一样的，而后面的则不相同。

把项目经理和项目工程师区别开来的主要原因是，这样可以使项目工程师仍主要管理工程，因而对工程技术有足够的权力进行指导。

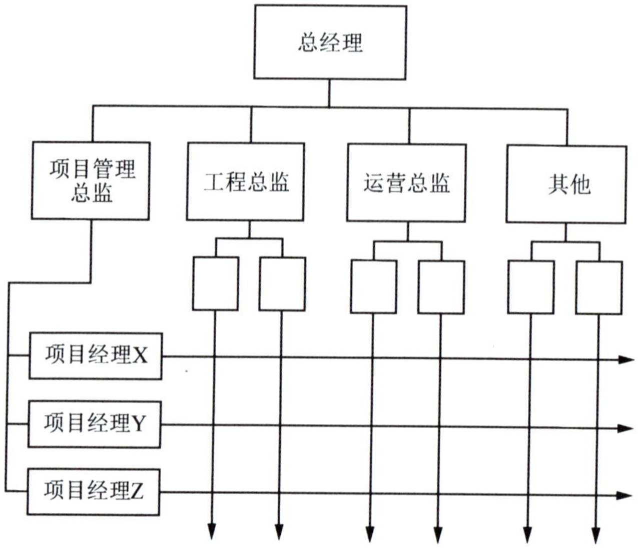

图 3-11 项目管理总监的设立

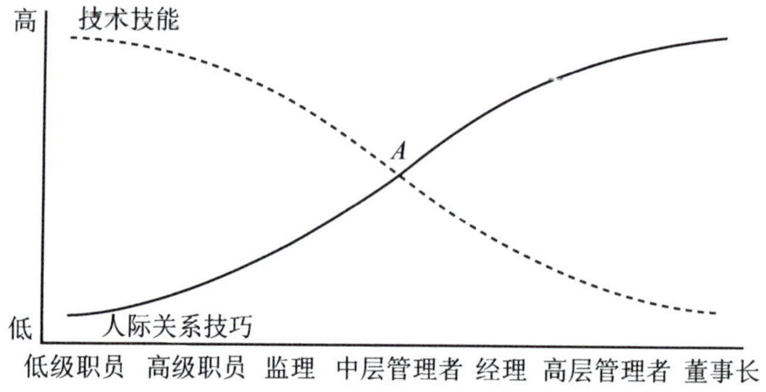

图 3-12 管理的哲学

表 3-10 项目经理与项目工程师的主要工作职能比较

项目经理的工作职能	项目工程师的工作职能
制订总的项目计划	制订总的项目计划
成本控制	成本控制
进度控制	进度控制
准备系统说明书	准备系统说明书
物流支持	物流支持
合同控制	结构控制
报告准备与分发	装配、检测及生产技术指导

续表

项目经理的工作职能	项目工程师的工作职能
采购	—
可靠性、持续性要求的识别	—
人员配备	—
优先权	—
管理信息系统	—

3. 矩阵型组织结构的分类

矩阵型组织结构大致可以分为强矩阵、弱矩阵和平衡矩阵三类。矩阵的强度取决于项目经理和部门经理谁对工作人员的日常表现有更大的影响。如果项目经理的影响大，那么组织结构在项目经理眼中就是强矩阵结构。如果部门经理的影响大，那么组织结构在项目经理眼中就是弱矩阵结构。

强矩阵结构和弱矩阵结构最显著的区别就是，项目经理和部门经理谁对技术有指挥权。如果项目经理在技术上得到了部门经理和员工的一致认可，因而对项目的技术有了指挥权，那么部门经理会让员工服从项目经理的技术指令，这就产生了强矩阵。员工将会首先从项目经理那里寻求解决问题的方法，其次才是部门经理。反之亦然，弱矩阵中部门经理具有项目指挥权。通常情况下，项目经理在强矩阵中比在弱矩阵中拥有更多的权力。

一般来说，当一家公司希望建立强矩阵的组织形式时，项目经理一般从组织内部提拔，并且要求其曾在组织的不同职能部门中参与过项目工作。在弱矩阵的组织结构中，公司通常会考虑从组织外部招聘人才，但是要求其至少了解项目的技术和熟悉项目所处行业。

3.5.4 不同项目组织结构特征

不同项目组织结构具有明显不同的特征，如表 3-11 所示。

表 3-11 不同项目组织结构的特征

对比项目	传统型组织特征	矩阵型组织特征			产品开发型组织特征
		弱矩阵式	平衡矩阵式	强矩阵式	
项目经理角色	兼职	兼职	全职	全职	全职
项目经理权限	很小或没有	有限	小到中等	偏高	很高或全权
全职项目人员比例	几乎没有	0～25%	15%～60%	50%～95%	85%～100%

实际上，项目组织结构形式的选择必须充分考虑企业的状况、项目的特点和不同项目组织结构的特征等。

【例3-5】我国航空航天工程项目的组织结构一般由型号工程的总设计师技术指挥系统模式和型号工程的总指挥行政指挥系统模式组成，简称为“两条指挥线”模式，是直线职能式组织结构。总设计师技术指挥系统由型号总设计师、副总设计师、主任设计师等组成，负责有关设计工程。每一个型号设计师系统都包含一名总设计师和若干名副总设计师共同负责与总体设计相关的技术问题。航天型号工程的行政指挥系统由型号总指挥、副总指挥、指挥等人员组成，每一个行政指挥系统由一名总指挥和若干名副总指挥共同负责型号研制中的计划、指挥和调度工作。两类组织结构互补，形成了以建立技术和产品为核心的设计师系统模式和以计划和调度为中心的行政指挥系统模式，共同为航天型号项目开展工作。

思考与练习

1. 虚拟一个项目，设想你是项目经理，列出你所想到的领导方法。
2. 项目经理应该具备哪些技能？
3. 回忆你所做过的项目，分析成绩卓越或业绩平平的原因。
4. 分析你将采用哪种形式来组织下列项目。

(1) 一家银行的投资银行部的投资项目。

(2) 一个公司的基础研究实验室的研究项目。

(3) 一个跨国建筑公司的项目。

(4) 一个城市的公共交通项目。

(5) 一个管理咨询公司的咨询项目。

第4章

项目进度管理

本章要点

- 项目活动
- 项目进度计划
- 项目进度控制

引导案例

京沪高速铁路是世界上一次建成线路里程最长、标准最高的高速铁路，是中华人民共和国成立以来投资规模最大的建设项目，同时也是目前世界上运营速度最快和科技含量最高的高速铁路项目，全长1 318千米，设计时速是380千米，其年客运输送能力双向达到1.6亿人次，曾荣获国家科学技术进步特等奖。项目于2008年1月在北京举行动工仪式，国务院京沪高速铁路建设领导小组初步确定项目全线建设总工期约5年，于2008年3月正式开工。3年后，该项目提前完工，于2011年6月30日全线正式通车。

FAST天眼(又被称为500米口径球面射电望远镜，Five-hundred-meter Aperture Spherical radio Telescope)是具有我国自主知识产权、世界最大单口径、最灵敏的射电望远镜。FAST工程概念于1994年7月被提出，国家发改委于2007年7月批复该项目的立项建议书，中国科学院和贵州省人民政府于2011年3月批复FAST工程开工报告。FAST工程于2011年3月正式开工建设，预计工期为5.5年。2016年6月项目主体工程完工，2016年9月正式竣工，并开始接收来自宇宙深处的电磁波。

4.1 项目进度管理概述

项目进度管理又称为项目时间管理或项目工期管理，涵盖使项目按时完成必须实施的各项过程。项目进度管理的具体过程包括：

①规划进度管理——是项目实施之前，为了规划、管理、执行和控制项目进度而制定程序或文档的过程；

②活动定义——确定为产生项目各种可交付成果而必须进行的，相对可独立开展的具体细分工作单元。所有活动按照一定逻辑关系的叠加构成了项目的实施过程；

③活动排序——确定项目各计划活动之间的依赖关系，并形成文件；

④活动资源估算——估算完成各计划活动所需资源的种类与数量；

⑤活动持续时间估算——估算完成各计划活动所需工时单位数；

⑥制订进度计划——分析活动顺序、活动持续时间、资源要求，以及进度制约因素，从而制订项目进度计划以指导项目实施；

⑦进度控制——及时收集项目信息，检查项目实施进度与进度计划是否存在偏离，控制项目进度计划变更。

项目进度管理过程与其他管理过程，如费用管理过程、质量管理过程等交互作用，各个过程可能需要多人或集体付出努力。一般情况下，各个过程在项目中至少出现一次，若项目划分为阶段，则会在各个阶段出现一次或多次。

项目进度管理的各个过程及有关的工具与技术，因应用领域而异，在确定之后通常都属于项目生命周期的一部分，并记载于进度计划之内。进度计划包括在项目管理计划之内。进度计划可以是正式的，亦可以是非正式的，可以相当概括，也可非常详细，具体视项目的需要而定。

【例 4-1】 为了在激烈的市场环境中获得竞争优势，A 公司决定开发一种新产品。然而，对于这类项目来说，时间是决定因素。王军被任命为项目经理，公司给他的时间容量(从市场调查到准备开工投产)只有 6 个月。上任后，王军迅速成立项目团队，并开始对项目的主要工作进行梳理。通过梳理，他发现该项目应该完成的工作包括市场调查、资金筹备、产品需求分析、产品设计、产品研制、制订费用计划、制订生产计划、筹备设备、筹备原材料、安装设备、调集人员、准备开工生产等。随后，该项目团队对各项工作之间的逻辑关系和每项工作的时间进行认真研究，运用关键路线分析技术对其中的关键工作进行识别，并集中主要精力针对这些关键工作下功夫，最后终于成功地在规定时间内完成了该项目。

4.2 规划项目进度管理

规划项目进度管理是为整个项目开展进度管理提供指南和政策，是在项目实施之前，为了规划、管理、执行和控制项目进度过程，而形成的程序或文档。规划进度管理是一项在制订项目章程和项目管理计划的基础上，在充分了解影响项目实施的外部环境因素和现有组织的管理经验的前提下开展的编制工作。

规划项目进度管理的方法主要包括三种：专家判断法、数据分析法和会议法。专家判断法主要依靠掌握专业知识和具备相关项目经验的专家或团队成员来制订进度规划。数据分析法主要依靠分析备选方案以及过往项目计划经验来评价确定采取哪种进度计划方法。会议法主要是指通过召集相关人员，举行会议来制订进度管理计划。

4.3 项目活动定义

所谓活动是指在项目实施过程中按照一定规则对项目活动进行分解而得到的工作单元。项目活动定义是确定计划活动需要和记载计划完成的工作。活动定义过程识别处于工作分解结构(Work Breakdown Structure，WBS) 最下层，叫作工作组合的可交付成果。项目工作组合被有计划地分解为更小的组成部分，叫作计划活动，为估算、计划、执行以及监控项目工作奠定基础。

4.3.1 活动定义的主要依据

1. 项目范围说明书

在定义活动时要考虑项目范围说明书中记载的项目可交付成果、制约因素与前因假设。制约因素是指约束项目管理团队决策的相关因素，例如，反映高层管理人员或合同要求的强制性完成日期的进度里程碑，即项目进度计划的重要事件。

2. 工作分解结构

工作分解结构是计划活动定义的基本依据。

3. 项目管理计划

进度管理计划是项目管理计划最重要的组成部分之一。进度管理计划是制订与规划计划活动和项目范围管理计划的指南。

4.3.2 活动定义的工具与技术

1. 分解技术

分解技术是把项目工作组合进一步分解为更小、更易于管理的活动组成的技术。活动定义确定的最终成果是计划活动。工作分解结构中的每一个工作组合都被分解成为提交工作组合所必需的计划活动。活动定义通常由负责这一工作组合的项目团队成员完成。

2. 样板法

样板法是使用以前已经完成的项目活动清单或部分活动清单，作为新项目活动定义的样板。样板中的有关活动信息包含资源利用，以及所需时间的清单、风险识别、预期的可交付成果等。

3. 专家判断法

专家判断法是指聘请擅长制订详细项目范围说明书、工作分解结构和项目进度计划并富有实践经验的项目团队成员或专家，提供活动定义方面的专业知识。

4. 滚动式规划法

滚动式规划法是一种迭代式的规划技术，即详细规划近期要完成的工作，同时在较高层级上粗略规划远期工作。它是一种渐进明细的规划方式，适用于工作包、规划包以及采用敏捷或瀑布式方法的发布规划。

5. 会议法

会议法是通过召集相关人员、专家，举办面对面或虚拟会议，正式或非正式会议，群策群力定义完成工作所需的活动。

4.3.3 活动定义的成果

1. 活动清单

活动清单包括项目将要进行的所有计划活动。活动清单应当有活动标志，并对每一计划活动工作范围加以详细的说明，以保证项目团队成员能够理解如何完成该项工作。

2. 活动属性

活动属性是可以列入活动清单的每一项计划活动所具有的多种属性，包括活动标志、活动编码、活动名称、先行活动、后继活动、逻辑关系、提前与滞后时间、资源需求、强制性日期、制约因素和假设。活动属性还可以包括工作执行负责人、实施工作的地区或地点以及计划活动的类型。

3. 里程碑清单

计划里程碑清单列出了所有的重要时点或事件，并指明里程碑属于强制性(合同要求)还是选择性(根据项目要求或历史信息)。里程碑清单是项目管理计划的一部分，里程碑清单可用于进度模型。

4. 变更请求

一旦定义了项目基准后，在将可交付成果渐进明细为活动的过程中，可能会发现原本不属于项目基准的工作，这时就需要提出变更请求。在此情况下，应该按照一定程序，通过实施整体变更控制过程对变更请求进行审查和处理。

5. 项目管理计划更新

项目管理计划的任何变更都以变更请求的形式提出，且通过组织的变更控制过程进行处理，从而达到项目管理计划更新的目的。可能需要变更请求的项目管理计划组成部分包括(但不限于)进度基准和成本基准。

4.4　项目活动排序

活动排序是指识别与记载计划活动之间的逻辑关系。在按照逻辑关系安排计划活动顺序时，可考虑适当的紧前关系，亦可加入适当的时间提前与滞后量，有利于制订出符合客观实际和易于实现的项目进度计划。

4.4.1 活动排序的依据

项目活动排序的依据包括项目范围说明书、活动清单、活动属性、里程碑清单、批准的变更请求。

4.4.2 活动排序的工具与技术

1. 紧前关系绘图法(单代号网络图)

紧前关系绘图法(Precedence Diagramming Method，PDM)是一种用圆圈或矩形方格(节点)表示活动，并用表示逻辑关系的箭线连接结点构成项目进度网络图的绘制法。这种技术又称为活动节点表示法，是大多数项目管理软件使用的方法。

PDM 包括四种依赖关系或紧前关系。

①完成对开始(Finish-to-Start，FS)——后继活动的开始要等到先行活动的完成，即前面的活动完成了，后面的才能开始。

②完成对完成(Finish-to-Finish，FF)——后继活动的完成要等到先行活动的完成，即前面的活动完成了，后面的才能完成。

③开始对开始(Start-to-Start，SS)——后继活动的开始要等到先行活动的开始，即前面的活动开始了，后面的才能开始。

④开始对完成(Start-to-Finish，SF)——后继活动的完成要等到先行活动的开始，即前面的活动开始了，后面的才能完成。

假设 A 为先行活动，B 为后继活动，这四种依赖关系如图 4-1 所示。

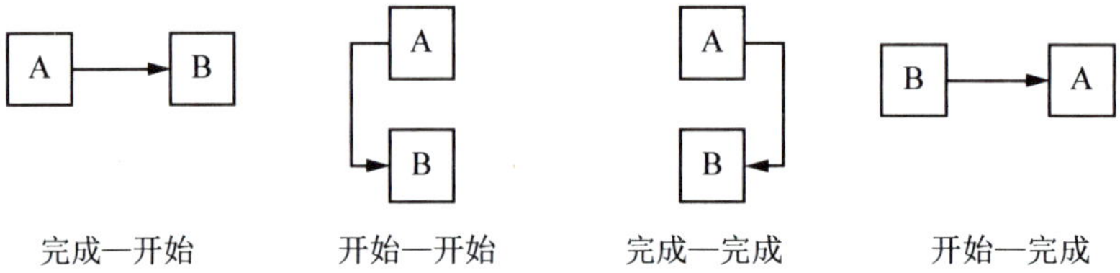

图 4-1　PDM 依赖关系图

在 PDM 图中，“完成对开始”是最常用的逻辑关系类型，而“开始对完成”关系很少用。

【例 4-2】某项目包括 A、B、C、D、E、F 六项活动，其活动关系如表 4-1 所示，试编制项目节点式网络图。

表 4-1　某项目的活动关系

活动名称	紧前活动	紧后活动
A	—	B、E
B	A	C
C	B	D
D	C	F
E	A	F
F	D、E	—

解：运用 PDM 绘制项目节点式网络图如图 4-2 所示。

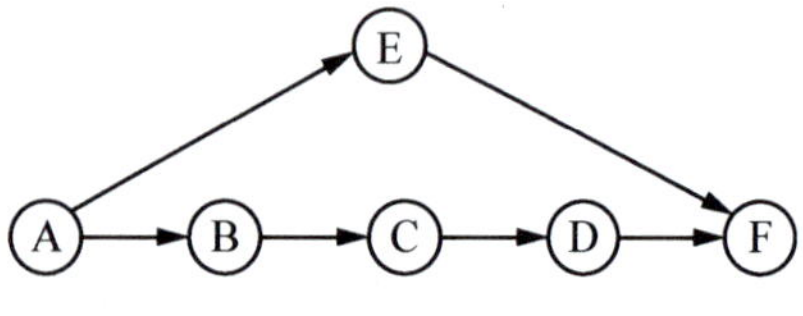

图 4-2　项目节点式网络图

单代号(节点式)网络图绘制的基本要求：

①不能有相同编号的节点。相同编号的节点即为相同的工程活动，同样的活动出现在网络的两个地方会出现定义上的混乱，特别是在计算机上进行网络分析时。

②不能出现违反逻辑的表示。违反逻辑即违反自然规律，不符合客观现状。它会导致矛盾的结果。

③只能有一个起点(首)节点和一个终点(尾)节点，不允许有多个首节点和多个尾节点。

2. 箭线绘图法(双代号网络图)

箭线绘图法(Arrow Diagramming Method，ADM)是一种利用箭线表示活动，并在节点处将其连接起来，以表示其依赖关系的一种项目进度网络图的绘制法，也称为双代号网络图法。

ADM 只使用完成对开始依赖关系，因此可能要用被称为虚活动的虚关系才能正确定义所有的逻辑关系。虚活动以虚线表示，不占用时间，也不消耗资源。由于虚活动并非实际上的计划活动(无工作内容)，其持续时间在进行进度网络分析时赋予 0 值。

【例 4-3】 某项目包括 A、B、C、D、E、F 六项活动，其活动关系如表 4-1 所示，试编制项目箭线式网络图。

解：运用 ADM 绘制项目箭线式网络图如图 4-3 所示。

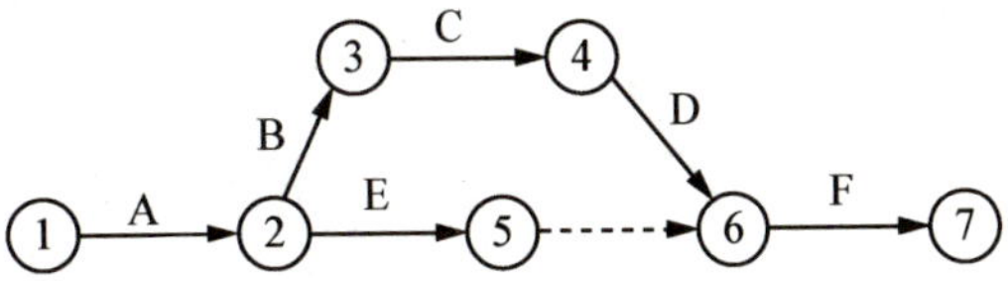

图 4-3　项目箭线式网络图

双代号网络图的绘制要求：

①只允许有一个首(起点)节点，一个尾(终点)节点。

②一般不允许出现环路(注：在有些网络中允许出现环路。环路通常表示确定循环次数的工作过程)。出现环路则表示逻辑上的矛盾。

③不能有相同编号的节点，也不能出现两根箭线有相同的首节点和尾节点。这会导致计算机网络分析的混乱。

④箭线、节点绘制规范，不错画、漏画，即不能出现没有箭头、没有节点的活动或双箭头的箭线等。

3. 计划网络样板

在编制项目计划活动网络时，可以利用标准化的项目进度网络图以减少工作并提高效率。这些标准网络图可以包括整个项目或其中一部分。项目进度网络图的一部分称为子网络。当项目包括若干相同或者几乎相同的可交付成果时(如高层办公楼的楼层、药品研制项目的临床试验、软件项目的程序模块、开发项目的启动阶段等)，子网络就非常有用。

4.4.3 活动排序的成果

1. 项目进度网络图

项目进度网络图是展示项目各计划活动及其逻辑关系(依赖关系)的图形。项目进度网络图可用手工或利用项目管理软件制作。项目进度网络图可以包括项目的全部细节，也可以只有一项或若干项概括性活动。它应附有简要的文字，说明活动排序使用的基本方法。凡不寻常的活动序列均应在文字中加以详细说明。

2. 更新的活动清单

活动排序过程中可能批准变更请求，如果批准，就应将其列入活动清单，使之更新。

3. 更新的活动属性

将确定了的逻辑关系以及所有有关的时间提前与滞后量都列入活动属性，使之更新。活动排序过程中可能批准的变更请求，如果影响到活动清单，则应将批准的变更加入活动属性，更新活动属性的有关事项。

4.5 项目活动资源估算

项目计划活动资源估算就是确定在实施项目活动时要使用何种资源(人员、设备或物资以及信息等)，每一种资源使用的数量，以及何时用于项目计划活动。活动资源估算过程与费用估算过程紧密配合。例如：

①施工项目团队必须熟悉当地的建筑法规。这类知识从当地的施工企业不难获取。但如果当地可用的人力资源缺乏，那么支付一笔额外费用延聘咨询人员，可能是了解当地建筑法规的最有效方式。

②汽车设计团队需要熟悉最新的自动装配技术。获取必要知识的途径包括聘请一位咨询人员或者把来自生产岗位的人员纳入设计团队等。

4.5.1 活动资源估算的依据

活动资源估算的主要依据包括活动清单、活动属性、资源可利用情况、项目管理计划等。

4.5.2 活动资源估算的工具与技术

1. 专家判断

在评价本过程同资源有关的依据时，经常要求利用专家判断。任何具有资源规划与估算专门知识的集体或个人都可以提供这方面的专业知识。

2. 多方案分析

很多计划活动都可利用多种形式完成，其中包括利用各种水平的资源能力或技能、各种类型的机器设备、各种工具(手工操作或自动化工具)以及有关资源自制或外购的决策。

3. 自下而上估算

当估算计划活动无足够把握时，则将其范围内的工作进一步分解，然后估算下层每个更具体的工作资源需求，接着将这些估算按照计划活动需求的每一种资源自下而上逐步汇集出总量。

4.5.3 活动资源估算的成果

1. 活动资源需求

活动资源估算过程的成果就是识别与说明工作细目中每一计划活动需求使用的资源类型与数量。可以在汇总这些需求之后，确定每一工作细目的资源估算量。资源需求说明书的详尽程度因应用领域而异。

2. 活动属性

每一计划活动必须使用的资源类型与数量都反映到活动属性之中。如果在活动资源估算过程中批准变更请求，则应将批准的变更加入活动清单与活动属性之中，更新活动清单与活动属性。

3. 资源分解结构

资源分解结构是按照资源种类和形式划分的资源层级结构。

4.6 项目活动持续时间估算

估算项目活动时间是对完成项目的各种活动所需要的时间做出估算。为此，需要分别估算项目各个活动所需要的时间，然后根据项目活动的排序来确定整个项目所需要的时间。

估算计划活动持续时间的过程，要利用有关计划活动的工作范围、必要资源类型、资源需要量估计，并标明资源有无与多寡的资源日历的信息。持续时间估算是逐步细化与完善的，估算过程要考虑数据依据的有无与质量。例如，随着项目设计工作的逐步深入，可供使用的数据越来越详细、越来越准确，因而提高了持续时间估算的准确性。

4.6.1 活动持续时间估算的依据

项目活动持续时间估算的依据包括项目范围说明书、活动清单、活动属性、活动资源要求、项目管理计划、经验教训登记册等。

活动的估算资源要求对计划活动的持续时间有重要的影响，分配给计划活动的资源，以及这些资源能否用于项目，将影响活动的持续时间。例如，如果某计划活动要求两名工程师共同工作，提高设计活动的工作效率，但是只有一名工程师实际投入了设计工作，因此一般至少要花两倍的时间才能完成这项设计活动。然而，需要注意的是，资源增加或减少的百分比，并不一定对应项目效率的变化百分比。例如，当某些计划活动减少了资源或使用了技能不高的资源时，项目就可能降低效率。而效率的降低反过来又造成工作产量的增加，一系列的连锁反应后，导致项目效率大大低于资源变化的百分比。

4.6.2 活动持续时间估算的工具与技术

1. 专家判断

由于影响活动持续时间的因素太多，如资源的水平或生产率，所以常常难以估算。只要有可能，就可以利用以历史信息为根据的专家判断。各位项目团队成员也可以提供持续时间估算的信息，或根据以前的类似项目提出有关最长持续时间的建议。如果无法请到这样的专家，则持续时间估计中的不确定性和风险就会增加。

2. 类比估算

持续时间类比估算就是以从前类似计划活动的实际持续时间为根据，估算将来的计划活动的持续时间。当有关项目的详细信息数量有限时，如在项目的早期阶段就经常使用这种办法估算项目的持续时间。类比估算经常需要利用历史信息和专家判断。当以前的活动事实上而不仅仅是表面上类似，而且准备这种估算的项目团队成员具备必要的专业知识时，持续时间类比估算最可靠。

3. 参数估算

将应当完成的工作量乘生产率时，就可以估算出活动持续时间的基数。例如，对于设计项目，将图纸的张数乘每张图所用的工时。

4. 三点估算

考虑原有估算中风险的大小，可以提高活动持续时间估算的准确性。

①最可能持续时间：是在为计划活动分派的资源、资源生产率、可供该计划活动使用的现实可能性，对其他参与者的依赖性，以及可能的中断都已给定时，该计划活动的持续时间。

②乐观持续时间：当估算最可能持续时间依据的条件形成最有利的组合时，估算出来的持续时间就是活动的乐观持续时间。

③悲观持续时间：当估算最可能持续时间依据的条件形成最不利的组合时，估算出来的持续时间就是活动的悲观持续时间。

三点估算法首先估计出项目各个活动的三种可能时间：乐观持续时间 T_a、悲观持续

时间 T_b、正常时间 T_m。假设这三个时间服从 β 分布，然后运用概率的方法得出各项活动时间的平均值，则有：

$$T=\frac{T_a+4T_m+T_b}{6} \tag{4-1}$$

【例 4-4】某项目包括三项活动 A、B、C，其项目网络结构图如图 4-4 所示。

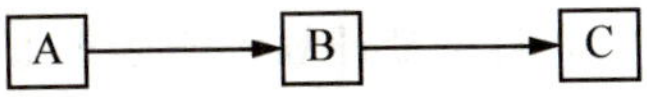

图 4-4 项目网络结构图

活动 A、B、C 在正常情况下的工作时间分别为 20 天、18 天、24 天，在最有利的情况下其工作时间分别是 15 天、16 天、20 天，在最不利的情况下其工作时间分别是 28 天、30 天、36 天，那么该项目各活动和整个项目的最可能完成时间是多少？

解：

活动 A 最可能完成时间 $T=(15+4\times20+28)/6=20.5$(天)

活动 B 最可能完成时间 $T=(16+4\times18+30)/6=19.7$(天)

活动 C 最可能完成时间 $T=(20+4\times24+36)/6=25.3$(天)

所以，整个项目最可能完成时间为 $20.5+19.7+25.3=65.5$(天)

5. 自下而上估算

自下而上估算是一种估算项目持续时间或成本的方法，通过从下到上逐层汇总 WBS 组成部分的估算而得到项目估算。对于持续时间的估算需要注意并行工作的时间安排，而不能是所有时间的加总。

6. 数据分析

在估算活动持续时间过程中，可采用备选方案分析和储备分析的方法进行过程分析。

4.6.3 活动持续时间估算的成果

1. 活动持续时间估算

活动持续时间估算是对完成计划活动所需时间的可能长短所做的定量估计。活动持续时间估算的结果中应当指明变化范围。例如：

①2 周±2 天指明计划活动至少要用 8 天，但最多不超过 12 天(假定每周工作 5 天)。

②超过 3 周的概率为 15%，也就是说，该计划活动需要 3 周或更短时间的概率为 85%。

2. 更新的活动属性

活动属性更新后应包括每一计划活动的持续时间、编制活动持续时间进行估算时所做的假设以及应急时间。

4.7 制订项目进度计划

制订项目进度计划是一个反复的过程，这一过程确定项目活动计划的开始与完成日期。制订进度计划可能要求对持续时间估算与资源估算进行审查与修改，以便进度计划在批准之后能够当作跟踪项目绩效的基准使用。

4.7.1 制订进度计划的依据

制订进度计划的依据包括项目范围说明书、活动清单、活动属性、项目进度网络图、活动资源要求、活动持续时间估算、项目管理计划等。

项目范围说明书中含有可能影响制订进度计划的制约因素与假设。制约因素就是在项目管理团队进行进度网络分析时限制其选择的因素。

项目管理计划包括进度管理计划、费用管理计划、项目范围管理计划和风险管理计划。这些计划对制订进度计划和对直接配合制订进度计划过程的其他活动组成部分都具有指导作用。

4.7.2 制订进度计划的工具与技术

1. 进度网络分析

进度网络分析是提出与确定项目进度计划的一种技术。进度网络分析使用一种进度模型和多种分析技术，如关键路线法、局面应对分析和资源平衡来计算特定活动或工作的最早、最迟开始和完成日期，以及项目计划活动未完成部分的计划开始与计划完成日期。如果模型中使用的进度网络图含有任何网络回路或网络开口，则需要对其加以调整，然后再选用上述分析技术。某些网络路线可能含有路线会聚或分支点，在进行进度压缩分析或其他分析时可以识别出来并加以利用。

2. 关键路线法

关键路线法(Critical Path Method，CPM)是利用进度模型时使用的一种进度网络分析技术。关键路线法沿着项目进度网络路线进行正向与反向分析，假定不考虑任何资源限制，计算出所有计划活动理论上的最早开始与完成日期、最迟开始与完成日期。需要注意的是：由此计算而得到的最早开始与完成日期、最迟开始与完成日期不一定是项目的进度计划，它们的重要价值在于指明计划活动在给定的活动持续时间、逻辑关系、时间提前与滞后量，以及其他已知制约条件下应当安排的时间段与长短。

下面的基本概念是灵活运用关键路线法的基础。

(1)最早开始时间和最早完成时间

①最早开始时间(Early Start Date，ES)：根据进度网络逻辑、数据日期以及任何进度制约因素，某计划活动尚未完成部分可能开始的最早时间点。

②最早完成时间(Early Finish Date，EF)：根据进度网络逻辑、数据日期以及任何进度制约因素，某计划活动尚未完成部分可能完成的最早时间点。

计算网络图中各项活动的最早开始或最早完成时间的具体原则如下。

①对于一开始就进行的活动，其最早开始时间为 0。

②某项活动的最早开始时间必须等于或晚于直接指向这项活动的所有活动的最早完成时间中的最晚时间。

③计算每项活动的最早开始时间和最早完成时间时，以项目预计开始时间为参照点进行正向推算。对于中间的活动，其活动的最早开始时间就是其前置活动的最早完成时间中的最晚时间。

④根据项目的最早开始时间来确定项目的最早完成时间。最早完成时间可在这项活动最早开始时间的基础上加上这项活动的工期估计进行计算，活动期望工期以 DU(Duration)表示，则 EF＝ES＋DU，如图 4-5 所示。

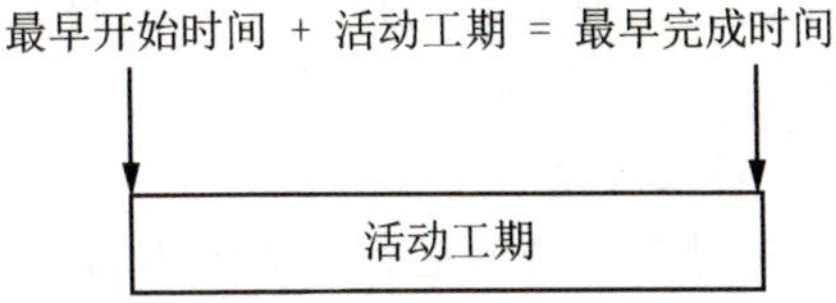

图 4-5　最早开始、最早完成时间关系图

(2)最迟开始时间和最迟完成时间

①最迟开始时间(Late Start Date，LS)：根据进度网络逻辑、项目完成日期以及任何施加于计划活动的制约因素，在不违反进度制约因素或延误项目完成日期的条件下，允许计划活动最迟开始的时间点。

②最迟完成时间(Late Finish Date，LF)：根据进度网络逻辑、项目完成日期以及任何施加于计划活动的制约因素，在不违反进度制约因素或延误项目完成日期的条件下，允许计划活动最迟完成的时间点。

计算网络图中各项活动的最迟开始或最迟完成时间的具体原则如下。

①对于最后完成的活动，其最迟完成时间就是项目规定的完工时间。

②某项活动的最迟完成时间必须等于或早于该活动直接指向的所有活动最迟开始时间的最早时间。

③计算每项活动的最迟开始时间和最迟完成时间时，以项目预计完成时间为参照点进行逆向计算，对于中间的活动，其活动的最迟完成时间就是其后置活动的最迟开始时间的最早时间。

④最迟开始时间可在该活动最迟完成时间的基础上减去该活动的工期得出，即 LS＝LF－DU，如图 4-6 所示。

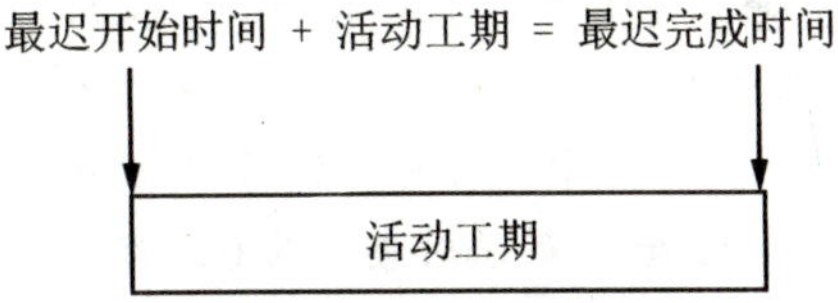

图 4-6　最迟开始、最迟完成时间关系

(3)时差

时差(Float)也称为“浮动时间”，表明项目活

动或整个项目的机动时间。

时差分为两种类型：活动总时差和单时差(也可称为自由时差)。活动总时差是指在不影响项目在规定时间范围内完成的情况下，项目活动最迟开始时间和最早开始时间的间隔；活动的单时差则是在不影响下一个活动最早开始的前提下，该活动的完成所拥有的机动时间。由此可见，总时差是单时差的综合，当然不是单时差的简单加总。时差越大，则表示项目的时间潜力也越大。时差可以通过式(4-2)来表示。

$$F=LF-ES-DU=LF-EF \tag{4-2}$$

如果项目某条路线的总时差为正值，这一正的总时差可以由该路线上所有的活动来共用，当该路线上的某项活动不能按期完成时，则可以利用该路线的总时差，而不必担心影响项目的进度；如果项目某条路线的总时差为负值，则表明该路线上的各项活动要加快进度，减少在该路线上花费的时间总量，否则项目就不能在规定的时间范围内顺利完成；如果项目某条路线的总时差为零，则表明该路线上的各项活动不用加速完成但是也不能拖延时间。由此可见，项目网络图的管理理念就是利用时差来调整整个项目的进度。

(4)关键路线的确定

关键路线法的重点是确定项目的关键路径，关键路线的确定是将项目网络图中每条路线所有活动的历时分别相加，最长的路线就是关键路线，关键路线上的活动称为关键活动，关键路线的节点称为关键节点，关键活动的总时差最小。因此，关键路线就是网络图中由一系列活动构成的活动工期最长的那条路线。如果关键路线上的某项活动未如期完成，所有处于其后的工作活动都要往后拖延，最终的结果则是项目不能按计划完成。反之，如果关键路线上的某活动能够提前完成，那么整个项目也有可能提前完成。由此可知，在编制项目进度计划时，关键路线上的活动是关注的重点。

确定关键路线的方法除了找出所有活动的历时相加最长的路线外，还有一种常用的方法是找出那些具有最小时差的活动，即用每项活动的最迟完成时间减去最早完成时间(或用最迟开始时间减去最早开始时间)，然后找出时差值最小的各项活动(如果时差都是正的，则选择正时差值最小的活动；如果存在负时差，则选择负时差绝对值最大的活动)，所有这些活动就是关键路线上的活动。

【例 4-5】某项目的节点式网络图如图 4-7 所示。如果该项目的规定完工时间为 42 天，试用两种方法确定该项目的关键路线。

解：①运用“时差最小值”来确定项目的关键路线。

由表 4-2 中的总时差值可以看出，活动 A、B、E、G 和 H 的总时差均为 0。因此，活动 A、B、E、G、H 构成了网络图的关键路线。

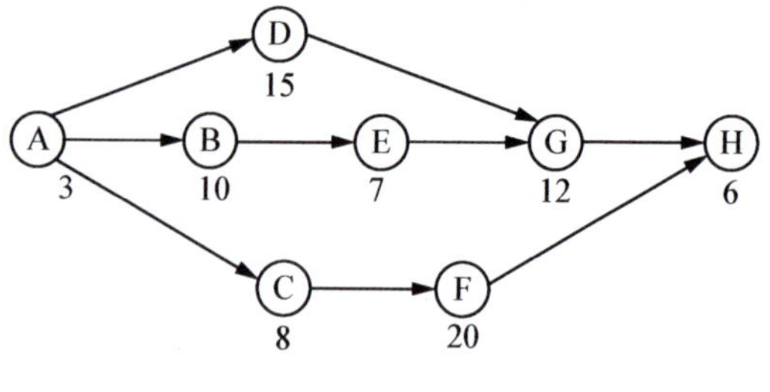

图 4-7 项目网络图

表 4-2　项目活动情况表

单位：天

活动	活动工期	最早		最迟		总时差
		开始时间	完成时间	开始时间	完成时间	
A	3	0	3	0	3	0
B	10	3	13	3	13	0
C	8	3	11	4	12	1
D	15	3	18	5	20	2
E	7	13	20	13	20	0
F	20	11	31	12	32	1
G	12	20	32	20	32	0
H	6	32	38	32	38	0

②运用“活动的时间相加最长的路线”来确定项目的关键路线。在该项目的节点图上，有三条路线 A、D、G、H，A、B、E、G、H 和 A、C、F、H，这三条路线的活动时间相加分别为 36 天、38 天和 37 天，其中路线 A、B、E、G、H 的活动时间相加是最长的，所以是关键路线。

【例 4-6】项目背景如例 4-1 所述，通过分析可知，A 公司新产品开发项目各项活动(工作)的逻辑关系和历时如表 4-3 所示，试分析其关键路线。

表 4-3　A 公司新产品开发项目的活动资料

活动	活动内容	紧前活动	活动历时/周
A	市场调查	—	4
B	资金筹备	—	10
C	产品需求分析	A	3
D	产品设计	A	6
E	产品研制	D	8
F	制订费用计划	C、E	2
G	制订生产计划	F	3
H	筹备设备	B、G	2
I	筹备原材料	B、G	8
J	安装设备	H	5
K	调集人员	G	2
L	准备开工生产	I、J、K	1

解：该项目的箭线式网络图如图 4-8 所示。

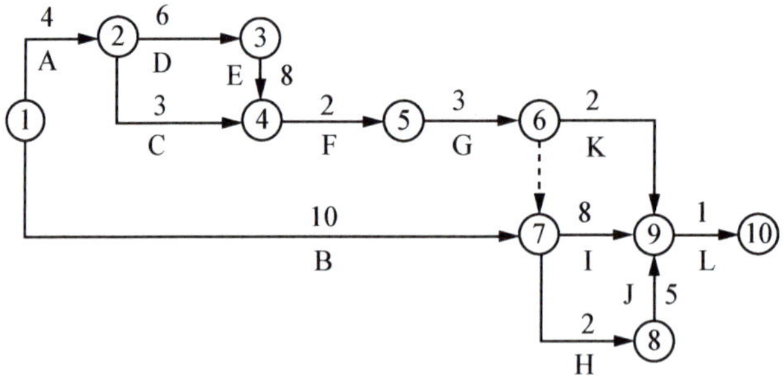

图 4-8 项目活动箭线式网络图

可以运用图上作业和表上作业的方法寻求关键路线，不过图上作业时如果网络图较为复杂就容易出错，所以常常采用表上作业法。

表上作业首先要列出计算用表，注意活动排列应严格按照箭尾事项编号由小到大排列，箭尾编号相同时，按箭头事项由小到大排列，如表 4-4 所示。

表 4-4 关键路线的表上作业过程与结果 单位：周

工作		工作历时	最早开始时间	最早完成时间	最迟开始时间	最迟完成时间	总时差	单时差	关键工作
箭尾	箭头								
1	2	3	4	5	6	7	8	9	10
①	②	4	0	4	0	4	0	0	①→②
①	⑦	10	0	10	13	23	13	13	
②	③	6	4	10	4	10	0	0	②→③
②	④	3	4	7	15	18	11	11	
③	④	8	10	18	10	18	0	0	③→④
④	⑤	2	18	20	18	20	0	0	④→⑤
⑤	⑥	3	20	23	20	23	0	0	⑤→⑥
⑥	⑦	0	23	23	23	23	0	0	⑥→⑦
⑥	⑨	2	23	25	29	31	6	6	
⑦	⑧	2	23	25	24	26	1	0	
⑦	⑨	8	23	31	23	31	0	0	⑦→⑨
⑧	⑨	5	25	30	26	31	1	1	
⑨	⑩	1	31	32	31	32	0	0	⑨→⑩

首先，计算活动的最早开始时间和最早完成时间，由上至下逐个计算，填入表中第 4 列、第 5 列。

随后，由下而上逐个计算活动的最迟开始时间和最迟完成时间，填入表中第 6 列、第 7 列。

最后，计算总时差和单时差，其中总时差由各活动第 6 列减去第 4 列求得。第 9 列单时差由紧后活动的第 4 列与该项活动第 5 列相应数字相减而得。

按总时差最小识别出关键活动，填入第 10 列，确定关键路线。

3. 进度压缩

进度压缩是指在不改变项目范围，满足进度制约条件、强加日期或其他进度目标的前提下，缩短项目的进度时间。进度压缩技术有：

①权衡项目成本与项目进度，确定如何在尽量少增加费用的前提下最大限度地缩短项目时间。赶进度并非总能产生可行的方案，反而常常增加费用。

②快速跟进这种进度压缩技术，同时进行按先后顺序的阶段或活动。例如，建筑物在所有建筑设计图纸完成之前就开始基础施工。快速跟进往往造成返工，并通常会增加风险。这种办法可能要求在取得完整、详细的信息之前就开始进行，如工程设计图纸。其结果是以增加费用为代价换取时间，并因缩短项目进度时间而增加风险。

4. 假设情景分析

假设情景分析就是对“情景×出现时应当如何处理”这样的问题进行分析。进度网络分析是利用进度模型计算各种各样的情景，如推迟某大型部件的交货日期，延长具体设计工作的时间，或加入申请许可证过程的变化等外部因素。

假设情景分析的结果可用于估计项目进度计划在不同情境下的可行性，用于编制为了应对意外境况而制订的进度计划和应对计划。通过情景模拟，可对活动做出多种假设，估算项目多种持续时间。常用技术是蒙特卡罗分析，可为每一计划活动确定一种活动持续时间概率分布，然后利用这些分布计算出整个项目持续时间的概率分布。

5. 资源优化

资源优化的目的是通过调整活动的开始和完成日期，调整计划使用资源的强度，使其等于或少于可用的资源。资源优化技术是根据资源供需情况来调整进度模型的技术，包括(但不限于)进度周期内的资源平衡和资源有限情况下的进度工期最短。

4.7.3 制订进度计划的成果

1. 项目进度计划

项目进度计划至少包括每项计划活动的计划开始日期与计划完成日期。如果早期阶段进行了资源规划，在资源分配未确认，计划开始与计划完成日期未确定之前，项目进度计划始终属于初步进度计划。这个过程一般发生在项目管理计划制订之前。

项目目标进度计划还可以对每一计划活动确定目标开始日期与目标完成日期。项目进度计划根据项目规模可以分为不同层级，可以简要概括，这种形式有时候被称为总进度计划或里程碑进度计划，亦可详细具体。项目进度计划可用表格形式表示，但更常见的做法是用以下一种或多种格式的图形表示。

（1）项目进度网络图

项目进度网络图是加上活动日期资料的图形，一般既表示项目网络逻辑，又表示项目关键路线上的计划活动。进度网络图可使用活动节点式网络图（也叫单代号网络图），也可使用时标进度网络图（也叫逻辑横道图）。

（2）横道图

横道图（Bar Chart）也称甘特图（Gantt Chart），是显示与项目进度有关信息的图形。横道图的基本形式如图 4-9 所示。它以横坐标表示时间，项目活动在图的左侧纵向排列，以活动所对应的横道位置表示活动的起始时间，横道的长短表示持续时间的长短。它实质上是图和表的结合形式。为了控制与管理沟通的方便，里程碑或多个互相依赖的工作细目之间加入内容更多、更综合的概括性活动，并在报告中以横道图的形式表现出来。

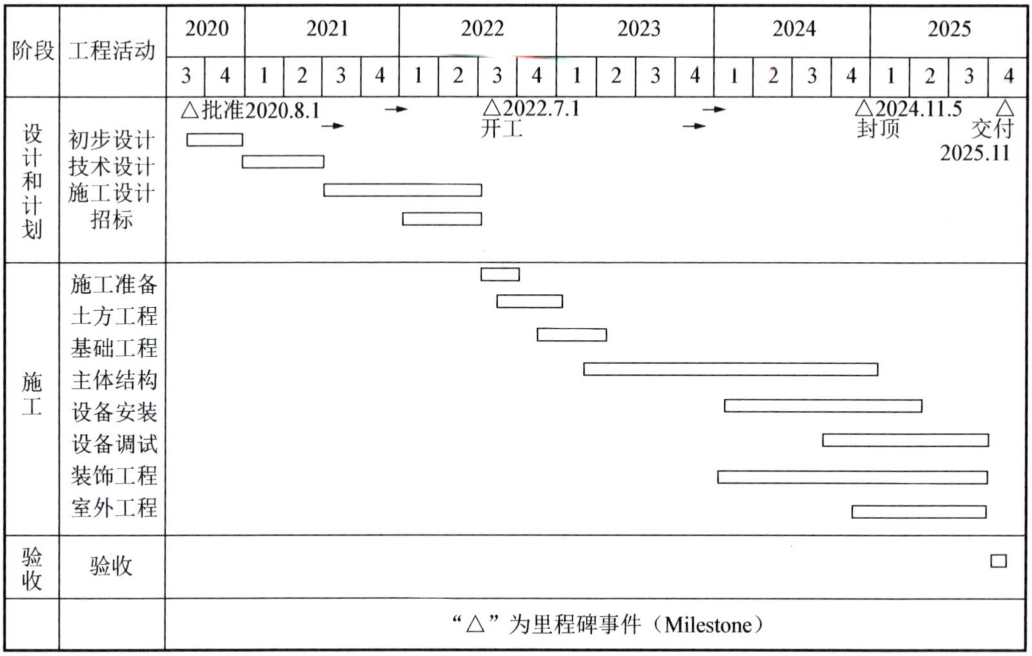

图 4-9　某项目工期计划横道图

横道图的优缺点如下。

①优点。

a. 它能够清楚地表达活动的开始时间、结束时间和持续时间，一目了然，易于理解，并能够为各层次的人员(上至战略决策者，下至基层的操作工人)所掌握和运用。

b. 使用方便，制作简单。

c. 不仅能够安排工期，而且可以与劳动力计划、材料计划、资金计划相结合。

②缺点。

a. 难以表达工程活动之间的逻辑关系。如果一个活动提前或推迟，或延长持续时间，很难分析出它会影响哪些后续的活动。

b. 不能表示活动的重要性，如，哪些活动是关键的，哪些活动有推迟或拖延的余地。

c. 所能表达的信息量较少。

d. 对一个复杂的工程不能进行工期计算，更不能进行工期方案的优化。

③应用范围。由于横道图的优缺点，就决定了它既有广泛的应用范围和很强的生命力，同时又有局限性。

a. 它可直接用于一些简单的小的项目。由于活动较少，可以直接用它排工期计划。

b. 项目初期由于尚没有作详细的项目结构分解，工程活动之间复杂的逻辑关系尚未分析出来，一般都用横道图作总体计划。

(3)里程碑图

里程碑图与横道图类似，但仅标示出主要可交付成果和关键外部接口的计划开始日期或完成日期。

2. 进度模型数据

项目进度表的辅助数据至少应包括进度里程碑、计划活动、活动属性，以及所有已经识别的假设与制约因素的文字记载。项目进度模型数据的多寡因应用领域而异。经常当作辅助细节被列入进度模型数据中的信息包括但不限于如下方面：①按时段提出的资源要求，往往以资源直方图的形式显示；②来自其他可供选择的进度表，如最好和最坏的情况、资源平衡或不平衡、有无强制性日期等。

3. 进度基准

进度基准是根据对进度模型进行进度网络分析而提出的一种特殊形式的项目进度表。该进度表在获得项目管理团队认可与批准之后，被当作进度基准使用，标明基准开始日期和基准完成日期。

4. 更新的资源要求

资源平衡有时候对于必要资源类型与数量的初步估算影响很大。如果资源平衡分析改变了项目资源要求，就要更新资源要求。

5. 更新的活动属性

活动属性更新后，应列入修改的资源要求与所有其他在制订进度表过程中提出且经过批准的变更。

6. 更新的项目日历

项目日历就是编排确定开展计划活动日期的工作日或工作班次的日历。项目日历也确定了不开展计划活动的非工作日，如节假日、周末以及无工作班次的时间。每一个项目的日历可以根据不同的日历单位安排项目的进度。

7. 更新的项目管理计划

更新的项目管理计划应反映所有批准的变更以及管理项目进度的方式与方法。

4.8 项目进度控制

项目进度控制的内容包括：判断项目进度的当前状态；对造成进度变化的因素施加影响；查明进度是否已经改变；在实际变化出现时对其进行管理。项目进度控制是整体变更控制的一部分。

4.8.1 进度控制的依据

项目进度控制的依据包括进度管理计划、进度基准、范围基准、绩效测量基准、批准的变更请求。

4.8.2 进度控制的工具与技术

1. 进度报告

进度报告是指项目进度状态报告，包括如下信息，如实际开始与完成日期以及未完成计划活动的剩余持续时间。如果还使用了实现价值这样的绩效测量，则也可能含有正在进行的计划活动的完成百分比。为了便于定期报告项目的进度，组织内参与项目的各个单位可以在项目生命周期内自始至终使用统一的项目进度报告模板。

2. 绩效衡量

绩效衡量技术的结果是进度偏差(Schedule Variance，SV)与进度绩效指数(Schedule Performance Index，SPI)。进度偏差与进度绩效指数用于估计实际发生任何项目进度偏差的大小。进度控制的一个重要作用是判断已发生的进度偏差是否需要采取纠正措施。例如，非关键路线计划活动的重大延误对项目总体进度影响甚微，而关键路线或接近关键路线上的一个小的延误，却有可能要求相关方立即采取行动缩减活动时间，从而保证整体项目进度绩效。

3. 偏差分析

在进度监视过程中，进行偏差分析是进度控制的一个关键职能。将目标进度日期同实际或预测的开始与完成日期进行比较，可以获得进度偏差信息以及在项目出现进度延误时采取纠正措施所需的信息。在评价项目进度绩效时，总时差也是分析项目时间实施效果的一个重要指标。进度偏差尤其是进度拖延的原因是多方面的，常见的有以下几个方面。

(1)工期及相关计划的失误

计划失误是常见的现象。人们在计划期将持续时间安排得过于乐观，包括：

①计划时遗漏了部分必需的功能、工作，或计划值(如计划工作量、持续时间)不足，相关的实际工作量增加。

②资源或能力不足，例如，计划时没考虑到资源的限制或缺陷，没有考虑如何完成工作。

③出现了计划中未考虑到的风险或状况，未能使项目实施达到预定的效率。

④在现代项目实施中，顾客(业主、投资者、企业主管)常常在一开始就提出很紧迫的工期要求，使承包商或其他设计单位、供应商的工期太紧。

(2)环境条件的变化

①工作量的变化。可能是由于设计的修改、设计的错误、顾客新的要求、修改项目的目标及系统范围的扩展造成的。

②外界对项目新的要求或限制，如设计标准的提高可能造成项目资源的缺乏，使得项目无法按时完成。

③环境条件的变化，直接要求调整原来已确定的计划。

④发生不可抗力事件，如地震、台风、动乱、战争等。

(3)实施过程中管理失误

①计划部门与实施者之间缺少沟通。

②项目实施者缺少工期意识，例如，管理者拖延了图纸的供应和批准，任务下达时缺少必要的工期说明和责任落实，拖延了项目活动。

③项目参加单位对各个活动之间的逻辑关系(活动链)缺乏清晰的了解，下达任务时也没有作详细的解释，同时对活动必要的前提条件准备不足，各单位之间缺少协调和信息沟通，许多工作脱节，资源供应出现问题。

④由于其他方面未完成项目计划造成拖延。例如，设计单位设计延误、项目物资运输不及时、上级机关审批时间延长、质量检查拖延、项目实施中出现的问题未得到及时解决等。

(4)其他原因

例如因采取其他调整措施造成工期的拖延，如设计的变更、质量问题的返工、实施方案的修改等。

4. 进度比较横道图

为了节省分析时间进度的时间，可使用进度比较横道图。图中每一计划活动都画两条横道。一条表示当前实际状态，另一条表示经过批准的项目进度基准状态。此法可以直观地显示出何处绩效符合计划，何处已经延误。

4.8.3 进度控制的成果

1. 更新的进度模型数据

更新项目进度计划是指对用于管理项目的项目进度模型资料所做出的任何修改。必要时，要将有关信息通知项目相关方。

重新绘制的项目进度网络图展示出剩余持续时间和对工作计划所做的修改。有时候项目延误可能非常严重，需要重新修改项目活动的开始与完成时间，制订新的目标进度计划，才能为指导工作、测量绩效提供现实的数据。

2. 绩效衡量

针对各工作分解结构组成部分，特别是工作细目与控制账户计算得出的进度偏差(SV)与进度效果指数(SPI)数值，将其记入文件并通知各利益相关者。

3. 推荐的纠正措施

纠正措施是指为使项目未来进度的绩效与所批准的项目进度基准保持一致而采取的任何行动。项目进度管理的纠正措施通常涉及赶进度，即采取特殊行动以保证计划活动按时完成，或者至少把延误降低到最低程度。纠正措施往往要求进行根本原因分析，查明造成偏差的原因。这种分析可能涉及并非实际造成偏差的计划活动。它可以通过重新规划和实施项目进度计划中排在后面的计划活动对项目进度出现的偏差进行恢复。

思考与练习

1. 调查一个实际项目的进度情况，并绘制它的总进度横道图。
2. 项目活动之间的逻辑关系是由什么决定的？
3. 确定项目活动的持续时间要考虑哪些因素？
4. 什么叫“里程碑事件”？试列举项目中常见的5个“里程碑事件”。
5. 什么是关键路线，它有什么作用？什么是非关键活动，它有什么作用？
6. 在解决进度拖延时应注意哪些问题？
7. 调查一个实际项目，了解它的实际进度和计划进度情况，并进行对比分析，指出其原因。

8. 某项目包括 7 项活动，各项活动的持续时间及相互之间的逻辑关系如表 4-5 所示，试画出节点式网络图，并求出关键路线。

表 4-5　某项目活动持续时间及相互关系

活动	紧前活动	紧后活动	持续时间/天
A	—	B、C、D	5
B	A	E	8
C	A	E、F	9
D	A	F	10
E	B、C	G	7
F	C、D	G	8
G	E、F	—	6

第 5 章

项目费用管理

本章要点

- 项目费用管理的内容
- 项目费用管理的过程
- 如何有效管理项目费用

引导案例

悉尼歌剧院作为享誉世界的知名标志性建筑，其超前的设计理念、庞大的建筑规模都为世界建筑历史留下了浓墨重彩的一笔。尽管在艺术造诣、设计理念上，悉尼歌剧院无可厚非地获得了巨大的成功，但是在项目费用管理上，它却是一个失败的典范。

悉尼歌剧院建设周期长达 14 年，整个项目最初建筑预算 720 万澳元，但项目的完工成本高达 1.02 亿澳元(约为当时的 1 亿美元)，完工成本是预算的 14 倍多。在整个项目的费用管理过程中，主要出现以下重大问题：

①设计方案超出当时工程技术能力，导致设计方案频繁调整，项目设计预算提高。

②项目建设未编制良好的项目资源计划，在实施过程中未按照项目全生命周期的开发、设计、建设、运行等流程进行，使得施工流程反复，项目预算进一步提高。

③项目未做好费用估算与费用预算控制，导致要完成超前的建筑设计需要额外增加预算。

总体而言，悉尼歌剧院在整个项目实施过程中，未进行项目费用管理，最终导致完工成本严重超出项目预算的后果，使其尽管获得了艺术与设计上的成功，但却在项目费用管理上成为了典型的失败案例。

5.1 项目费用管理概述

5.1.1 项目费用的概念及构成

项目费用是指项目形成过程中所耗费的各种费用的总和，可分为以下几个部分。

1. 定义与决策费用

定义与决策是项目形成过程的首要阶段。项目定义与决策的好坏对项目的设计与实施以及建成后所获得的经济效益和社会效益将会产生重要影响。为了对项目进行准确定义和科学决策，在这一阶段需要进行广泛的市场调查，收集和掌握翔实的资料，并对项目进行可行性研究。为完成这些工作所花费的费用就是项目的定义与决策费用。

2. 项目设计费用

一个项目通过可行性研究之后，就需要对该项目进行设计。例如，一个工程建设项目需要进行规划设计、施工图设计等；一个科研项目需要进行技术路线和实验方案设计等；一个营销项目需要进行营销方案的策划和设计。为完成设计工作所花费的费用即为项目设计费用。

3. 项目获取费用

为了获得项目，项目组织所开展的询价、供方选择、广告、招投标、承发包等工作所花费的费用即为项目获取费用。

4. 项目实施费用

在项目实施过程中，为了完成项目并获得项目产出物而耗用各种资源所构成的费用被称为项目实施费用，具体包括人工费、材料费、机械设备费用、管理费、不可预见费和其他费用等。

5.1.2 项目费用管理的概念

每一个项目都会在一定程度上受到客观条件和资源的制约。对于大多数项目而言，资金是一个重要的制约因素。如果项目的费用超支，不但会降低项目的经济效益，使业主或承包商蒙受损失，而且还可能使项目因无法继续获得必要的投资而被迫中止。因此，必须有效实施项目费用管理。完整的项目费用管理包括费用规划、估算、预算、控制等过程，其目的是在已批准的预算内完成项目。

5.1.3 项目费用管理的方法

在现代项目管理中，比较科学、客观地反映项目成本管理规律的方法有三种，即全过程项目费用管理、全生命周期项目费用管理和全面项目费用管理。

1. 全过程项目费用管理

该管理方法认为，应该从整个项目活动全过程的角度去分析、确定和管理项目费用。例如，S棚改EPC项目全过程费用管理具体包含项目决策、项目设计、项目发承包、项目施工、项目竣工验收五个具体阶段。项目成本目标的实现不再局限于项目施工阶段，而是要求在各个不同阶段均采取相应的成本管控措施，通过各阶段成本最优进一步达到项目整体的成本目标。

2. 全生命周期项目费用管理

全生命周期是指工程项目从研究开发、设计、建设、运行直至报废的全部时间，而在项目全生命周期中所发生的全部费用则被称为全生命周期费用。例如，某电力企业拥有2台600 MW机组，其中SCR脱硝系统建设投资约为12 455万元，年运行维护费用约为4 965万元，在SCR脱硝系统设计生命期内(约为30年)，其累计运行维护费用(约148 950万元)远远高于建设投资，全生命周期费用高达161 405万元。

3. 全面项目费用管理

全面项目费用管理是企业内部全员、全过程、全方位、全环节的综合性的费用管理，其特点表现在四个方面：①企业内部全员参加的费用管理；②企业内部生产全过程的费用管理；③市场、科技、人力资源三位一体的全方位费用管理；④费用管理各环节的全面管理。

5.2 项目资源计划

5.2.1 项目资源计划的概念

项目资源计划是指通过分析和识别项目的资源需求，例如，人力资源方面的雇员和承包商等，进而确定项目所需资源的种类、数量、质量和投入时间，从而制订出科学、合理的项目资源供应计划的项目费用管理活动。做好资源计划，合理安排资源，对于避免由于资源配置不合理所造成的项目工期延误和项目费用超支有着重要意义。

5.2.2 项目资源计划编制的依据

项目资源计划的编制只有以集成的思想为指导，统筹并综合考虑项目质量和工期计划安排，才能够做到科学、合理和可行。项目资源计划编制的依据主要有以下几个。

1. 工作分解结构

工作分解结构(Work Breakdown Structure，WBS)是指对应当由项目团队执行以便实现项目目标，并创造必要的可交付成果的工作，按可交付成果所做的层次分解。WBS 将项目的整个范围组织在一起并加以明确。每向下分解一个层次，就意味着项目工作的定义深入一步，最终分解为工作细目。一个项目的工作分解结构列出了为完成该项目所要做的所有工作内容和所需要消耗资源的种类、数量和质量。因此，工作分解结构是项目资源计划编制的依据之一。

2. 项目范围计划

项目范围计划包括对项目目标、项目产出物和项目工作范围等内容的全面说明和描述以及计划安排。这些内容对项目所需资源的种类、数量和质量产生重要影响。因此，项目范围计划是项目资源计划编制的依据之二。

3. 项目进度计划

项目进度计划是控制项目进程的纲领性文件，它规定了项目各项活动的开始和结束时间，因而也就决定了各种项目资源的投入时间、投入数量，所以资源计划必须以进度计划为依据来制订，以使项目组织能够适时地、有计划地安排合适的资源。因此，项目进度计划是项目资源计划编制的依据之三。

4. 项目资源描述

项目资源描述是对项目所需资源的种类、数量、质量的描述和说明，具体包括项目需要哪些种类的资源，这些资源的特性和要求是什么，项目什么时候需要这些资源等。例如，在几个月后才获得的资源可能会拖累项目的进度，也可能会影响项目的成本估算。要想制订一个科学合理的项目资源计划，必须考虑项目资源描述。因此，项目资源描述是项目资源计划编制的依据之四。

5. 历史资料

历史资料是指对已经完成的同类项目的资源需求和使用情况的综合统计，它对于本项目的资源计划编制有着重要的参考作用。因此，历史资料是项目资源计划编制的依据之五。

6. 资源库信息

资源库是项目所拥有的可供使用资源的描述集合。它既包括项目实施组织自身所拥有的资源，也包括整个社会能够为项目提供的各种资源。只有在掌握了这方面的信息以后，项目管理人员才能够制订切实可行的项目资源计划，否则制订的项目资源计划可能超出了现实条件，只能是纸上谈兵。例如，项目经理可能会确定对具有某些专业知识的资源的需求，但是如果组织内部没有这种资源，则必须考虑雇用承包商或培训团队以获得这类资源。因此，资源库信息是项目资源计划编制的依据之六。

7. 组织方针和政策

组织方针和政策包括的内容很广，其中组织在人力资源、设备和材料的选用，获得资源的手段和方式等方面的方针和政策，会对项目资源计划产生影响，例如，工程项目中劳务人员是选用外聘员工还是本企业内部员工，设备是租赁还是购买等，都会对资源计划产生影响。因此，组织方针和政策是项目资源计划编制的依据之七。

5.2.3 项目资源计划编制的方法

进行项目资源计划编制的方法有很多，其中常用的有以下几种。

1. 专家判断法

专家判断法是项目资源计划编制最常用的方法。它是由项目成本管理专家根据经验来确定和编制项目资源计划的方法。专家判断法是指在应用领域、知识领域、学科和行业中具有专门知识、技术、技能、经验或培训经历的小组或个人运用其专业知识对事件或问题做出合理判断的方法。

项目管理者要善于利用内部和外部专家资源，在组织内的专业部门、内部或外部顾问、客户、项目发起人、专业与技术协会、行业团体、主题专家、项目管理办公室等范围内寻找项目管理专家，提高决策水平，妥善处理各种复杂的技术和管理问题，从而提高项目成功率。

2. 资料统计法

资料统计法是指使用已完成项目的统计数据资料，计算和确定项目资源计划的方法。这种方法中的计划指标通常可分为实物量指标、劳动量指标和价值量指标。实物量指标用来表明所需资源的数量(如一个工程项目需要水泥多少吨)。劳动量指标主要用于表明项目所需人力的数量(如人工工时)。价值量指标用于表示项目所需资源的货币价值。这种方法以已完成项目的统计数据资料为依据来制订本项目的资源计划，编制结果的准确性与合理性较高，但是它要求已完成项目与本项目相似程度较高，而且要有详细的历史数据，所以其应用受到一定的限制。

3. 数学模型

为了使编制的资源计划具有科学性、可行性，在资源计划的编制过程中，往往需要借助某些数学模型，如资源均衡模型、资源分配模型等。

5.2.4 项目资源计划编制的工具

项目资源计划的编制工具主要是一些方便资源统计或说明的图表，通常有以下几种。

1. 资源计划矩阵

资源计划矩阵是项目工作分解结构(WBS)的直接产品，即根据 WBS 对项目资源进行分析、汇总。如表 5-1 所示，资源计划矩阵能够表明完成项目中各项工作所需要用到的各种资源的情况，但是不能表明资源的投入时间。

表 5-1　资源计划矩阵

WBS 结果	资源需求量				备注
	资源 1	资源 2	……	资源 n	
工作包 1					
工作包 2					
工作包 3					
……					
工作包 n					

2. 资源数据表

资源数据表与资源计划矩阵不同，它不是对项目所需资源的一个统计说明，而是说明资源在项目周期各时间段上的数量需求情况(如表 5-2 所示)。

表 5-2　项目资源数据表

需求资源种类	需求资源总量	项目进度阶段(时间)					备注
		1	2	3	……	n	
资源 1							
资源 2							
资源 3							
……							
资源 n							

3. 资源甘特图

资源甘特图用以反映资源在各个项目阶段中被占用的情况，是资源数据表的直观表现形式，如图 5-1 所示。

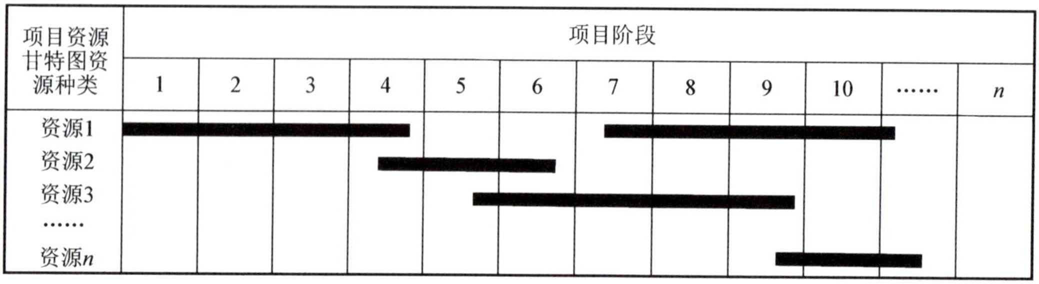

图 5-1　资源甘特图

4. 资源负荷图

资源负荷图给出在项目周期内各个阶段所需要的某种资源的数量。图 5-2 是某项目的人力资源负荷图，还可以按不同种类的资源画出不同的资源负荷图。

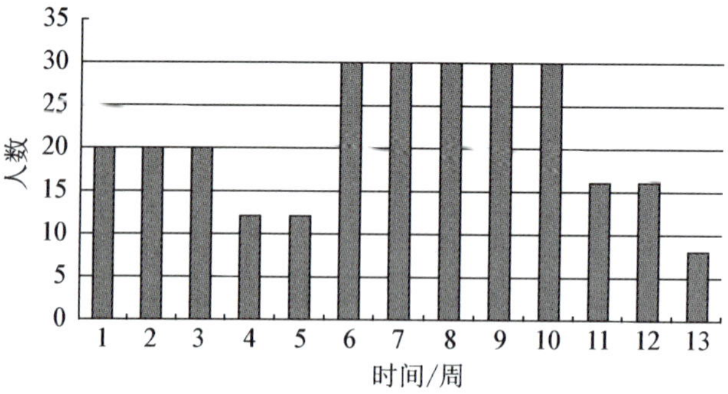

图 5-2　人力资源负荷图

5.3　项目费用估算

5.3.1　项目费用估算的概念和类型

项目费用估算是根据项目资源需求计划和各种所需资源的价格信息，对完成各项项目活动所需资源的费用提出某种近似估算的过程。

项目管理过程中需要进行多次费用估算，每次估算所处的时期不同，项目的进展情况不同，掌握信息的完备程度不同，估算的详细程度和精度也不同。

5.3.2 项目费用估算的依据

项目费用估算的主要依据有以下几个。

1. 工作分解结构(WBS)

工作分解结构是编制资源计划的基础，也可以用于费用估算并确保所有识别的工作已被估算。

2. 资源需求计划

资源需求计划界定了项目所需要资源的种类、数量和质量标准，是成本估算的主要依据。

3. 资源价格

为了计算各项工作费用，必须知道项目所需各种资源的单价(包括工时费、单位体积材料费等)。如果某种资源的实际价格无法获取，应该对它的价格做出估计，以确保最后的整体估算有效。

4. 活动持续时间

活动持续时间将直接影响分配给它的资源数量，因而会影响到项目费用的估算。

5. 历史信息

同类项目的历史信息是项目执行过程中可以参考的最有价值的资料，包括项目文件、共用的项目费用估计数据库以及项目工作组的知识等。

6. 会计表格

会计表格确定了各种费用信息的代码结构，有利于估计的各项目费用与正确的会计科目相对应。

5.3.3 项目费用估算的方法

以科学的态度和方法在项目设计和决策之前进行必要的项目费用估算和预测是保证项目顺利启动、实施，并进行项目费用控制的前提条件。项目费用估计被认为是成本管理中最困难的步骤，因为准确性是关键。此外，项目经理还必须考虑诸如固定成本、可变成本、间接费用、通货膨胀和货币时间价值等因素对项目费用估计的实际影响。项目费用估算的方法主要有以下几种。

1. 类比估算法

类比估算法是根据已完成的类似项目对未来项目费用进行估算的一种方法。

类比估算法既可以用于项目的全部费用的估算，也可以用于子项目费用的估算，还可以用于某一工作或任务费用的估算。类比估算法的优点在于花费较少，在实际操作中遇到的阻力较小，从而能在估算的时间准备上获得优势，具有一定的可操作性。在项目初期并且缺乏详细的资料时，该方法比较适用。

2. 参数模型法

参数模型法利用项目特性计算项目费用，模型可以简单(如商品住宅以建筑面积的金额估算)，也可以复杂(一个软件开发费用模型包含十几个因素，每个因素都有5～6个方面)，例如，在建筑业中，地面、天花板每平方米的费用，电缆线每米费用以及局域网线每米费用等。软件开发中的功能特点分析也是参数估计的一项典型案例。

3. WBS全面详细估计法

这种方法是利用WBS方法，先把项目任务进行分解，直到可以确认的程度，如某种材料、某种设备、某一活动单元等。然后估算每个WBS要素的费用，并由此确定整个项目的估算费用。

WBS全面详细估计法需要进行大量的计算，工作量较大，因而估算工作需要花费一定的时间和费用，但这种方法估算的准确性较高。该方法得出的费用估算结果还可以用来作为项目控制的依据。最高管理层则可以用这些报表来选择和批准项目，评定项目的优劣性。

4. 软件工具法

软件工具法是利用项目费用估算软件估算费用的方法。项目管理技术的发展和计算机技术的发展是密不可分的。计算机的出现和运算速度的迅猛提升使得采用计算机估算项目费用变得可行，此后涌现出了大量的项目费用估算软件。利用这些软件，工作人员只要直接输入项目费用的有关数据或自定义项目的费用函数，就能够方便快捷地得到项目费用的估算结果，使估算过程得到大幅度的简化。

5.4 项目费用预算

5.4.1 项目费用预算的概念

项目费用预算是指把整个项目估算费用分配给项目的各个工作单元(工作包)，建立费用基线并以此为依据度量和控制项目费用执行情况的项目管理工作。它包括根据项目费用估算向项目各个工作单元与作业活动分配预算定额，确定项目的总预算，制订项目费用控制标准以及规定项目不可预见费用的划分和使用规则等内容。

5.4.2 项目费用预算的依据和方法

1. 项目费用预算的依据

项目费用预算的主要依据是项目工作分解结构、项目进度计划和项目费用估算文件。其中，项目工作分解结构确定了要分配费用的项目组成部分。项目工期计划包括要分配费用的项目组成部分的计划开始日期和预期完成日期。根据这些资料将项目费用分配到发生费用的时间段上。

2. 项目费用预算方法

项目费用估算的方法也可以用于项目费用预算的编制。其中进行费用预算的两种基本策略是自上而下的预算和自下而上的预算。

5.4.3 项目费用预算的过程

项目费用预算包括两个步骤：首先，将项目费用估算分配到项目工作分解结构中的各个工作包；其次，将每个工作包的预算分摊到工作包的工期内，这样才能知道在每个时间节点的预算支出金额。

1. 分摊总预算费用

将项目总费用按各费用要素(人工、原材料、设备等)分摊到工作分解结构中的工作单元(工作包)中，就可以得到一个费用分解结构(Cost Breakdown Structure，CBS)。图 5-3 是一个项目的 CBS。在 CBS 中，每个工作包所花费的各项费用之和称为该工作包的总预算费用(Total Budgeted Cost，TBC)。

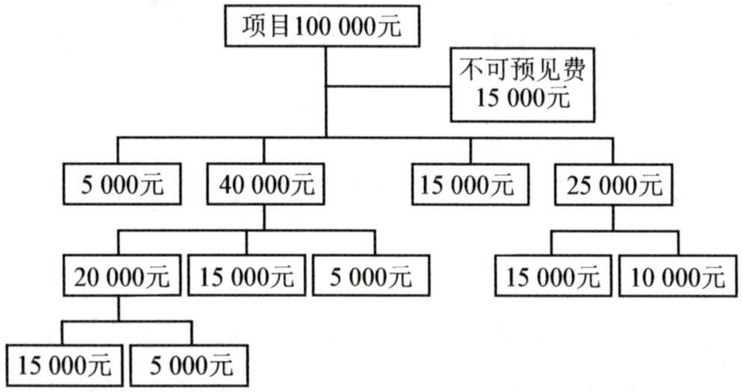

图 5-3 项目费用分解结构

2. 生成累计预算费用

为每个工作包建立总预算费用之后，下一步应该将每个工作包的 TBC 分配到工期中。每个工作包各个工期的费用估计是根据该工作包的各个活动所完成的进度确定的。当每个工作包的 TBC 分摊到工期的各个区间，就能确定在每个时期使用了多少预算。按进度把估算的费用进行累加即可求得累计预算费用(Cumulative Budgeted Cost，CBC)。CBC 是到某个时间点为止，按进度完成的预算值。

CBC 是分析项目费用绩效的基准，我们可以用图形来表示项目的累计预算费用。由于在项目开始阶段累计预算费用增加缓慢，随着项目的开展，费用将会快速增加，当项目快要结束时，费用增加的速度减缓。所以累计预算费用曲线是一条“S”形曲线。图 5-4 是一个项目的累计预算费用曲线。在该图中，横坐标表示时间，纵坐标表示费用。

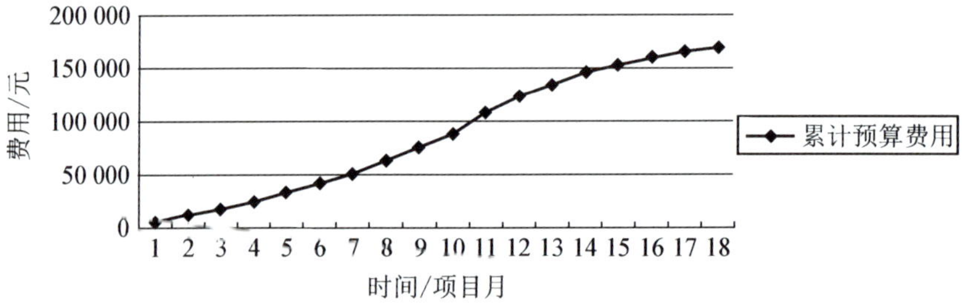

图 5-4　某项目累计预算费用曲线

费用估算和费用预算是费用管理的两个重要内容(如表 5-3 所示)，二者既有区别又有联系。

表 5-3　费用估算与费用预算的区别与联系

区别与联系	费用估算	费用预算
含义	编制一个为完成项目各项工作所需经费的近似估计	把整个项目估算的费用分配到各项活动和各部分工作中，进而确定测量项目实际执行情况的费用基准，又称为制订费用计划
依据	工作分解结构、资源需求计划、资源价格、活动持续时间、历史信息、会计表格等	工作分解结构、成本估算文件、项目进度计划等
工具与方法	类比估算法、参数模型法、WBS 全面详细估计法、软件工具法	类比估算法、参数模型法、WBS 全面详细估计法、软件工具法
成果	费用估算文件、相关支持细节、费用管理计划	费用基准计划、预算管理计划

5.5　项目费用控制

5.5.1　项目费用控制的概念

项目费用控制是指对造成偏差的因素施加影响并控制项目预算变更的过程。在项目实施的整个过程中，应该定期地、经常性地收集项目的实际费用数据，进行预算费用和实际费用的动态比较分析，并进行费用预测。如果发现偏差，则及时采取纠偏措施，包括经济、技术、合同、组织管理等综合措施，以实现项目的目标。

项目费用控制包括以下内容。

①对引起项目费用变化的因素施加影响，确保这种变化朝着有利于项目的方向发展。

②监督费用的实施情况，将项目实际费用和预算费用进行比较，确定是否存在偏差。

③如果存在费用偏差，应分析查找原因，针对费用发生偏差的工作包，采取纠正措施，必要时对项目费用基线进行修正。

④对费用偏差采取纠正措施的同时，与其他控制过程(范围控制、进度控制、质量控制等)相结合。

5.5.2　项目费用控制的依据

1. 项目费用基线

项目费用基线是按时间分段的费用预算计划，可用来测量和监督项目费用的实际发生情况，是项目费用控制的基础。

2. 项目费用管理绩效报告

项目费用管理绩效报告提供了项目实施过程中费用方面的信息，如，哪个阶段或哪项工作的费用超出了预算？哪些没有超出预算？超出预算的原因是什么？绩效报告可以提醒项目组织注意将来可能引起矛盾的问题。绩效报告可以用多种方法报告费用信息，比较常用的有开支表、直方图和 S 曲线等。

3. 项目变更申请

项目变更申请是指项目相关利益者提出有关更改项目工作内容或费用的请求，其结果是实现这些变更可能要增加或减少项目费用预算。项目变更申请可以是口头的或书面的、直接的或间接的、组织外部要求的或组织内部提出的等。项目变更申请被批准后，项目组织要根据变更后的工作范围和费用预算来对项目进行费用管理和控制。

4. 项目费用管理计划

项目费用管理计划是关于如何管理好项目费用的文件。它重点给出了有关项目费用管理的事前控制和安排。

5.5.3 项目费用控制的方法

项目费用控制是一个系统的过程，它包括费用变更控制、执行情况测量、补充计划编制等内容。项目费用控制的方法有很多种，我们主要介绍两大类。

1. 费用变更控制系统

项目费用变更控制系统是指通过建立项目变更控制体系，对项目费用进行有效控制的方法。它包括提出项目费用变更请求、批准变更请求和变更项目费用预算等一系列过程。项目费用变更控制系统如图5-5所示。项目费用变更控制系统应和整体变更控制系统相结合，使费用变更结果与其他变更结果(范围变更、时间变更、质量变更)相协调。

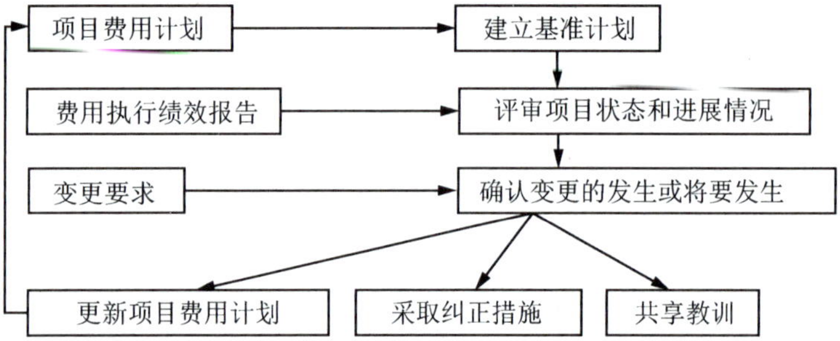

图5-5 项目费用变更控制系统

2. 挣值法

挣值法又称为挣得值法或偏差分析法，是对项目进度和费用进行综合控制的一种有效方法。挣值法通过测量和计算已完成工作的预算费用、已完成工作的实际费用和计划工作的预算费用得到有关计划实施的进度和费用偏差，以达到判断项目预算和进度计划执行情况的目的。它的独特之处在于用预算和费用来衡量项目进度。挣值法由于用到了“挣值”的概念，故而得名。

(1)三个基本参数

①计划工作量的预算费用BCWS(Budgeted Cost of Work Scheduled)。BCWS是指项目实施过程中某阶段计划要求完成工作量所需的预算费用，它是衡量项目进度和费用的一个基准。一般来说，BCWS在项目实施过程中应保持不变，除非合同发生变更。如果合同发生变更，BCWS基线也应做出相应的更改。BCWS的计算公式为：

$$BCWS=计划工作量\times 预算定额 \tag{5-1}$$

②已完成工作量的预算费用 BCWP(Budgeted Cost of Work Performed)。BCWP 是指项目实施过程中某阶段实际完成的工作量按预算定额计算出来的费用，即挣得值。由于业主正是根据这个值对承包商完成的工作量进行支付，也就是承包商获得的金额，故称为挣得值(也称为挣值、获得值等)，它反映了满足质量标准的项目实际进度。BCWP 的计算公式为：

$$BCWP=已完成工作量\times预算定额 \tag{5-2}$$

③已完成工作量的实际费用 ACWP(Actual Cost of Work Performed)。ACWP 是指项目实施过程中某阶段实际完成的工作量所消耗的费用，它反映项目执行的实际消耗。

上述三个参数实际上是三个关于进度(时间)的函数，即 BCWS(t)，BCWP(t)，ACWP(t)。其中，T 表示项目完成时点，t 表示项目进展中的监控时点，$0\leqslant t\leqslant T$。

通过三个基本参数的对比，可以对项目的实际进展情况做出明确的测定和衡量，发现项目在进度和费用方面存在的问题。在理想状态下，上述三条函数曲线应重合于 BCWS(t)。如果管理不善，ACWP(t)会在 BCWP(t)曲线之上，说明费用已经超支；若 BCWP(t)在 BCWS(t)曲线之下，说明进度已经滞后。

(2)四个评价指标

①费用偏差 CV(Cost Variance)。CV 是指检查点上 BCWP 和 ACWP 之间的差异，其计算公式为：

$$CV=BCWP-ACWP \tag{5-3}$$

当 $CV<0$ 时，表示此时费用超支，即实际费用超过预算费用。若在几个不同的检查点上都出现此问题，则说明项目执行效果不好，如图 5-6(a)所示。在图 5-6(a)中，实线代表 ACWP，虚线代表 BCWP。

当 $CV>0$ 时，表示此时费用节支，即实际费用低于预算费用，说明项目执行效果较好，如图 5-6(b)所示。

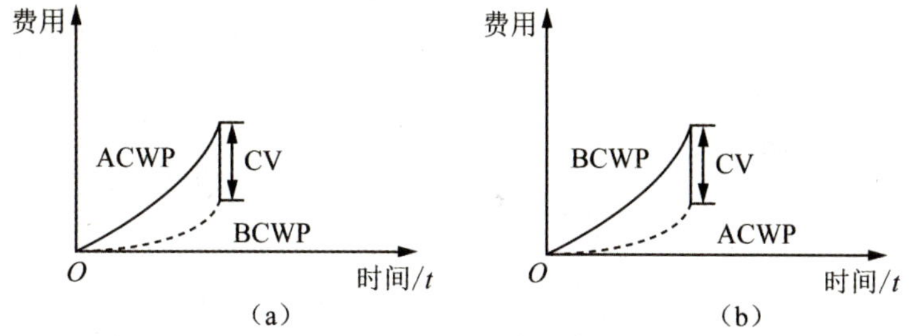

图 5-6　费用偏差示意图

②进度偏差 SV(Schedule Variance)。SV 是指在某个检查点上 BCWP 和 BCWS 之间的差异，其计算公式为：

$$SV=BCWP-BCWS \tag{5-4}$$

当 $SV<0$ 时，表示进度延误，如图 5-7(a)所示。在图 5-7(a)中，实线代表 BCWS，

虚线代表 BCWP。

当 SV>0 时，表示进度超前，如图 5-7(b)所示。

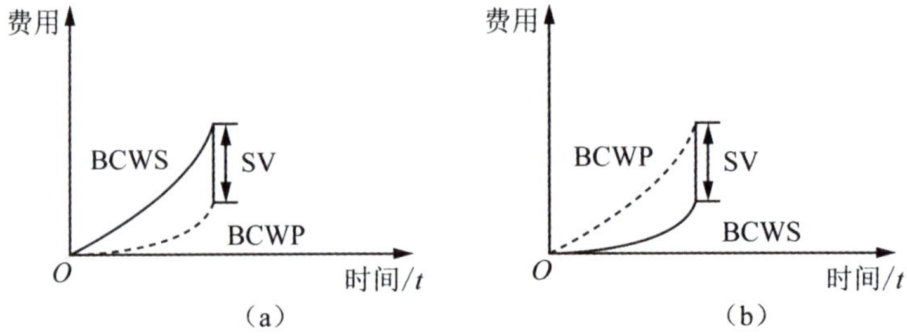

图 5-7 进度偏差示意图

③费用绩效指数 CPI(Cost Performed Index)。CPI 是预算费用和实际费用之比，其计算公式为：

$$CPI=BCWP/ACWP \tag{5-5}$$

当 CPI<1 时，表示超支，即实际费用高于预算费用。

当 CPI>1 时，表示节支，即实际费用低于预算费用。

④进度绩效指数 SPI(Schedule Performed Index)。SPI 是项目挣得值与计划值之比，其计算公式为：

$$SPI=BCWP/BCWS \tag{5-6}$$

当 SPI<1 时，表示进度延误，即实际进度比计划进度慢。

当 SPI>1 时，表示进度提前，即实际进度比计划进度快。

(3)挣值法评价分析

图 5-8 是挣值法评价曲线图，其横坐标表示时间，即项目的进度；纵坐标表示费用(可以以实物工程量或工时表示)。图中三条曲线都是 S 曲线，同样都是项目进度的函数。如图所示，该项目 CV<0，SV<0，说明项目运行效果不好，即费用超支、进度延误，应该分析原因并采取补救措施。

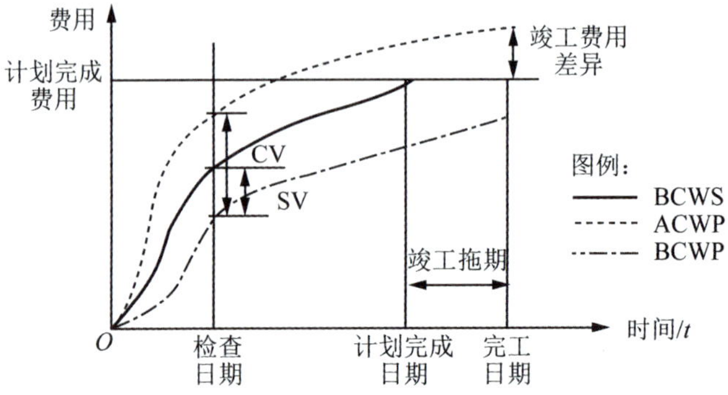

图 5-8 挣值法评价曲线图

挣值法是一种比较准确的事后评价方法。基于此方法的事后评价特性，项目组织可以根据以往的经验，找出费用超支的原因，并采取相应的措施。表 5-4 列出了挣值法的参数分析与应对措施。

表 5-4 挣值法参数分析与应对措施

序号	图例	参数关系	分析	应对措施
1	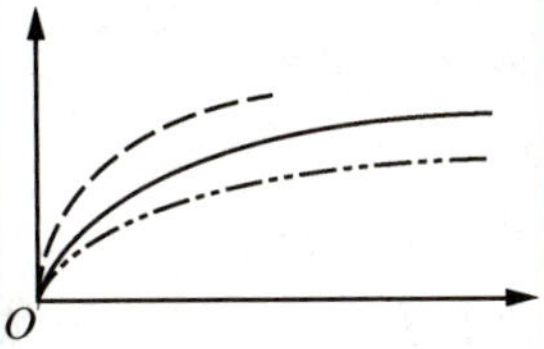	ACWP＞BCWS＞BCWP CV＜0，SV＜0	效率低 进度较慢 投入超前	用高效率人员替换低效率人员
2	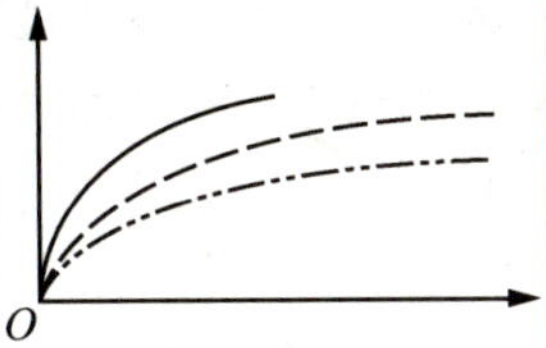	BCWS＞ACWP＞BCWP CV＜0，SV＜0	效率较低 进度慢 投入延后	增加高效人员的投入
3	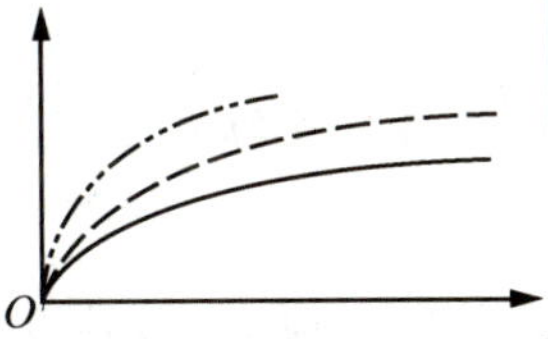	BCWP＞ACWP＞BCWS CV＞0，SV＞0	效率较高 进度快 投入超前	抽出部分人员，放慢进度
4	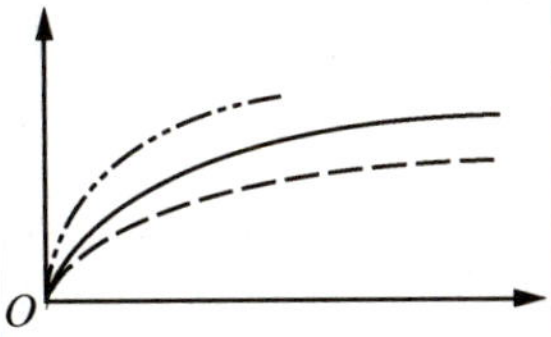	BCWP＞BCWS＞ACWP CV＞0，SV＞0	效率高 进度较快 投入延后	如果偏离不大，可以维持原状
5	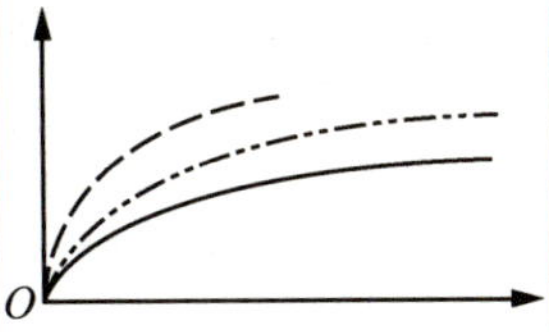	ACWP＞BCWP＞BCWS CV＜0，SV＞0	效率较低 进度较快 投入超前	抽出部分人员，增加少量骨干人员
6	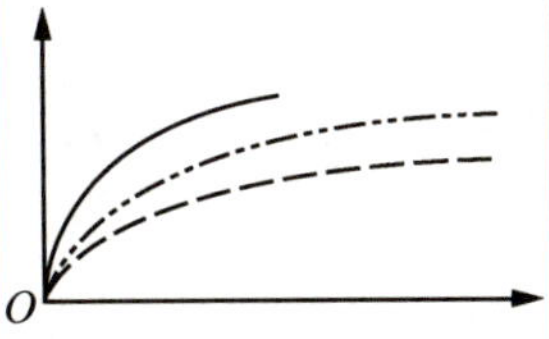	BCWS＞BCWP＞ACWP CV＞0，SV＜0	效率较高 进度较慢 投入延后	迅速增加人员投入

注：—表示 BCWS；-··-表示 BCWP；--表示 ACWP。

(4)预测项目完成时的费用

项目完成时的费用估计 EAC(Estimate at Completion)是按项目执行情况估计完成项目全部工作所需要的总费用。EAC 主要有以下三种情况。

①假定项目未完工部分将按照目前的效率去进行的预测方法，则：

$$\text{EAC}=\text{总预算费用}/\text{费用绩效指数} \tag{5-7}$$

②假定项目未完工部分将按计划规定的效率进行的预算方法，则：

$$\text{EAC}=\text{已完成作业的实际费用}+(\text{总预算费用}-\text{挣值}) \tag{5-8}$$

③采用重估所有剩余工作量的费用做出预测的方法，则：

$$\text{EAC}=\text{已完成作业的实际费用}+\text{重估剩余工作量的费用} \tag{5-9}$$

【例 5-1】 某项目共有 7 项任务，在第 10 周结束时有一个检查点。项目经理在该点对项目实施检查时发现，一些任务已经完成，一些任务正在实施，另一些任务还没有开工，如表 5-5 所示(表中的百分数表示任务实际完成程度，阴影部分表示各任务计划进度)。各项任务已完成工作量的实际耗费费用在表 5-6 中的第 3 列给出。

问题：

(1)计算该检查点的 BCWP、BCWS，判断项目在此时的费用使用和进度情况，并提出应对措施。

(2)假设项目未来情况不会发生大的变化，预测项目完工时各任务的费用。

表 5-5 某项目进展情况

<table>
<tr><th>任务</th><th>第 1～4 周</th><th>第 5～8 周</th><th>第 9～10 周</th><th>第 11～14 周</th><th>第 15～16 周</th><th>第 17～20 周</th><th>第 21～24 周</th></tr>
<tr><td>1</td><td>100%</td><td></td><td></td><td></td><td></td><td></td><td></td></tr>
<tr><td>2</td><td colspan="3">80%</td><td></td><td></td><td></td><td></td></tr>
<tr><td>3</td><td></td><td></td><td colspan="2">40%</td><td></td><td></td><td></td></tr>
<tr><td>4</td><td></td><td></td><td colspan="4">30%</td><td></td></tr>
<tr><td>5</td><td></td><td></td><td></td><td></td><td colspan="3">0</td></tr>
<tr><td>6</td><td></td><td></td><td></td><td></td><td></td><td></td><td>0</td></tr>
<tr><td>7</td><td></td><td></td><td></td><td></td><td></td><td colspan="2">0</td></tr>
</table>

表 5-6 项目跟踪表(未完成) 单位：万元

序号	费用预算	ACWP	BCWP	BCWS
1	50	45		
2	40	35		
3	60	24		
4	100	28		
5	30	0		

续表

序号	费用预算	ACWP	BCWP	BCWS
6	25	0		
7	20	0		
合计	325	132		

解：(1)以任务 3 为例，由表 5-5 中的数据可知，在第 10 周检查时，任务 3 实际完成了 40%，计划完成 1/3。根据式(5-1)和式(5-2)，任务 3 的 BCWP=60×40%=24(万元)，BCWS=60×1/3=20(万元)。

同理，可计算出其他各项任务在第 10 周时的 BCWP 和 BCWS，计算结果如表 5-7 所示。

表 5-7　项目跟踪表　　单位：万元

序号	费用预算	ACWP	BCWP	BCWS	EAC
1	50	45	50	50	45
2	40	35	32	40	43.75
3	60	24	24	20	60
4	100	28	30	16.67	93.33
5	30	0	0	0	30
6	25	0	0	0	25
7	20	0	0	0	20
合计	325	132	136	126.67	317.08

由表 5-7 中的数据可知，在第 10 周时，项目的 CV=BCWP−ACWP=136−132=4(万元)，项目费用节支；SV=BCWP−BCWS=136−126.67=9.33(万元)，项目进度超前。

由于 BCWP>ACWP>BCWS，说明此时该项目效率较高，进度快，投入超前。应抽出部分人员以放慢进度。

(2)根据项目在第 10 周的进度，可将项目分为三类：

①已经完成的任务。此类任务在项目完工时的费用为实际发生的费用。由表 5-5 可知，此类任务只有任务 1。

②尚未开始的任务。由于假设项目未来情况不会有大的变化，此类任务在项目完工时的费用为其预算费用。此类任务有任务 5、任务 6 和任务 7。

③已经开展，但尚未完工的任务。由于假设项目未来情况不会有大的变化，所以应

该用下面公式计算项目完工时的费用。

EAC＝总预算费用/费用绩效指数

属于此类情况的有任务2、任务3和任务4，其EAC分别是：43.75万元、60万元和93.33万元。

三类任务EAC的计算结果如表5-7所示，完工时整个项目的EAC为317.08万元。

思考与练习

1. 假设你要筹备一个晚会，请对其费用构成情况进行分析。
2. 查阅项目费用管理三种方法的资料，并对这三种方法进行比较分析。
3. 用本章介绍的项目资源计划工具为一个项目制订资源计划。
4. 费用估算和费用预算的区别与联系是什么？
5. 挣值法的原理是什么？如何用它对项目进行费用和进度的综合控制？

第 6 章

项目质量管理

本章要点

- 质量、项目质量、项目质量管理的概念
- 质量管理的常用工具与方法
- 质量规划、质量保证、质量控制的内容与依据
- 质量管理理论的发展及其与项目管理的集成

引导案例

2008 年 5 月 11 日，中国商用飞机有限责任公司(以下简称中国商飞公司)成立，主要从事民用飞机及相关产品的设计研发、总装制造及客户服务等业务，是统筹干线飞机和支线飞机发展、实现我国民用飞机产业化的主要载体。中国商飞公司注册资本 501.01 亿元，总部设在上海，下辖中国商飞设计研发中心、中国商飞总装制造中心、中国商飞客户服务中心等成员单位，现有员工超过 1 万人。

飞机的设计和制造质量关乎企业的生存与发展。2017 年，中国商飞公司启动航空产业“全面质量管理升级行动”，发布《认证认可助力航空产业全面质量管理升级行动计划》，推动国产大飞机项目加强全面质量管理，助力中国航空产业跻身世界先进行列。具体措施包括：依据国际先进标准建立航空产业质量管理体系，建立健全适应国际航空产业特定要求的质量、安全、环境、能源、职业健康安全等管理规范；针对大飞机项目系统集成度高、供应商众多等特点，建立供应商分类分级管理模式，对航材、航空设备、通用标准件等产品完善认证采信机制，完善供应链管理体系。

6.1 项目质量管理概述

6.1.1 项目质量管理的基本概念

1. 质量与项目质量

随着科学技术的发展和人们认知水平的提高，质量的内涵在不断地扩展与完善。

国际标准化组织(ISO)2005 年发布的 ISO 9000 将质量定义为“一组固有特性满足要求的程度”，明确指出了质量是指产品或过程的固有特性满足要求的程度。

一些知名企业和学者也对质量进行了定义。柯达公司将质量定义为“在一个可产生显著效益的成本水平上，产品或服务可以满足或超过用户的需要和期望的程度”。柯达公司对质量的定义既考虑了产品或服务满足或超过顾客的需求，还考虑了质量的成本。美国质量管理学家约瑟夫·M. 朱兰(Joseph M. Juran)博士认为：质量就是产品的适用性，即产品在使用时能够满足顾客需要的程度。

综合起来，质量的概念应该包括以下几个方面的特性。

①质量的广义性。顾客可能对组织的产品提出要求，也可能对过程提出要求，而过程同样具有固有特性，因此质量不仅指产品质量也包括过程质量。

②质量的规定性。质量是指固有特性满足要求的程度，将赋予特性与固有特性予以区分。

③质量的适用性。产品必须满足顾客的某些需求，能够解决顾客提出的问题，因此产品的适用性要求对于产品能否在市场上生存也是至关重要的。

④质量的经济性。产品或服务不但要满足顾客对于功能的要求，还要满足顾客经济上的要求，努力为顾客节约投入。

⑤质量的时效性。由于顾客对组织的产品或过程的需求和期望是不断变化的，因此质量也在变化，这就要求组织不断调整对质量的要求。

⑥质量的相对性。既然将质量定义为“满足顾客要求”的程度，不同顾客的要求是不同的，因此对质量的要求也是不同的。

结合质量的定义以及项目的特征可知，项目质量是指项目管理和项目成果的质量，它不仅包括项目的成果，即产品或服务的质量，也包括项目管理的质量。项目质量不但要满足规定的要求，还要力争实现顾客满意。

下面列出几个项目质量的定义。

罗德尼·特纳(Rodney Turner)认为，项目质量就是“满足规范要求，达到项目目的，令顾客满意”。其中包括三个目标：

①满足规范要求，是指项目产品要与预先定义的产品要求相符合，这些要求既有顾

客的要求，也有功能上的要求以及更为详细的要求。有的要求可能会指定组织适用的工程、技术设计标准或规范。这些标准或规范除了对项目的时间和成本提出要求外，也会对项目产品所具备的各种功能以及所要达到的服务级别设置具体的要求。

②达到项目目的，是指当项目产品交付使用时，能够满足顾客要求，解决顾客的问题，使项目产品达到制造它的目的。这里所指的满足顾客要求，既包括满足顾客明示的要求，也包括满足顾客隐含的要求。

③令顾客满意。在满足顾客要求的基础上让顾客满意是项目质量的较高要求，也是项目的终极目的。因为顾客对他们所面临的问题有自己的看法并形成了一个解决方案，这一方案会以要求的形式，按照项目的方式一步一步进行，最终项目产品必须满足顾客的要求并使顾客满意。因此，在实现这一较高的要求时，项目组织或个人应该在追求满足顾客要求与令顾客满意之间进行权衡，当实现“顾客满意”造成大量的成本投入以至于项目无利可图时，项目的质量目标应该锁定到满足顾客要求即可。

2. 质量管理

质量管理是为了确保达到质量要求所开展的活动，主要是指在质量方面指挥和控制组织的协调活动。这些活动包括制定质量方针和质量目标以及质量规划、质量控制、质量保证和质量改进。

质量方针是由最高管理者发布的该组织的质量宗旨和方向，需要与组织的经营方针保持一致。质量方针为质量目标的制定提供依据并提供评审质量目标的框架。

质量目标是组织在质量方面所追求的目的，是一定时间范围内组织规定的与质量有关的预期应达到的具体要求、标准或结果，应是可测量的。

质量规划是质量管理的首要部分，致力于规划必要的运行过程和协调相关资源以实现质量目标。质量规划应从构建整个组织的质量管理体系入手，根据质量方针和质量目标的要求，确定产品实现过程以及支持性过程，并配备必要的资源以实现各个过程。

质量控制致力于满足质量要求，其控制范围涉及产品质量形成过程的各个环节，控制的目的是使控制对象满足规定的质量要求。

质量保证致力于提供质量要求会得到满足的信任，包括内部保证和外部保证。其中，内部保证是向组织内部管理者和内部顾客提供信任，外部保证是通过合同或其他方式向外部顾客或相关方提供信任。

质量改进致力于增强满足质量要求的能力，其目的是增强组织满足质量要求的能力。质量改进是一个持续的过程。

质量规划、控制、保证、改进综合到一起，反映了质量管理体系的内容。为了建立质量管理体系，首先要制定质量方针、质量目标，然后确定实现目标所需的过程，为相关部门或个人分配职责，接着确定并提供过程所需的资源，对过程进行监测和控制，持续改进过程，确保质量管理体系的有效运行，直至最终实现质量方针和质量目标的要求。

3. 项目质量管理

按照PMBOK指南第六版的规定,“项目质量管理包括把组织的质量方针应用于规划、管理、控制项目和产品质量要求,以满足相关方目标的各个过程。”

我们应从以下几个方面理解项目质量管理:

①项目质量管理强调项目产品质量和项目管理的质量,必须考虑项目管理和项目产品两个方面。

②项目质量管理是一个复杂的系统过程,因为项目要满足项目利益相关者明示的和隐含的要求。

③项目质量管理是由质量规划、质量管理、质量控制等过程构成的一个项目质量管理体系。在这一体系内质量规划、质量管理、质量控制相互作用,并且和项目管理其他领域项目管理体系相互作用。

④项目质量管理的通用性,即项目质量管理适用于所有项目,而无论项目性质如何。也就是说,虽然针对具体项目产品的质量措施和技术不一样,但是项目质量管理的方法对所有项目都适用。

6.1.2 质量管理的发展

1. 传统质量管理阶段

该阶段主要是指19世纪末资本主义工厂出现之前的时期。受小生产经营方式或手工业作坊生产经营方式的影响,该时期产品质量主要依靠工人的实际操作经验和简单的度量衡器测量而定。工人既是操作者又是质量检验、质量管理者。因此,又称之为“操作者的质量管理”。

2. 质量检验阶段

质量检验作为一种科学的管理方式,形成于20世纪初。20世纪初,随着科学管理理论的推广以及企业生产规模的扩大,产品质量对零件的互换性、标准化的要求也越来越高。至30年代,大多数企业设置了专职部门和检验人员,负责产品质量的检验和管理,依靠检验手段挑选出不合格品,并对不合格品进行统计。这种检验制度以半成本、成品的事后检验为主。因此,在大批量生产条件下,这种检验制度往往难以实现对产品进行100%检验。

3. 统计质量控制阶段

统计质量控制形成于20世纪30年代。1924年,美国贝尔电话试验室的休哈特(W. A. Shewhart)应用数理统计的原理首创了工序控制图。1930年,道奇(H. F. Dodge)和罗米格(H. G. Romig)提出了统计检验原理和抽样表,解决了全数检验和破坏性检验在应用中的问题。20 世纪 40 年代，美国军方制定了战时标准，在军需物资供应商中推广统计质量控制技术。统计方法的应用提高了质量管理的效果，开创了质量管理的新局面。但是统计质量控制也有其弱点，过分强调质量控制，使人们误认为“质量管理就是统计方法”，同时由于数理统计是比较深奥的，使人们误认为质量管理是统计学家的事情，对质量管理产生了高不可攀、望而生畏的感觉。这就产生了对新的质量管理理论的需求。

4. 全面质量管理阶段

20 世纪 50 年代末，经历了第二次世界大战的日本亟须经济复兴。日本政府将质量作为经济发展的催化剂，在美国学者戴明的指导下开展质量运动，从此拉开了全面质量管理的序幕。

戴明提出了 14 点理论，认为生产出不合格产品的主要原因是管理层过多地受到“现在”的影响，而没有考虑到将来。其主张和供应商建立长期的合作关系，在生产过程中进行统计分析和控制，加强对工人的培训等。1954 年，朱兰博士发明了质量改进的 10 个步骤和朱兰“三部曲”，即质量改进、质量控制和质量规划。克劳斯比提出了质量改进的 14 个步骤。费根堡姆于 1961 年首先提出了全面质量管理的概念，并指出“全面质量管理”概念的三层含义：其一，所谓的“全面”是相对于统计质量控制中的“统计”而言的，即只用数理统计方法，是无法满足现代产品的质量要求的，必须综合应用多种方法，应用组织管理手段，系统地保证和提高产品质量；其二，“全面”是指管好产品质量所形成的全过程，而不是像过去那样只注重制造过程；其三，质量管理的有效性应当以质量成本来衡量和优化。日本著名质量管理专家石川馨教授把日本的质量管理称为全公司质量管理(CWQC)，主要内容有：其一，公司所有部门都应参加的质量管理。不仅仅是技术部门，而且营销部门、计划部门、采购部门、人力资源部门、行政管理等部门都应参加；其二，全员参加的质量管理活动。领导和工人都要积极参加，并为此创建了质量管理(QC)小组；其三，质量管理多目标化。不仅要搞好产品质量，还要搞好与之相联系的工作质量、服务质量、成本的质量、进度的质量等。

全面质量管理，目前已成为范围广泛的管理实践、方法、工具和技术。其基本精髓包括持续改进、员工定位、定量的方法以及以客户满意为中心四大要素，体现了全面性、全员性和全过程的“三全”管理的特点。

5. 21 世纪的质量管理

朱兰在美国质量大会上提出，21 世纪是质量的世纪。因此，进入 21 世纪，质量管理呈现出下列许多新的特点和趋势。

(1)国际质量认证标准的推广

随着国际贸易的迅速扩大、产品和资本的流动日趋国际化以及全球经济一体化，企业的竞争范围逐渐扩大，随之而来的是国际产品质量保证和产品责任问题。制定质量管理国际标准以促进国际技术经济合作、消除技术贸易壁垒成为世界各国共同的需要。国际标准化组织(ISO)提出的 ISO 9000 族标准已为许多国家所采用，它标志着现代质量管理向着规范化、系列化、科学化和国际化的新高度在不断地深入和发展。

(2)全面质量管理由制造向设计和服务延伸

自20世纪80年代以来，全面质量管理的重点已经由制造向设计和售后服务延伸。售后服务的质量和产品质量同等重要，在设计和售后服务中坚持以客户为导向，通过持续改进增强客户满意度，从而提升顾客忠诚度。

(3)六西格玛管理

六西格玛管理是在全面质量管理基础上发展起来的一种有效的管理方法，它通过减少波动、不断创新，达到接近于“零缺陷”的质量水平，成为一种持续改进和突破的有效方法，其核心特征是顾客与组织的双赢以及经营风险的降低。该方法重视领导的作用，非常强调数据的收集和处理，倡导一切以数据说话，提出满足和超越客户的需求与倾听客户的声音，一切改进工作以提高客户满意度为目标，改进过程超越产品质量和服务质量的局限，注重流程的改进与管理，强调全员参与改进，提倡消除部门间的隔阂，发展跨部门的协作。该方法认为质量永无止境，只要存在过程就有改进的余地，并在利用传统的改进和过程控制的工具的同时，发展出了DMAIC改进流程。目前，六西格玛管理已经成为现代质量管理发展的一个方向。

6.2 项目质量规划

6.2.1 项目质量规划概述

项目质量规划是指识别哪些质量标准适用于本项目，并确定如何满足这些标准的过程。通过规划确定项目质量目标，这样才能够使后续的质量保证、质量控制与质量改进措施得以实施。规划的正确与否直接影响到后续工作的开展并将影响到项目最终可交付物的质量。

质量规划的输出成果包括：项目质量目标、项目质量管理计划、项目质量改进计划、质量检查表等。质量规划的过程模式见图6-1。

6.2.2 项目质量规划的依据

项目质量规划编制的依据包括：质量方针、项目范围说明书、成果说明书、标准和规范以及其他项目管理方面的信息。

1. 质量方针

质量方针是由最高管理者发布的该组织的质量宗旨和方向，是制定和评审质量目标的框架。项目的质量方针要与组织的质量方针一致。质量方针一旦确定和颁布，就对组

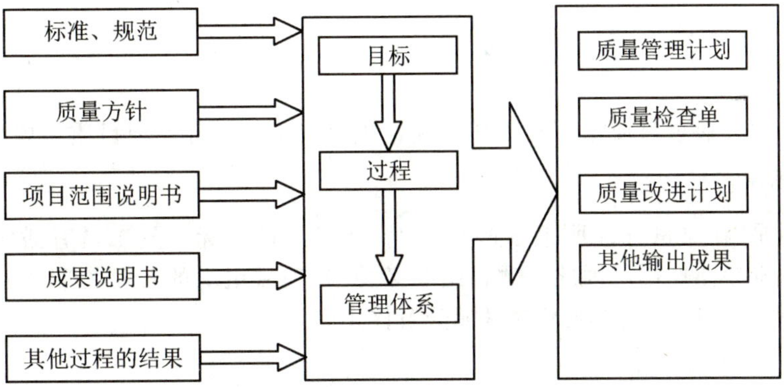

图 6-1　项目质量管理规划的过程模式

织的每一个成员产生强有力的约束，各成员都应理解、贯彻和执行。

2. 项目范围说明书

项目范围说明书确定了项目的范围，即需要完成的诸种事项，说明了投资者的主要要求。项目范围说明书的内容包括：项目与产品的目标、产品或服务的要求与特性；产品验收标准；项目边界；项目要求与可交付成果；项目制约因素；项目假设；项目初步组织；初步识别的风险；进度里程碑；初步工作分解结构；项目配置管理要求等。

3. 成果说明书

成果说明书是对项目说明书中的项目可交付成果作进一步说明，一般包括技术说明和可能影响项目质量的其他注意事项的详细内容。

4. 标准和规范

不同行业和领域的项目都有相应的质量要求，项目管理班子必须考虑可能对该项目产生质量影响的任何应用领域的专用标准和规范。在进行质量规划时，应明确这些标准和规范对项目质量产生的重要影响。

国际标准化组织(ISO)对标准和规范的定义规定如下：标准是一个“由公认的组织批准的文件，是为了能够普遍和重复使用而为产品、过程或服务提供的准则、指导政策或特征，它们不是强制执行的”。标准已经涉及全部的行业，按照范围可以分为国家标准、行业标准、国际标准。

规范是一种“规定产品、过程或服务特征的文件，包括使用的行政管理条例”，与标准所不同的是规范具有强制性。

5. 其他过程的结果

除了范围说明书和项目成果说明书外，其他领域的过程结果也可能对质量策划产生影响，例如，项目进度计划、项目的工作分解结构、项目采购管理等。

6.2.3 项目质量规划过程

为了更好地开展项目质量管理工作，无论项目大小都要开展项目质量规划工作。

1. 项目质量目标规划

质量目标是“在质量方面所追求的目标”。项目质量目标对员工具有激励作用，对项目质量管理具有导向作用，因此，项目组织必须“在项目组织的各相关职能和层次上建立相应的质量目标”，形成一个项目的目标分解体系。

2. 项目实施过程策划

项目质量策划，不仅需要设定质量目标，而且还需要规定项目实现的必要过程，形成过程的体系，同时要确定过程的接口。这种策划既包括对项目全生命周期的过程体系的策划，也包括对某一具体过程的策划，如设计、开发、采购和过程运作。在对实施过程进行策划时，还应将重点放在关键过程上。

3. 项目质量管理体系策划

在规划质量目标和过程的基础上，为过程的实施分配相应的资源，明确质量的职责，制定实施过程、方法和程序，这就是项目质量管理体系策划的任务。无论是新建项目还是改、扩建项目，都需要根据具体情况进行项目质量管理体系的策划。

6.2.4 项目质量规划的工具与技术

1. 成本/效益分析

质量管理计划过程必须权衡成本与效益。效益指项目各项工作做得好，满足质量要求，减少返工，提高生产率，降低成本。成本指开展质量管理活动所需要的开支。一定水平的质量总是建立在相应的费用基础上，项目质量管理应努力使效益超过成本，提高质量，降低成本，实现利润最大化，是企业和项目的一项重要任务和经营目标。

(1)质量成本定义

质量成本(Cost of Quality，COQ)是指为评估产品或服务是否符合要求及避免产品或服务不符合要求(如返工)所发生的所有费用。简单地说，质量成本可以分为一致性成本和非一致性成本两类。其中一致性成本是指企业为确保产品质量而支出的预防费用和检验费用，是主动性质量过程的成本。非一致性成本是指因未达到质量标准而发生的内部损失和外部损失，是控制失效的损失。

根据国际标准化组织(ISO)的规定，质量成本由两部分构成，即运行质量成本和外部质量保证成本。其中，运行质量成本包括预防成本、鉴定成本、失效成本(又分为内部失效成本和外部失效成本)。

预防成本是为保证质量达到预定目标而采取的各种预防性措施所需要的全部费用。

鉴定成本是检查与评定产品质量、工作质量、工序质量、管理质量是否满足规定要求和标准所需的费用。

内部失效成本是指产品出厂前因不满足规定的质量要求而发生的费用。

外部失效成本是指成品出厂后因不满足规定的质量要求，导致索赔、修理、更换或信誉损失等而发生的费用。

外部质量保证成本是在合同环境下，由于质量保证的要求，顾客经常提出特殊的、附加的质量保证要求，为此供方企业必须证明和验证其产品的质量保证能力，并向客户提供客观依据。因这些证明和验证活动所发生的费用就是外部质量保证成本。

质量成本的构成见表 6-1。

表 6-1　质量成本的构成

<table>
<tr><th colspan="3">分类</th><th>要素</th></tr>
<tr><td rowspan="4">运行质量成本</td><td colspan="2">预防成本</td><td>培训
过程能力研究
分承包商、供应商调查</td></tr>
<tr><td colspan="2">鉴定成本</td><td>检测及测试
维护及检查测试设备
整理测试数据
设计评审
内部设计评审及研究
费用评审</td></tr>
<tr><td rowspan="2">失效成本</td><td>内部失效成本</td><td>废弃及返工
晚付款而造成的变化
次品的库存费用
工程更改费用
产品夭折
纠正文件</td></tr>
<tr><td>外部失效成本</td><td>担保费用
外部人员培训
产品召回
抱怨处理
后期业务损失</td></tr>
<tr><td colspan="3">外部质量保证成本</td><td>质量保证措施费用
质量保证程序费用
产品验证试验费用
产品验证评定费用</td></tr>
</table>

(2)成本/效益分析

当组织耗费在预防行动上的时间较多时，预防成本就可能增长，经过一段时间后，由于质量检验的需要下降，鉴定成本就会降低，当然最大的节约来自返工、报废等内部损失成本。接下来当生产出合格产品时，外部质量保证成本也会下降，从而使质量的总成本下降。

为了使项目的质量总成本最低，各类质量成本之间需要优化与平衡。将由鉴定成本、预防成本、外部质量保证成本等组成的一致性成本曲线和由内外部失效成本构成的非一致性成本曲线绘制于图 6-2，随着一致性成本的增加，内外部损失成本降低。通过分析非一致性成本曲线与一致性成本曲线以及由两者的和构成的总质量成本曲线得出，在 A 点的合格率水平上，质量成本最优。

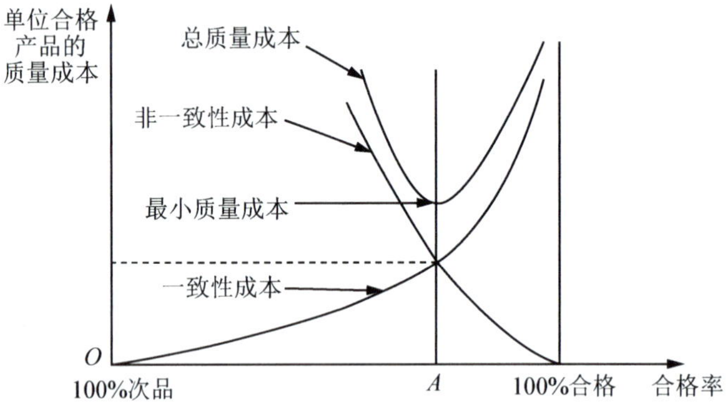

图 6-2　质量成本分析

2. 流程图

流程图用来表示系统各组成部分之间的相互关系的图。在项目质量管理中，流程图用来描述项目工作流程和项目流程各个环节之间的相互关系。所有的流程图都具有几个基本要素，即活动、决策点和过程流向。项目流程图有助于预测项目可能发生质量问题的环节，分配项目质量管理的责任，也有助于找出解决项目质量问题的环节。因此，项目流程图非常有助于项目质量管理计划的编制。

3. 因果图

因果图，又称鱼刺图，是描述现有结果与潜在原因之间关系的一种图示工具。

通过对影响质量的因素进行全面系统的整理与分析，可以明确影响质量的因素与质量问题之间的关系，为最终找出解决问题的途径提供有力支持。造成质量问题的原因可以归为以下几类：设备、工作方法、环境、组织、材料(包括原材料、半成品、能源、数据和信息)、人员(涉及人员知识、技能、态度、风格和行为方式)、工具(主要指设施)、管理层(涉及管理层知识、技能、态度、风格和行为方式)、信息、计量。其中主要的五个类别为人员、设备、原材料、工作方法和环境。可预先将这些因素列出，然后把各种原因从大到小、从粗到细分解，直到能够采取措施消除这些原因为止。

4. 质量标杆法

标杆管理作为根据某行业、组织、职能部门、系统或过程中公认的表现最佳者的情况对组织进行测量的一种方法，其目的就是为改进组织绩效提供目标。它以改进过程输出或实际过程的绩效为目标，同时通过激发组织争做行业最佳来培养整体竞争力。标杆管理根据最佳者的标准来测量并分析组织的各个方面，从而为组织提供共同努力的目标。

标杆管理主要分为内部标杆管理和竞争标杆管理。内部标杆管理是在组织内部寻找更好的类似过程和部门作为基准目标来改进绩效。竞争标杆管理是以竞争对手为对象实施的标杆管理方法。通过分析竞争对手的过程，将其与组织的绩效进行比较，以此为基础，改进组织的绩效。

项目的临时性、项目组织文化的多元性增加了项目实施标杆管理的难度。但是，为了成功改善项目的质量绩效，需要跟踪最好的惯例，此时，标杆管理就成为改善业务的一种比较理想的工具。在项目质量管理中，利用杠杆法进行管理就是将其他项目实际的或计划的质量结果或项目质量管理计划作为新项目的质量参照体系和比较目标；通过比较，进行项目质量策划或制订出新项目质量管理计划的方法，是对产生最佳绩效的最优的经营管理实践的探索。通过收集资料、分析、比较、跟踪学习等一系列规范化的程序，改进绩效，赶上并超过竞争对手，成为市场中的领先者。

实施质量标杆法主要包括以下四个环节。

①收集信息。为了树立学习的标杆，首先需要选择标杆，并收集反应标杆对象的过去、现在的状态信息和未来的发展趋势信息。

②分析信息、资料。对了解的信息、收集的资料进行对比分析和研究，以确定问题的关键点。

③找出差距。将本项目与标杆进行比较，以确定存在的差距。

④制定对策。根据所存在的差距，制定相应的对策。对策包括提高项目质量水平、改善项目特征、完善质量管理措施。

5. 质量功能展开

(1)质量功能展开的概念

质量功能展开(QFD)是将客户要求进行多层次的转化分析，转变为产品的设计要求、零部件特征、工艺要求、生产要求的质量规划、分析、评估的工具。QFD 自产生以来，其应用领域在不断扩大，已经由最初应用于新产品的开发设计推广到服务改进、软件开发业务、规划、建筑管理等领域。QFD 的核心部分是质量屋(House of Quality)，质量屋由以下几个部分组成。

①左墙：顾客需求及其重要程度排序；

②天花板：设计要求或质量特征要求；

③房间：关系矩阵；

④地板及地下室：设计要求或质量特征的目标值及其重要程度、技术竞争能力评估；

⑤屋顶：相关矩阵；

⑥右墙：市场竞争能力评估；

⑦地下室：技术竞争能力评估。

(2)制定质量屋的步骤

①确定顾客需求和期望及其重要程度；

②将顾客需求或期望转变成可以测量的设计要求或质量特性要求；

③用关系矩阵确定顾客需求与设计要求或质量特性要求的关系；

④确定设计要求或质量特征要求的目标值；

⑤用相关矩阵确定设计要求或质量特征要求之间支持、冲突和相关的程度；

⑥完成市场和技术竞争评价。包括：a. 根据客户要求的重要度和关系矩阵，确定设计要求或质量特征要求的重要度；b. 技术竞争能力评价，针对每项设计要求或质量特征要求对竞争对手技术能力及本企业的技术能力进行评价；c. 技术目标值的设定，结合各项设计要求或质量特征要求的优先权重以及本企业的技术能力，确定每项设计要求或质量特征要求的技术目标值。

6.2.5 项目质量规划的成果

1. 质量目标

高效的质量管理取决于明确的绩效目标。项目质量目标需要在相关层次上进行分解。但是仅规定项目的目标是不够的，质量目标还应包括过程的目标。质量目标以可以测量的方式给出，如故障率、可靠性指标等。

2. 项目质量管理计划

项目质量管理计划是项目质量管理工作的核心性和指导性文件，是质量规划工作重要的结果，是项目质量管理体系的重要载体。质量管理计划应说明项目组织具体执行质量方针的过程，包括实施质量管理的组织结构的确定，责任、程序、工作过程以及具体执行项目管理所需的资源的确定。

3. 项目质量控制标准

项目质量控制标准是根据项目质量管理计划所制订的具体项目质量控制的标准。项目质量控制标准与项目质量目标是不同的，主要表现在：项目质量目标给出的是项目质量的最终要求，而项目质量控制标准是根据这些最终要求所制定的控制依据和参数。

4. 质量核对表

质量核对表作为一种结构化的工具，其用途是检查和核对某些必须采取的步骤是否已经付诸实施，具体内容因行业而异。通过编制各种质量核对表，可以确保整个项目生命周期的质量(表 6-2)。检查表作为一种项目管理工具，用于检查需要执行的一系列步骤是否已经实施以及实施结果的状况(表 6-3)，通常可以依据项目质量管理计划，从对项目工作分解结构和工作流程图的分析中得到。

表 6-2 项目管理质量核对表

项目所处阶段	具体内容
项目计划阶段	谁负责制订项目计划？他们的职责是什么？ 项目计划应包括哪些内容？ 制订项目计划需要哪些信息？从何处获取？ 项目计划的输出文档是什么？谁应得到这些文档？ 项目管理过程将会用到哪些工具和技术？ 项目管理将会用到哪些资源？ 哪些部门会受到项目的影响？这些部门的职责是什么？
项目实施、跟踪、控制阶段	如何进行交流和沟通？ 如何激励员工？ 如何评估项目的进展？ 如何获取项目进展的数据？需要哪些数据？ 什么时候展开项目会议？如何确定议题？ 项目的文档如何分类？由谁来保存？ 如何评估项目的变更？由谁来审批？ 如何汇报项目执行情况？由谁向谁汇报？ 如何处理各种冲突？

表 6-3 项目产品质量检查表

编号	质量控制措施	责任人	检查实施/完成情况
1	质量策划 —开发策划 —开发流程		
2	质量目标的确定		
3	技术资料的检查 —产品建议书 —产品责任书 —检验规范 —合同评审		
4	质量特性的确定		
5	可制造性分析 —设计评审		

5. 过程改进计划

过程改进计划是项目管理计划的从属内容。过程改进计划应该详细说明过程分析的具体步骤，以便于通过过程分析确定非增值活动，并通过过程改进来消除这些非增值活动，为顾客创造更多的增值。

6.3 项目质量保证

6.3.1 项目质量保证概述

PMBOK 指南第三版将质量保证定义为“开展有计划的、系统的质量活动，以确保项目应用所有必要的过程来满足项目需求”。这一定义强调了质量保证和质量规划的联系，指出质量保证是项目团队成员为了实现项目目标而实施的一系列质量活动的集合。质量保证的目的旨在梳理对项目绩效将达到项目要求的信心。

【例 6-1】失败的质量保证体系

当地政府机构授予 KEM 公司一份合同，来重建市中心河流上有历史意义的桥。政府规定了明确的设计标准，其中包括四根装饰用的灯柱，分别位于桥的四角。要用螺母把灯柱安装在有四个大螺栓的混凝土地基上，并用装饰盖板把螺母覆盖起来。鉴于这座桥的历史意义，政府部门计划举行盛大的通桥仪式，届时要有乐队伴奏、领导讲话等环节，还要让这座桥穿上“节日盛装”。KEM 公司认为桥梁灯柱安装是很简单的事情，计划在当天上午 9 点把灯柱吊装就位并开始固定，然后在上午 11 点整正式开始通桥仪式。举行仪式当天，KEM 建筑公司的起重机吊起第一根灯柱，并慢慢地下降到地基螺栓附近。当灯柱底盘与螺栓接触时，起重机却突然停了下来。工程师快速上前试图将底盘与螺栓对接，却发现底盘的孔位与地基螺栓的位置不合。由于无法按时安装灯柱，桥不能开通，通桥仪式因此取消，灯柱也被退回店家更换能与地基螺栓匹配的新底盘。更换底盘之后，灯柱安装没再出现问题，政府机构也没有再举行仪式。

6.3.2 项目质量保证活动的主要依据

项目质量保证活动的依据主要包括：①项目质量管理计划；②项目质量测量指标；③过程改进计划；④工作绩效信息；⑤批准的变更请求；⑥质量控制衡量；⑦实施的变更请求；⑧实施的纠正措施；⑨实施的缺陷补救；⑩实施的预防措施。

其中项目工作绩效信息是指为完成项目所开展的活动的工作状态和信息，包括技术性能值、项目可交付成果状态、需要的纠正措施、绩效报告等，它是质量控制的重要依据，可用于质量审核和过程分析等。

纠正措施是指为消除已发现的不合格或其他不期望情况的原因所采取的措施。这里需要指出的是纠正措施针对的是“不合格”的原因，根据不合格的原因采取措施，而不是针对不合格品或不合格项采取的措施，针对不合格品或不合格项所采取的措施称之为纠正。

预防措施是指为消除潜在的不合格或其他潜在不期望情况下的原因所采取的措施。比如在分析控制图时，过程数据虽未超过控制限，但数据折线有突破上下控制限的趋势，所以针对造成这种趋势的原因采取的措施就是预防措施。

6.3.3 项目质量保证的内容

1. 制定质量保证标准

要制定各种定性或定量的指标、规则、方案等质量标准，力求在质量管理过程中达到或超过质量标准。

2. 制定质量控制流程

对不同行业和不同类型的项目，或同一项目的不同构成部分或不同实施阶段，质量保证可以采取不同的深度和力度，如对医药、食品生产所需的卫生环境及产品质量要有严格的标准和要求；对高新技术项目、新开发研究的项目，应该注意摸索一套新的质量管理办法和质量管理标准。另外，项目各有关方应各负其责，各有侧重地开展质量保证工作。应坚持全过程管理与对应的影响因素相结合的原则，将项目的质量控制过程看成是在项目生命周期内的一个过程体系，在此基础上结合具体项目确定项目的控制流程。

3. 建立质量保证体系

建立完善有效的质量保证体系，全面开展质量保证活动是项目质量保证最重要的一项工作。项目质量保证体系是实施项目质量保证所需的组织结构、工作程序、质量管理过程、所需资源等构成的一个系统。为了确保质量保证体系的建立和完善，组织要开展以下工作：制定质量方针、目标、质量控制流程；建立项目质量管理组织机构并分配相应的职责；为质量保证体系分配相应的资源；持续开展质量改进活动；对计划活动、实施活动进行全程控制，必要时还要提供相应的证据。

6.3.4 项目质量保证模式

目前被广泛认可的质量保证模式包括 ISO 9000 质量管理体系以及全面质量管理(TQM)。这两种模式均在现实的项目管理中被广泛使用。

1. ISO 9000 质量管理体系

ISO 9000 族标准是国际标准化组织(ISO)于 1987 年发布后经不断修改完善而成的系列标准。目前世界上共有 100 多个国家和地区正在积极推行 ISO 9000 系列标准，它在全球经济中发挥着巨大的作用并产生着深远影响。

国际标准化组织分别于 1994 年、2000 年、2008 年和 2015 年对 ISO 质量管理标准进行了四次全面的修订。2015 版包含了 ISO 9000：2015 质量管理体系 基础和术语、ISO 9001：2015 质量管理体系 要求、ISO 9004：2015 质量管理体系 业绩改进指南和 ISO 19011：2015 质量和(或)环境管理体系审核指南四个核心标准。如图 6-3 所示为 ISO 9000 以过程为基础的质量管理体系模式。

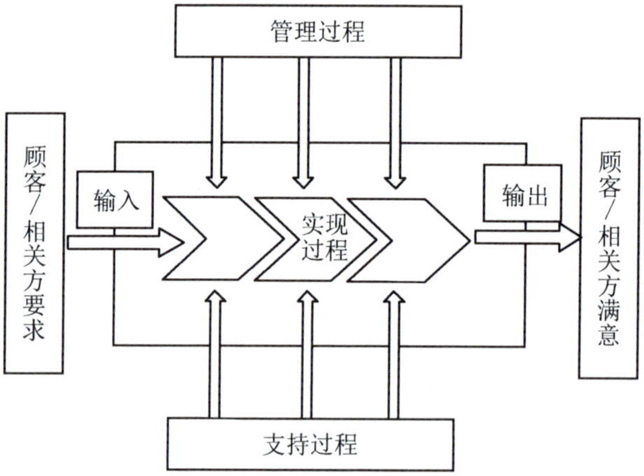

图 6-3 过程模式

获得 ISO 9000 质量管理体系认证具有如下益处。

①强调以顾客为中心，明确公司使用各种手段去获取和理解顾客的要求，通过体系中各个过程的运行来满足顾客的要求，甚至超越顾客的要求；以此不断提高公司在顾客心中的地位，增强顾客信心。

②明确要求公司最高层管理者也要直接参与质量管理体系活动，从公司层面制定质量方针和各个层次质量目标。最高层管理者通过及时获取质量目标达成情况来判断质量管理体系运行的绩效，直接参与并审视整个质量体系的整体状况，并及时对体系中的不足之处采取措施，从公司层面保证资源的充分性。

③明确各职能和层次人员的职责权限和相互关系，并通过员工培训来确保他们是能胜任工作的。通过全员参与到整个质量体系的建立、运行和维持活动中，确保公司各个环节顺利运转。

④明确控制可能产生不合格产品的各个环节，对不合格产品进行隔离、处置。首先，通过制度化的数据分析，寻找产生不合格产品的根本原因；其次，通过纠正或预防措施

防止不合格产品再次发生从而降低企业发生的不良质量成本；最后，通过其他持续改进活动不断提高质量管理体系的有效性和效率，从而实现公司成本不断降低，利润不断增长的目的。

⑤通过第三方专业的审核可以更深层次地了解公司存在的问题，通过定期监督审核来督促公司人员按照质量管理体系规范开展工作。

⑥获得质量体系认证是取得客户配套资格和进入国际市场的敲门砖，也是企业开展供应链管理的重要依据。

2. 全面质量管理(TQM)

全面质量管理(Total Quality Management，TQM)起源于美国。20 世纪 50 年代末，美国通用电气公司的费根堡姆和质量管理专家朱兰提出了全面质量管理的概念，认为 TQM 是“为了能够在最经济的水平上并考虑到充分满足顾客要求的条件下进行市场研究、设计、制造和售后服务，把企业内各部门的研制质量、维持质量和提高质量的活动构成为一体的一种有效的体系。” 60 年代以后，全面质量管理的概念逐步被世界各国所接受，在日本被称为全公司的质量控制(CWQC)或一贯质量管理。TQM 在 70 年代引入我国，现已广泛应用到各行业的质量管理中。

TQM 的八大质量原则分别为：以顾客为中心、领导的作用、全员参与、过程方法、系统管理、持续改进、以事实为基础、互利的供方关系。强调调动组织内部员工的积极性，使员工主动参与到质量改进的日常工作中来。全面质量管理为组织提供了一种系统的运行方式，使其内部各层面和各项活动的绩效得以不断改进。组织应以团队合作、团队成员之间的相互尊重和信任为基础，营造出良好的持续改进的工作氛围，应检查质量改进过程是否以持续、系统、全面的方式运行，应持续运用定量的测量方法，并不断扩大其在过程改进方面的知识和专业技能。全面质量管理也是一个不断学习的过程，周而复始，循环推进。全面质量管理强调顾客至上，引导顾客参与质量管理工作，组织要了解并熟悉顾客，要围绕顾客的需求开展工作。

(1)全面质量管理的基本方法

全面质量管理的基本方法是 PDCA 循环，这一循环过程包括四个阶段，即计划(Plan)、实施(Do)、检查(Check)和处理(Act)。

①计划阶段(P)：发现问题并分析原因，起草解决问题的行动方案。明确质量目标与成功的关键因素，确定效益指标，在过程中收集分析必要的数据，制定解决问题的方案，选择、确定最可行的解决方案，并把它付诸实践。

②实施阶段(D)：先在小范围内执行计划或以试验的方式来验证是否能达到所提出的改进目标。这个阶段的关键是收集数据，培训所有参与者使用质量改进的方法和技术，描述改进过程并成立项目团队来操作全过程。

③检查阶段(C)：根据效益指标对项目进行评估。确认所进行的改进是否成功，总结从中学到的经验。

④处理阶段(A)：按照已经验证的方法采取行动，提出方案并进行调整或否定该方案。将已经验证的改进过程的标准按步骤列出，并让全体参与的员工清楚地了解该过程，从而能够在以后的工作中加以利用。一般情况下，这一循环会在不同条件下反复进行，以验证成果的可靠性。

(2)全面质量管理的实施步骤

①搞好培训教育。通过培训教育使企业员工牢固树立“质量第一”和“顾客第一”的思想，创造良好的企业文化氛围，采取切实行动，改变企业文化和管理形态。

②制订企业人、事、物及环境的各种标准。企业人、事、物及环境等各种标准的制订，有利于企业在运营过程中衡量资源的有效性和高效性。

③推动全员参与，对全过程进行质量控制与管理。以人为本，充分调动各级人员的积极性，推动全员参与。只有全体员工的充分参与，才能发挥他们的才干为企业带来收益，才能够真正实现对企业全过程进行质量控制与管理，并且确保企业在推行 TQM 过程中采用了系统化的方法进行管理。

④做好计量工作。计量工作包括测试、化验、分析、检测等，是保证计量的量值准确和统一、确保技术标准的贯彻执行的重要方法和手段。

⑤做好质量信息工作。企业根据自身的需要，应当建立相应的信息系统，并建立相应的数据库。

⑥建立质量责任制，设立专门质量管理机构。全面质量管理的推行要求企业员工自上而下地严格执行。从企业最高管理者开始，逐步向下实施。TQM 的推行必须要获得企业最高管理者的支持与领导，否则难以长期推行。

6.4 项目质量控制

6.4.1 项目质量控制概述

项目质量控制作为质量管理的一部分，PMBOK 指南第六版将其定义为“为了评估绩效，确保项目输出完整、正确且满足客户期望，而监督和记录质量管理活动执行结果的过程”。项目质量控制应贯穿于项目的始终，项目质量控制的内涵可以从以下几个方面来理解。

1. 控制主体

控制主体是指承担控制责任的人员或组织。根据控制的任务、责任不同，可将控制主体分为不同的层次，一般可划分为以下两个层次。

(1)直接控制层，是指直接履行控制任务的人员或组织。在项目质量控制中，项目经理部或项目团队、QC 小组等均属于直接控制层。

(2)间接控制层，也称为战略控制层，是指间接履行控制任务的人员或组织。间接控制层主要根据直接控制层的反馈信息进行控制。在项目质量控制中，业主的质量控制人员或组织、质量监督人员、承包商的决策层等属于间接控制层。

2. 控制对象

项目质量控制的对象是项目的结果，这里所说的项目的结果既包括项目成果，例如，各阶段和最终可交付成果(如建设项目建成的建筑物、土木工程或其他设施，软件开发项目研制出的软件，培训项目的学员等)，也包括项目管理结果，例如，制订的项目计划、绘制的网络图、编制的费用预算、签订的各种合同文件、费用的实际开销和进度的实际进展，等等。

3. 控制依据

项目质量控制的依据是项目质量标准，项目质量标准是根据项目质量目标和计划给出的项目质量最终要求制定的控制依据和参数，是项目质量管理计划和项目质量工作说明的具体体现。通常这种参数要比项目目标和依据更为严格，也更具可操作性。因为如果不严格，就会经常出现项目质量的失控现象，就会经常需要采用项目质量恢复措施，从而形成较高的质量成本。

4. 控制过程

项目的质量控制是对项目实施过程的作业和活动持续不断地进行检查、度量、评价和调整的过程。质量控制的基本过程包括：按照项目质量目标的要求，制定过程或活动的控制标准，分阶段进行检查，及时获取信息并与标准相比较，做出合格与否的判定，对于不合格过程要及时采取纠偏措施，保证项目预期目标的实现。项目质量控制的基本程序见图 6-4。

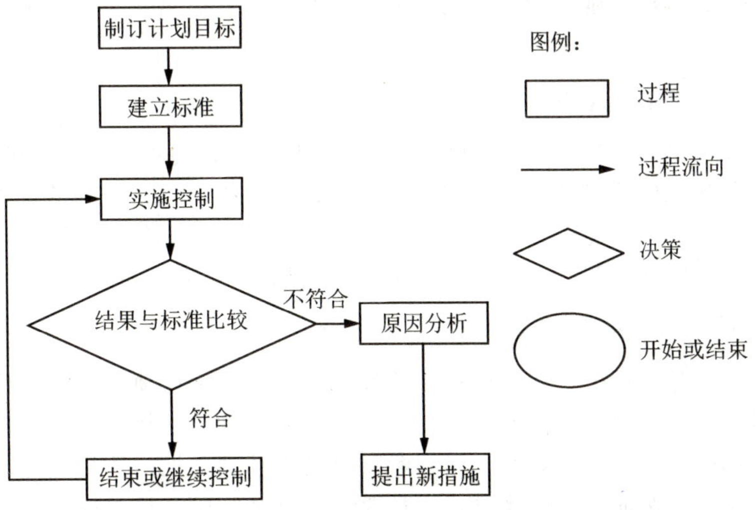

图 6-4　项目质量控制的基本程序

控制的基本类型包括：①事前控制，是指对影响质量问题的潜在原因采取预防措施；②事中控制，是在项目实施过程中所开展的控制；③事后控制，是在项目实施过程结束后进行的控制活动。

5. 控制目的

通过选择特定的方法来监控项目控制对象的输出是否满足输入的要求，通过对比分析找出不符合要求的原因，并采取相应的措施来消除不合格，以确保项目的实施过程符合标准的要求。

6.4.2 项目质量控制的基本内容

项目质量的形成是一个复杂的过程，不同阶段对质量起着不同的作用，有着不同的影响，所以其质量控制的内容和重点也不相同，在实际工作中应该结合具体的项目针对各个阶段开展质量控制工作。

1. 项目启动阶段的质量控制

项目启动阶段是项目整个生命周期的起始阶段，需要从总体上明确项目的质量方向。这一阶段工作的好坏关系到项目全局。该阶段围绕项目质量控制的主要工作就是项目总体方案的策划及项目总体质量水平的确定，主要包括项目的可行性研究和项目决策。

2. 项目规划阶段的质量控制

在项目规划过程中，应针对项目特点，根据项目启动阶段已确定的质量目标和水平，使其具体化，以满足项目生命周期内安全、可靠、适用的要求，使用户满意。为此，一方面要按照客户的要求加强对规划阶段质量的规划工作，另一方面要加强对规划工作本身的控制工作。

3. 项目实施阶段的质量控制

项目实施阶段是形成项目实体的重要阶段，也是形成最终项目产品质量的重要阶段。所以，加强项目实施阶段各环节的质量控制，是保证和提高项目质量的关键，是项目质量控制的中心环节。项目能否达到所要求的质量标准，在很大程度上取决于项目参与者对影响项目质量的因素控制，包括人员、材料、机械设备、方法和环境等因素。

4. 项目收尾阶段的质量控制

项目收尾阶段是项目生命周期的最后阶段，其目的是确认项目实施的结果是否达到了预期的要求，实现项目的移交与清算。项目收尾阶段的质量控制要点是合格控制，即对项目进行全面的质量检查与评定，以判断项目是否达到预期的质量目标，对不合格项目提出处理办法，以保证项目产品符合质量要求。收尾阶段项目质量控制的重要手段是质量验收。项目质量验收是依据质量计划中的范围划分指标要求和采购合同中的质量条款，遵循相关的质量检验评定标准，对项目进行质量认可评定和办理验收手续的过程。

6.4.3 项目质量控制的工具与方法

项目质量控制的常见工具有因果图、控制图、流程图、直方图、帕累托图、散点图、趋势图、六西格玛管理法等。本节重点介绍帕累托图、直方图、控制图和六西格玛管理法在项目质量控制中的应用。

1. 帕累托图

帕累托图是一种将数据按重要性降序排列的简单条形图，有两个纵坐标轴，左侧纵坐标轴表示累计频数(如累计不合格频数)，右侧坐标轴表示累计频率(如不合格品累计百分数)。图中横坐标轴表示影响产品质量的各个因素或项目，按影响质量程度的大小，从左到右依次排列。每个直方形的高度表示该因素影响的大小。在排列图上，通常把曲线的累计百分数分为三级，与此相应的因素分为三类：A 类因素，对应累计频率 0%～80%，是影响产品质量的主要因素；B 类因素，对应累计频率 80%～90%，是次要因素；对应累计频率 90%以上的属一般影响因素。运用排列图，便于分清矛盾的主次，将注意力集中在最关键的问题上，所以帕累托图可以协助做出决策。图 6-5 是一个宾馆投诉的帕累托图。

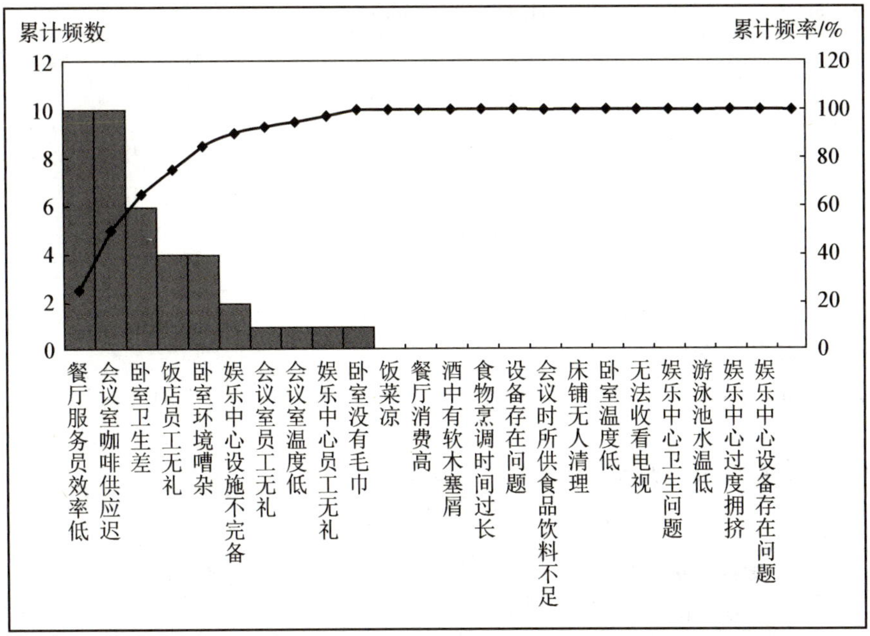

图 6-5　帕累托曲线图

2. 直方图

直方图是一种显示数据在一组连续值中的分布情况的条形图，也称频率分布图。在图中，数据由一系列等宽不等高的条形图表示。直方图可清晰地显示出频率最高的值所在位置以及数据分布情况，也是用于明确过程最佳效果的一种工具。根据有关过程行为的数据信息，可以确定需要优先改进的行动。

直方图的绘制通常包括以下步骤：①求极差；②确定分组的组数和组距；③确定各组界限；④作频数分布表；⑤画直方图。

下面以实例介绍直方图的绘制过程。

【例 6-2】某工厂主要生产零件，为对其抗压强度进行质量分析，共收集了 50 份抗压强度报告单，经整理如表 6-4 所示。试绘制直方图。

表 6-4 数据整理表

单位：N/mm^2

序号	零件抗压强度数据					最大值	最小值
1	39.8	37.7	33.8	31.5	36.1	39.8	31.5
2	37.2	38.0	33.1	39.0	36.0	39.0	33.1
3	35.8	35.2	31.8	37.1	34.0	37.1	31.8
4	39.9	34.3	33.2	40.4	41.2	41.2	33.2
5	39.2	35.4	34.4	38.1	40.3	40.3	34.4
6	42.3	37.5	35.5	39.3	37.3	42.3	35.5
7	35.9	42.4	41.8	36.3	36.2	42.4	35.9
8	46.2	37.6	38.3	39.7	38.0	46.2	37.6
9	36.4	38.3	42.4	38.2	38.0	42.4	36.4
10	44.4	42.0	37.9	38.4	39.5	44.4	37.9

解：直方图绘制步骤如下。

第一步，计算极差(R)。

最大值为 $46.2N/mm^2$，最小值为 $31.5N/mm^2$，则 $R=46.2-31.5=14.7N/mm^2$。

第二步，对数据进行分组。

首先，确定组数 K，按照表 6-5 确定组数为 8。

表 6-5 数据分组参考表

数据总数(n)	组数(K)
50～100	6～10
100～200	7～12
250 以上	10～20

然后，确定组距(H)，组距的确定按照近似公式：极差≈组距×组数，即 $R \approx H \times K$，解得 H 等于 1.8N/mm²，本例中取 2N/mm²。

第三步，确定组限。

确定第一组下限：$X_{min} - H/2 = 30.5$N/mm²；

第一组上限：下限 $+ H = 30.5 + 2 = 32.5$N/mm²。

以此类推，得最高组限为 44.5～46.5N/mm²，分组结果覆盖了全部数据。

第四步，编制数据频数统计表。

频数统计表如表 6-6 所示。

表 6-6 频数统计表

组号	组限/(N/mm²)	频数	组号	组限/(N/mm²)	频数
1	30.5～32.5	2	5	38.5～40.5	9
2	32.5～34.5	6	6	40.5～42.5	5
3	34.5～36.5	10	7	42.5～44.5	2
4	36.5～38.5	15	8	44.5～46.5	1

第五步，绘制直方图。

横坐标表示零件抗压强度值，纵坐标表示频数，绘制以组距为底，以频数为高的 K 个直方形，如图 6-6 所示。

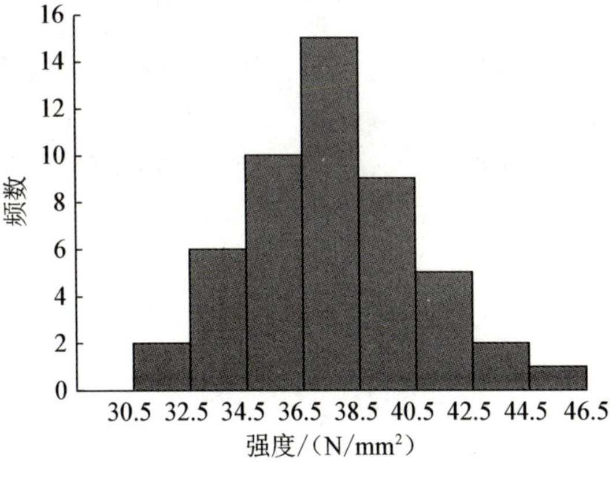

图 6-6 直方图

3. 控制图

控制图(Control Chart)是对过程质量加以测量、记录，并进行控制管理的一种用统计方法设计的图形工具。控制图主要用来显示相对于控制限值的过程绩效。

下面以例 6-3 说明控制图的绘制步骤。

【例6-3】下面为某一项目团队长期收集的60个测量值(见表6-7)。试绘制控制图并进行分析。

表 6-7 项目观测值

组数	1	2	3	4	5	6	7	8	9	10	11	12
数据	78	77	74	73	74	75	74	72	73	73	74	75
	70	72	70	72	73	73	73	74	74	74	75	78
	71	73	78	75	76	76	72	76	73	76	73	76
	75	72	74	75	73	75	72	73	72	75	74	72
	73	74	73	73	75	76	76	73	76	75	76	75

解:控制图的绘制过程如下。

第一步,计算均值与极差(见表6-8)。

表 6-8 均值与极差计算表

组数	1	2	3	4	5	6	7	8	9	10	11	12
数据	78	77	74	73	74	75	74	72	73	73	74	75
	70	72	70	72	73	73	73	74	74	74	75	78
	71	73	78	75	76	76	72	76	73	76	73	76
	75	72	74	75	73	75	72	73	72	75	74	72
	73	74	73	73	75	76	76	73	76	75	76	75
子组总和(Σ)	367	368	369	368	371	375	367	368	368	373	372	376
子组均值($\overline{X_i}$)	73.4	73.6	73.8	73.6	74.2	75	73.4	73.6	73.6	74.6	74.4	75.2
子组极差(R)	8	5	8	3	3	3	4	4	4	3	3	6
子组均值的均值($\overline{\overline{X}}$)	74.0											
子组极差的均值($\overline{R}$)	4.5											

第二步,计算控制限。

均值控制图上下控制限的计算依据下列公式。

上控制限:$UCL_{\overline{X}}=\overline{\overline{X}}+A_2\times\overline{R}$

下控制限:$LCL_{\overline{X}}=\overline{\overline{X}}-A_2\times\overline{R}$

其中，A_2 为控制系数，可按照表 6-9 确定，其中 N 为样本的容量。

表 6-9　控制限系数表

N	2	3	4	5	6	7	8	9	10
$\mathbf{A_2}$	1.880	1.023	0.729	0.577	0.483	0.419	0.373	0.337	0.308

此例中 $N=5$，则 $A_2=0.577$

上控制限：$UCL_{\overline{X}}=\overline{\overline{X}}+A_2\times\overline{R}=74.0+0.577\times4.5=76.6$

下控制限：$LCL_{\overline{X}}=\overline{\overline{X}}-A_2\times\overline{R}=74.0-0.577\times4.5=71.4$

极差控制图的上下控制限依据下列公式计算。

上控制限：$UCL_R=D_4\times\overline{R}$

下控制限：$LCL_R=D_3\times\overline{R}$

其中 D_3、D_4 为控制系数，可按照表 6-10 确定，其中 N 为样本的容量。

表 6-10　控制限系数表

N	2	3	4	5	6	7	8	9	10
$\mathbf{D_3}$	0	0	0	0	0	0.076	0.136	0.184	0.223
$\mathbf{D_4}$	3.267	2.575	2.282	2.114	2.004	1.924	1.864	1.816	1.777

$N=5$，则 $D_3=0$，$D_4=2.114$

上控制限：$UCL_R=D_4\times\overline{R}=2.114\times4.5=9.513$

下控制限：$LCL_R=D_3\times\overline{R}=0$

第三步，控制图的绘制。

在控制图中标出子组的均值和极差，并用折线连在一起，既可绘制均值($\overline{X}$)和极差(R)控制图，见图 6-7 与图 6-8。

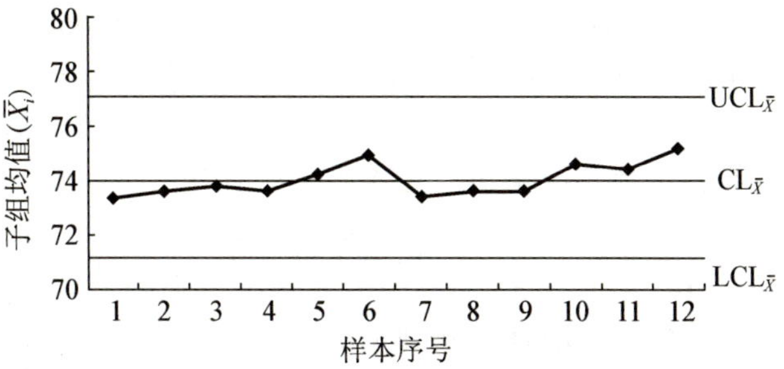

图 6-7　均值($\overline{X}$)控制图

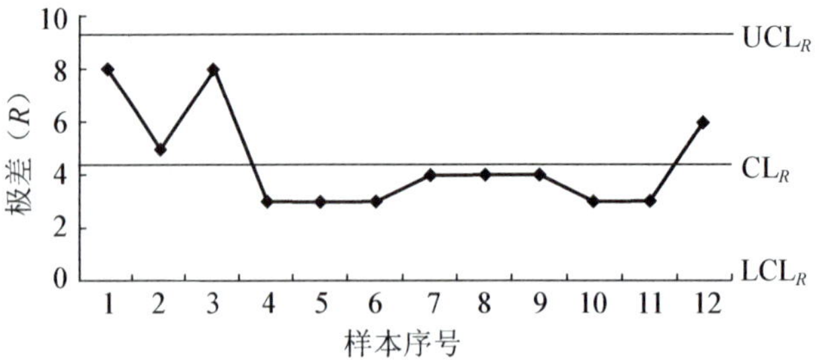

图 6-8 极差(*R*)控制图

第四步，分析。

观察控制图可知，数据都在控制上下限之间。但在极差控制图中，连续8点落在中心线下侧。根据西方电气公司统计控制质量手册的八项判断出现异常的原则，连续9点落在中心线一侧，则存在质量特性的均值出现偏移的问题。本例中仅差一点，应引起注意。

4. 六西格玛管理法

(1)西格玛质量

“西格玛”源于统计学中标准差的概念，而标准差 σ 表示数据相对于平均值的分散程度。“西格玛水平”则将过程输出的平均值、标准差与顾客要求的目标值、规格限值联系起来并进行比较。其中，目标值是指顾客要求的理想值；规格限值(Specification Limits)是指顾客允许的质量特性的波动范围。如果过程输出质量特性服从正态分布，并且过程输出质量特性的分布中心与目标值重合，那么 σ 越小，过程输出质量特性的分布就越靠近目标值，同时该特性落到规格限值外的概率就越小，出现缺陷的可能性也越小。因此，过程满足顾客需求的能力就越强。

如图 6-9 所示，如果项目某质量指标的规格界限已经确定，则将“目标值±3σ”控制在规格界限之内的概率为 99.7%；将“目标值±6σ”控制在规格界限之内的概率为 99.999 998%。可见，6σ 意味着一个检验批中 99.999 998%是合格的，不合格的只有百万分之二。而要将 99.999 998 9%的质量数据控制在规格界限之内，则“σ”值就需要大大降低，也就意味着需要大大提高项目精度，质量需要进一步精益化。

六西格玛质量的含义已经不仅局限于项目特性，还包括服务质量与工作质量。如果一个项目的质量特性能够达到六西格玛质量水平，则意味着该项目可以用精益的质量满足顾客要求。

(2)六西格玛质量管理

六西格玛质量管理是建立在统计学基础上的全面质量管理方法，是以追求完美为目标的管理理念。六西格玛质量管理的重点是将所有工作作为一种流程，采用量化方法分析流程中影响质量的因素，找出关键的因素加以改进，从而达到更高的顾客满意度。六西格玛质量管理强调“测量”的重要性，没有测量就没有管理。不仅要测量项目质量符

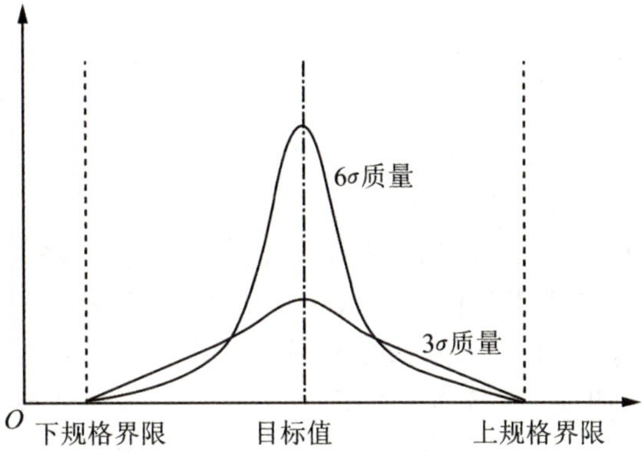

图 6-9　“6σ”质量理解

合顾客要求的程度，还要测量服务质量乃至工作过程质量等。

(3)六西格玛质量管理的重要观点

提高质量的同时降低成本并缩短周期，取决于过程特别是核心业务过程的能力。这个能力可以表述为过程输出波动的大小。过程能力可以用“西格玛”来衡量，西格玛水平越高，过程波动越小，过程满足客户需求的能力就越强；相反，西格玛水平越低，过程波动越大，过程满足客户需求的能力就越弱。统计资料显示：如果一个三西格玛企业组织其所有资源改进过程，则提高一个西格玛水平，大约可以使利润率增长 20%，产出能力提高 12%～18%，减少雇员 12%，资本投入减少 10%～30%。

(4)六西格玛项目质量管理的实施

①六西格玛项目质量管理的人员组织结构。组织实施六西格玛管理的首要任务是创建一个致力于流程改进的专家团队，并确定团队内各个角色及其责任，形成六西格玛的组织体系。以黑带团队为基础的六西格玛组织是实施六西格玛突破性改进的成功保证，该组织包括以下关键角色及职责。

a. 执行领导(Executives)。执行领导是推行六西格玛管理获得成功的关键因素。执行领导通过建立项目的六西格玛管理愿景，确定项目的战略目标和业绩的度量系统，确定项目的管理重点，以便在项目中建立促进应用六西格玛管理方法与工具的环境。

b. 倡导者(Champion)。倡导者发起和支持黑带项目，是六西格玛管理的关键角色。倡导者主要负责六西格玛管理的部署，确定六西格玛管理项目及目标，做好六西格玛管理中的资源分配及过程监控，并向执行领导报告六西格玛管理的进展以及六西格玛管理实施中的沟通与协调。

c. 资深黑带(Master Black Belt，MBB)。资深黑带更多的是扮演企业变革的代言人角色，其工作更具管理性质。他们对六西格玛管理理念和技术具有深入的了解与体验，协调推进六西格玛管理的开展，持续改进公司的运作绩效；为黑带学员提供关于六西格玛管理及统计方面知识的培训，帮助倡导者和管理者筛选人员；协助选择能获得潜在利润的项目。

d. 黑带(Black Belt，BB)。黑带是六西格玛管理中最为重要的角色，他们专职从事六西格玛改进项目，是六西格玛组织的核心力量。黑带主要为团队成员提供合适的方法和工具进行培训；向团队传达六西格玛管理理念；发现内部或外部新的改进机会，与资深黑带一起确认有价值的项目；培训绿带。

e. 绿带(Green Belt，GB)。绿带是黑带项目团队的成员或较小项目的负责人，他们接受的六西格玛技术培训与黑带类似，但内容涉及的层次略低。

②六西格玛项目团队的组建。六西格玛项目通常是通过团队合作完成的。项目团队由项目所涉及的有关职能(如技术、生产、工程、采购、销售、财务、管理等)人员构成，一般由3～10人组成，并且应包括对所改进的过程负有管理职责的人员和财务人员。

(5)六西格玛改进方法

六西格玛作为解决问题的体系，自身也在不断地发展。并且，六西格玛的管理方法是开放式的，只要是用于六西格玛改进或设计的任何阶段的任何工具都可以融入六西格玛管理方法论中。这里介绍常用的基于六西格玛的流程改进方法——DMAIC。

一个完整的六西格玛改进项目应完成“定义(D)”“测量(M)”“分析(A)”“改进(I)”和“控制(C)”五个阶段的工作。每个阶段又由若干个工作步骤构成，见图6-10和表6-11。

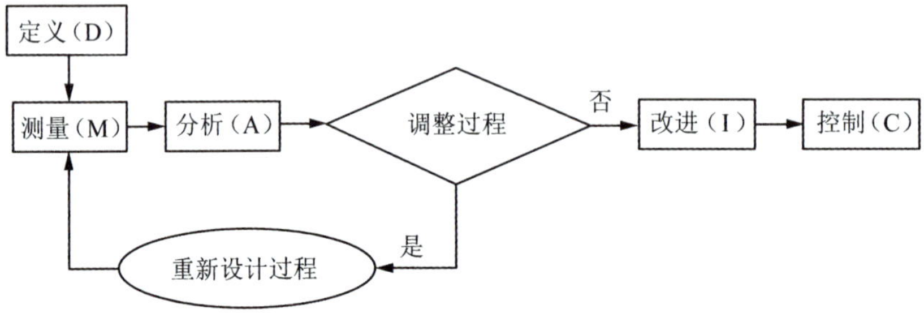

图6-10 DMAIC过程

①定义(Define)。定义阶段主要是明确问题、目标和流程，需要回答以下问题：应该关注哪些问题？应达到什么结果？何时达到这一结果？正在调查的是什么流程？它主要服务和影响哪些顾客？

②测量(Measure)。测量阶段主要分析问题的关键是什么，通过利用收集来的关键数据，缩小问题范围，找到导致问题的关键原因。

③分析(Analyze)。对上一步骤找出的原因进行分析，确认它们之间是否有逻辑关系。

④改进(Improve)。首先拟定几个可供选择的改进方案，并听取多方面的意见，从中挑选出最理想的改进方案。

⑤控制(Control)。根据改进方案中预定的控制标准，在改进过程中不断检查是否出现问题，使改进过程沿着预定轨道，避免发生误差。

表 6-11　DMAIC 工作步骤

阶段	活动要点	主要工作
D	明确问题	确定顾客的关键需求并识别需要改进的产品或过程，将改进项目界定在合理范围内
M	测量输出确定基线	测量现有过程，确定过程的基线以及期望达到的目标，识别影响过程输出的因素，评价测量系统的有效性
A	确定关键影响因素	通过数据分析，确定影响过程输出的关键因素
I	设计并验证改进方案	确定优化过程输出并能消除或减少关键因素影响的方案，以降低过程缺陷或变异
C	保持	使改进后的过程程序化，并通过有效的监测方法保持过程改进的成果

思考与练习

1. 叙述质量保证和保证质量的区别。

2. 简述质量审核的一般流程。

3. 项目质量控制的方法有哪些？

4. 技工用车床加工螺丝，要求其直径为 10mm。为了了解技工的加工质量，随机抽查该技工加工好的螺丝 100 个，分别测得其直径数据如表 6-12 所示。

要求：绘制直方图并进行分析和判断。

表 6-12　螺丝直径数据　　单位：mm

10.24	9.94	10.00	9.99	9.85	9.94	10.42	10.30	10.36	10.09
10.21	9.79	9.70	10.04	9.98	9.81	10.13	10.21	9.84	9.55
10.01	10.36	9.88	9.22	10.01	9.85	9.61	10.03	10.41	10.12
10.15	9.76	10.57	9.76	10.15	10.11	10.03	10.15	10.21	10.05
9.73	9.82	9.82	10.06	10.42	10.24	10.60	9.58	10.06	9.98
10.12	9.97	10.30	10.12	10.14	10.17	10.00	10.09	10.11	9.70
9.49	9.97	10.18	9.99	9.98	9.83	9.55	9.87	10.19	10.39
10.27	10.18	10.01	9.77	9.58	10.33	10.25	9.91	9.67	10.10
10.09	10.33	10.06	9.53	9.95	10.39	10.16	9.73	10.15	9.75
9.79	9.94	10.09	9.97	9.91	9.64	9.88	10.02	9.91	9.54

5. A 公司是项目型公司，公司领导充分认识到项目质量管理的重要性，因此任命小

李建立质量管理体系。于是小李在确定市场和顾客需求的前提下，根据“质量第一”的原则制定了企业的质量方针、质量目标、质量手册、程序文件和质量记录等体系文件。小李向公司领导汇报：本公司质量管理体系已经建成。尽管小李采取措施建立了质量管理体系，但是项目需求方仍然难以相信A公司的质量保证能力。请问小李在建立公司质量管理体系时到底存在什么问题?

6. 某建筑工程有限公司中标了某大型房地产开发企业集团的住宅楼建设项目。由该建筑工程有限公司的高级项目经理张工全面负责项目实施。张工认为此项目质量管理的关键在于系统地进行分部分项工程的质量检查。张工制订了详细的检查计划用来管理项目的质量。在项目实施过程中，他通过定期发给甲方质量检查报告来证明项目质量是有保证的。可是甲方总觉得有什么地方不对劲，对项目的质量还是没有信心。

分析：

(1)甲方对项目质量没有信心的可能原因是什么?

(2)张工应该如何实施项目的质量保证?项目的质量控制与质量保证有哪些区别和联系?

7. 某厂生产一零件，技术标准为(220±20)mm，经抽样得到100个数据，如表6-13所示。

表6-13　零件尺寸数据　　单位：mm

202	210	208	211	213	216	212	218	215	219
204	216	225	237	220	218	214	231	221	220
214	228	215	222	213	221	220	219	223	229
206	231	221	232	229	213	227	220	219	220
206	212	233	220	218	220	217	235	218	226
207	221	220	218	223	230	217	217	220	221
207	228	219	234	217	215	221	220	218	227
208	223	224	216	226	216	220	224	222	221
217	215	224	218	209	210	225	205	217	210
209	214	211	212	225	211	218	222	211	223

要求：根据表6-13中的数据绘制控制图并进行分析。

8. 2021年3月，某手机公司为研发新款手机，任命具有丰富经验的老王担任项目经理。老王从各部门抽调人员成立了项目组，安排质量部门的老杨负责质量工作。根据该款手机的技术要求，结合公司质量管理手册、程序文件和作业文件，老杨编制了《项目质量计划书》等文件，并对项目组成员进行了质量管理培训。项目实施过程中，按照《项目质量计划书》，老杨组织相关人员定期对项目进行检查并跟踪改进情况。手机系统调试过程中，调试人员发现某电路板会导致系统运行出现严重错误，立刻向项目经理老王进行汇报。老王找到负责该电路设计的人员，要求其对系统出现的问题进行原因分析并找到问题根源，若需要修改设计，对电路的缺陷设计进行更正，则填写设计更正单，并进行评审。经过分析并通过评审后，相关人员实施更改，升级了电路图版本。经验证，系统运行正常，工程样机生产出来后，根据项目技术条件，对产品进行型式试验和例行试验。在产品进行电磁兼容试验时，某指标不符合要求，项目人员分析原因后进行了整改，重新试验并顺利通过。验收前，老杨对照《项目验收规范》，对手机功能及性能进行确认，并由质量部门开具了合格证。该款手机最终上市，经过两个月时间，共收到了以下质量投诉(见表 6-14)。

表 6-14　手机质量投诉

序号	故障时间	客户反馈问题
1	2019.6.13	听筒没声音
2	2019.6.16	听筒没声音
3	2019.6.18	呼叫电话呼不通
4	2019.6.20	黑屏
5	2019.6.24	拍照模糊
6	2019.6.25	手机音量小
7	2019.6.25	听筒无声音
8	2019.6.27	手机音量小
9	2019.6.28	听筒无声音
10	2019.7.2	手机充电发热
11	2019.7.4	手机音量小
12	2019.7.4	听筒没声音
13	2019.7.6	闪光灯不亮
14	2019.7.10	黑屏
15	2019.7.13	呼叫电话时呼不通

随后，项目组针对试运行出现的问题进行了更改。

分析：

(1)本案例在实施质量管理时，针对规划质量管理、实施质量保证和质量控制应用了哪些质量管理措施？

(2)根据该公司收到的质量投诉问题记录，应用帕累托原理分析造成系统故障的主要原因，并指出解决系统故障的优先级。

第 7 章

项目融资管理

本章要点

- 项目融资方式与类型
- 担保的主要方式
- 融资文件的作用、分类与主要内容

引导案例

在 2021 年 4 月的上海国际车展上，SQ 集团推出了一款正处于概念阶段的全新 MG 跑车，这款车型暂时被命名为名爵 Cyberster。该跑车的外观设计非常炫酷，内饰也已经接近量产状态。整个车型采用的是双门双座敞篷设计，这在国产自主品牌领域极为罕见。

这款全新跑车在上海国际车展期间开启了众筹计划，通过众筹的方式来决定是否生产以及汽车的具体配置。原计划的众筹目标是筹集 5 000 万元启动资金，而经过两个多月的宣传和众筹之后，已经获得高达 6 699 万元的启动资金，完成度高达 134%。目前，该项目已经宣布关闭众筹渠道并于 2021 年 7 月开启众创阶段，即让前期参与众筹的客户提出对于该款车的具体建议，将自己想要的设计和配置提出来，通过汇总与整理形成最终的量产方案。

SQ 集团将这款名爵跑车的设计与生产作为一个新的项目，通过众筹的方式来解决项目启动资金筹集问题，这种模式也是该企业的首次探索。

7.1 项目融资方式

从世界范围看，项目融资都经历了财政、信贷、证券三种基本融资方式的演变过程。三种方式出现的时间有先有后，每一种方式都是对前一种方式的否定式发展，但三种方式长期共存，互相补充，混合融资在大型项目的融资中已经成为一种趋势。

7.1.1 财政融资

财政融资一般是由政府直接将预算资金拨款给基础设施的经营企业或项目。长期以来，政府财政直接投资是基础设施建设资金的主要来源。随着城市化进程的加快，财政融资已无法适应大规模城市基础设施建设的要求，同时城市建设也逐渐成为一个相对独立的发展领域，财政融资在基础设施建设中的作用和地位正在逐渐减弱。

目前，财政融资在城市基础设施融资中的比重在下降，但仍然是必不可少的一种融资方式。因为在信贷融资阶段，财政能够提供城市基础设施建设项目的资本金，提供风险防范的基本条件，使信贷融资能以更大的规模支持城市基础设施建设。在证券融资阶段，财政融资起着资本运作和种子基金的作用，对项目注资或支持增加国有股权的运作和调剂都有重要作用，能以小额财政拨款作为杠杆调动更多资金支持城市基础设施建设。

7.1.2 信贷融资

1. 国内贷款融资

国内贷款包括国内商业银行贷款和政策性银行贷款两种方式。目前，我国银行除四大国有独资商业银行外，还有交通银行、中信实业银行、中国光大银行等股份制商业银行和地方性商业银行。在政策性银行方面，我国于 1994 年起先后组建了三家政策性银行——国家开发银行、中国农业发展银行和中国进出口银行，其中基础设施建设可以利用的政策性贷款主要来自国家开发银行。国家开发银行成立于 1994 年 3 月，是我国规模最大的政策性银行，主要任务是按照国家宏观经济政策、产业政策及区域发展政策，支持国家基础设施、基础产业和支柱产业的项目建设，特别是优先支持国债项目和国家区域发展政策，承担国际金融组织转贷款业务。仅 2019 年，国家开发银行已发放数千亿元的政策性转贷款，大大支持了国家的基础设施建设。国内银行贷款的主要优点为资金来源稳定、利率低、期限长、操作成本低。目前国内银行贷款是我国基础设施建设资金的主要来源之一。

2. 国外贷款融资

国外贷款按贷款性质可分为外国政府贷款、国际金融组织贷款和出口信贷三类。

(1)外国政府贷款

外国政府贷款是外国政府向我国政府提供的优惠贷款，或称为政府信贷，其性质属于政府间的开发援助。它的偿还期较长，一般为20～30年，利率低，年利率只有1%～3%。

(2)国际金融组织贷款

国际金融组织贷款有以下两种常见的形式。

①世界银行集团贷款。世界银行集团由国际复兴开发银行(IBRD)、国际开发协会(IDA)、国际金融公司(IFC)和多边投资担保机构(MIGA)所组成。世界银行的贷款一般采用项目贷款的方式，其中国际开发协会(IDA)的贷款为“软贷款”，国际复兴开发银行(IBRD)的贷款为“硬贷款”。软贷款条件十分优惠，但1999年以后，世界银行不再对我国发放软贷款。目前我国可利用的硬贷款是国际复兴开发银行(IBRD)向发展中国家提供的低于国际金融市场利率的长期贷款，贷款期限为20年，宽限期5年，承诺费0.25%～0.75%，利率为每季度调整一次的浮动利率。除此之外，国际金融公司(IFC)也会向会员国提供优惠贷款，其贷款对象主要为不需要政府担保的会员国的私企，贷款利率稍低于市场利率，贷款偿还期为7～15年，并根据项目建设期长短确定一定的宽限期，承诺费为1%。

世界银行APL贷款是世界银行为帮助一个国家、地区或城市的长期发展而推出的一种分期贷款。通常在达到每一阶段的触发条件之后，发放本期的贷款；同时在第一阶段后的每阶段贷款，都要在前一阶段项目贷款使用符合规定后，按项目实际情况核发后续贷款。

世界银行贷款项目的联合融资(Co-financing)，又称补充融资(Complementary Financing)，是我国为了弥补世界银行对大型基础设施项目贷款资金不足而采取的一种融资方式。它是由我国财政部作为借款人，为资助世界银行贷款项目所进行的融资，不论项目成功与否，财政部都有义务偿还融资贷款。

②亚洲开发银行贷款。亚洲开发银行1966年成立于日本东京，其贷款可分为普通资金贷款(硬贷款)、亚洲开发基金贷款(软贷款)和技术援助基金三种。亚洲开发银行普通资金贷款的贷款期为10～30年，包括2～7年的宽限期，利率实行浮动利率，每半年随市场调整一次；特别基金贷款的贷款期为25～30年，利率为1%～3%；技术援助基金属于技术援助性质的赠款。亚洲开发银行贷款也以项目贷款为主。我国主要使用的是普通资金贷款和技术援助赠款。

(3)出口信贷

出口信贷是出口国为了推动本国大型设备的出口贸易，在政府的支持下，由商业银行或专业银行向本国出口商、外国进口商或进口国银行提供的期限较长、金额较大的优惠性贷款，主要有买方信贷、卖方信贷、混合信款三种方式。其中混合信贷是出口信贷、商业银行贷款以及出口国政府的援助、捐赠相结合的贷款，对投资额大的项目具有较长的现实意义。出口信贷具有综合利率较低、期限长的优点。

信贷投资要求资产安全和风险防范，其资源配置效率介乎财政和证券之间。信贷有独立的事后监督和独立的风险防范专业机构，用于城市基础设施建设，既提升了规模，又提高了项目建设效率。

7.1.3 证券融资

证券融资包括股票债券及以此为基础进行的资本市场运作，公众广泛直接参与，市场监督最严。从原则上讲效率最高，但对企业信息的披露、治理结构等要求较高，因此成本也较高。

近几十年，在欧美发达国家城市基础设施融资中，证券融资迅速占据主导地位。大量城市基础设施项目通过资本市场运作筹集到巨额资金。相对而言，我国证券融资仍处于起步阶段，目前股票和债券融资所占比重较低，资本市场仅仅在微观层次解决了一些从事城市基础设施建设的企业的存量盘活问题，从基础设施总量需要上看还相差甚远。对需求增长部分和重大项目，资本市场涉足不多，作用有限。

1. 市政债券

市政债券又称地方政府债券，主要指地方政府为满足本区域经济发展和公共服务履职的需要，以政府信誉为依托，通过发行债券的形式募集公共事业资金，到期还本付息的政府债务凭证。作为有价债券的一种特殊形式，它主要应用于市政交通、农田水利、医疗卫生、中小学校等公共基础设施建设的融资活动中。

按照我国目前地方政府债券的偿还资金渠道和担保主体的不同，可以将地方政府债券划分为一般政府债券和专项政府债券两种类型。

一般政府债券通常指地方政府以本地区未来财政收益作为偿债担保，从而募集资金用于学校、文化馆所等公益性设施建设的债券类型。该债券在用途及风险特征方面凸显了公益性投资的财税信誉担保，因而又被称为“完全信用债券”。

专项政府债券是指政府以本区域内有特定收益的投资项目的利税收入作为偿债担保，从而为该项目建设而发行债券募集资金支持投资活动的债券类型。专项债券以其建设项目的未来收益性作为担保着眼点，凸显了债券的收益可偿性，因而又被称为“收益债券”。

2. 股票融资

按照我国《股票发行与交易管理暂行条例》的要求，一个公司要想上市，首先必须是股份有限公司。具体来说，可以采取发起设立和募集设立两种方式，一般可以由地方政府牵头，由几个法人单位发起以成立股份有限公司。然后，按照中国证监会的要求，在适当时机进行上市以筹集资金。当然，在发行股票时还需满足一些条件，例如，发行的普通股要限于一种；以募集设立方式设立股份有限公司的，发起人认购的股份不得少于公司拟发行的股份总数的 35%；等等。在股票融资方面，我国的粤高速、海南高速等上市公司均通过该融资方式完成了对资金的筹集，并实现了对城市基础设施的建设。

3. 资产证券化融资方式

资产证券化(Asset Basic Securitization，ABS)是近 30 年来世界金融领域最重大和发展最迅速的金融创新工具，它是以项目所属的资产为支撑(即以项目所拥有的资产为基础)，以项目资产可以带来的预期收益为保证，通过在资本市场发行债券来募集资金的一种项目融资方式。其实质是融资者将被证券化的金融资产的未来现金流收益权转让给投资者，而金融资产的所有权可以转让，也可以不转让。

ABS 的运作过程如下。

①组建一个特别用途公司 SPC(Special Purpose Company)，可以是信托投资公司、信用担保公司或投资保险公司等。该机构应该能获得权威性资信评估机构(如美国标准普尔评级公司)的高级别资信等级(AAA 级或 AA 级)。信用等级越高，表明债券的安全性越高，从而筹资的利率成本越低。

②SPC 寻找可以进行资产证券化融资的对象。

③以合同、协议等方式将原始权益人所拥有的项目资产的未来现金收益的权利转让给 SPC。

④SPC 直接在资本市场上发行外国债券、欧洲债券、可转换债券集资，或通过资信担保，由其他机构组织债券发行并将发行债券募集的资金用于项目建设。SPC 通过项目资产的资金流入量，清偿债权人的债券本息。

ABS 的基本结构如图 7-1 所示。

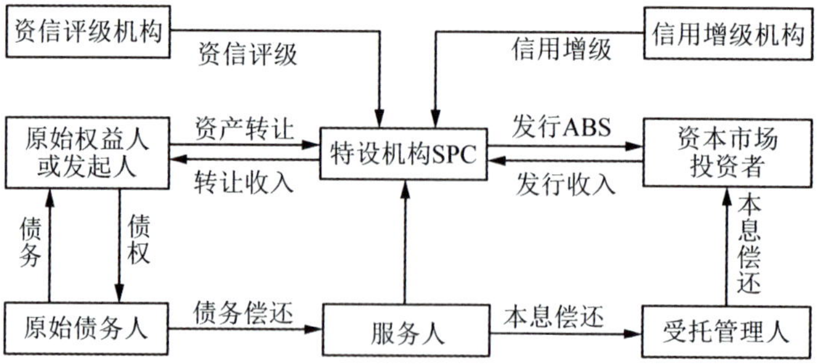

图 7-1 ABS 的基本结构

4. 美国存托凭证融资方式

美国存托凭证(American Depositary Receipts，ADR)是一种可转让契约票据，是代表美国投资者对非美国公司、政府或美国公司的海外附属公司所发行证券的所有权证书，以美国持有人记名，以美元标价，收取红利并可在美国证券市场或非美国证券市场上交易。

ADR 为美国国内投资者和外国发行公司提供了方便，因为一级 ADR 是在美国的场外市场和美国以外的一些交易所进行交易。对发行公司来说，它不受发行国家政府、企业信誉、企业生产规模和融资成本限制，公司到美国发行 ADR，还可避开美国法律对在美国发行股票、债券的公司在注册、信息披露、会计制度等方面的严格要求，并享受某些豁免，从而以较低成本进入美国市场。

ADR 因其发行成本低、流动性较好、投资方便、安全性好等特点成为了美国证券市场上最流行的非美国公司融资方式。我国于 1993 年也开始了 ADR 的实践工作，当年有 4 家公司即上海石化、上海二纺机、上海轮胎与马钢采用了 ADR 方式在美国上市。

7.1.4 租赁融资

租赁是一种高度灵活的融资方式，从传统观念上看，企业获得设备的途径一是来自自有资本采购，二是通过向银行贷款来购买。但由于种种原因，当企业资本总额难以增加时，租赁便是添置设备、扩大生产的唯一方式。

根据在租赁协议中承租人和出租人双方所承担的责任，以及租赁期间资产的使用价值占该资产全部使用价值的比重，租赁可分为经营性租赁和融资租赁两种基本形式。经营性租赁(Operating Lease)泛指融资租赁以外的一切租赁形式，这类租赁的主要目的在于对设备的使用。它是一种由出租人提供维修和管理的、可撤销的、不完全支付的短期融资行为。不完全支付是指每一次租期内出租人只能收回部分投资，设备投资回收需经过多次出租。融资租赁(Financial Lease)是以资产为基础的融资，是指由出租人根据承租人对出卖人、租赁物的选择，向出卖人购买租赁物，提供给承租人使用，并由承租人支付租金的具有融资融物双重职能的租赁交易。它涉及出租人、承租人和出卖人三方当事人。租赁设备的保养、维修、保险和过时陈旧的风险均由承租人承担，租赁合同一般不可撤销，租赁期届满时，承租人对设备有多种处置选择。

7.1.5 PPP 模式

PPP(Public-Private-Partnerships)是指政府、营利性企业和非营利性企业基于某个项目形成的相互合作关系的形式。合作各方参与某个项目时，政府并不是把项目的责任全部转移给私人企业，而是由参与合作的各方共同承担责任和融资风险。PPP 模式的显著特点在于通过引入私人企业，将市场中的竞争机制引入城市公共基础设施建设中，以更有效地提供公共服务。

在 PPP 模式下，政府扮演的是投资经纪人的角色，其任务就是以城市公共基础设施建设项目为基础，吸引私人企业参与合作，借助私人企业的资金来建设城市公共基础设施。

1. 与PPP模式相关联的典型模式(图7-2)

服务协议	运营和维护协议	租赁—建设—运营(LBO)	建设—转移—运营(BTO)	建设—运营—转移(BOT)	扩建后经营整体工程并转移	购买—建设—运营(BBO)	建设—拥有—运营(BOO)
公有化程度高 ←——————→ 私有化程度高							

图7-2 与PPP模式相关联的典型模式

(1)服务协议(Service Contract)

对一些特殊的公共基础设施,政府可以把服务出包给私人企业。政府公共部门仍需对设施的运营和维护负责,承担项目的融资风险。这种协议的时间一般短于5年。

(2)运营和维护协议(Operate & Maintenance Contract)

政府与私人企业签订运营和维护协议,由私人企业负责对基础设施进行运营和维护,获取商业利润。在该协议下,私人企业承担基础设施运行和维护过程中的全部责任,但不承担资本风险。该模式的目的就是通过引入私人企业,提高基础设施的运营效率和服务质量。

(3)租赁—建设—运营(LBO)

政府与私人企业签订长期的租赁协议,由私人企业租赁已存在的基础设施,向政府交纳一定的租赁费用。私人企业在已有设施的基础上凭借自己的融资能力对基础设施进行扩建,并负责其运营和维护以获取商业利润。在该模式中,整体基础设施的所有权属于政府,因而不存在公共产权问题。

(4)建设—转移—运营(BTO)

政府与私人企业签订协议,由私人企业负责基础设施的融资和建设,完工后将设施转移给政府。然后,政府把该项基础设施租赁给私人企业,由其负责基础设施的运营以获取商业利润。在此模式中,也不存在基础设施公共产权问题。

(5)建设—运营—转移(BOT)、建设—运营—拥有—转移(BOOT)

由项目所在国政府或所属机构为项目的建设和经营提供一种特许权协议(Concession Agreement)。本国公司或者外国公司作为项目的投资者和经营者负责安排融资。项目的投资者和经营者负责开发、建设项目并在特许权期限内经营项目获取商业利润;在项目特许权期末根据协议由项目所在国政府或所属机构支付一定量资金(或无偿)从项目的投资者和经营者手中取得项目。

(6)扩建后经营整体工程并转移(Wraparound Addition)

政府与私人企业签订协议,由私人企业负责对已有的公共基础设施进行扩建并负责建设过程中的融资。完工后由私人企业在一定的特许权期限内负责对整体公共基础设施进行经营和维护并获得商业利润。在该模式下,私人企业可以对扩建的部分拥有所有权,因而会影响到基础设施的公共产权问题。

(7)购买—建设—运营(BBO)

政府将原有的公共基础设施出售给私人企业，由私人企业负责对该基础设施进行改、扩建，并拥有永久性经营权。

(8)建设—拥有—运营(BOO)

在该模式下，由私人企业负责公共基础设施的融资、建设并拥有该项设施，对其进行永久性经营。

2. PPP 模式在各种情况下的应用

上述各模式之间的区别虽然并不大，但也有其特点，从而适用于不同的情况，如表 7-1 所示。

表 7-1　PPP 模式在各种情况下的应用

设施类型	适用的模式
已有设施	服务协议(Service Contract)
	运营和维护协议(Operate & Maintenance Contract)
对已有设施的扩建	租赁—建设—运营(LBO)
	购买—建设—运营(BBO)
	扩建后经营整体工程并转移(Wraparound Addition)
新设施	建设—转移—运营(BTO)
	建设—运营—转移(BOT)
	建设—运营—拥有—转移(BOOT)
	建设—拥有—运营(BOO)

3. PPP 模式的优点

PPP 模式的优点在于将市场机制引进到基础设施的投融资领域。不是所有的城市基础设施项目都是可以商业化的，应该说大多数的基础设施项目是不能商业化的。政府不能认为通过市场机制运作基础设施项目等于政府全部退出投资领域。在基础设施市场化过程中，政府将不得不向基础设施投入一定的资金。对政府来说，在 PPP 项目中投入的资金要小于传统方式的资金投入，两者之间的差值就是政府采用 PPP 方式的收益。

4. PPP 模式的政府补贴

大型 PPP 项目，特别是基础设施 PPP 项目，其成功实施受到巨额资本投资和高度不确定性的限制。为了解决这一问题，地方政府需提供公共资金，包括公共资产和政府补贴用于项目公司的融资，从而加强项目的财务可行性和透明度，保障项目的顺利实施和运营。以城市轨道交通基础设施 PPP 项目为例，项目补贴模式有协议票价法、车公里法、公式法及现金流法等。

(1)协议票价法

协议票价法也称影子票价法，是指在前期决策测算阶段，在预测的客流量基础上，通过调整运营期内的协议票价使得项目能保持正常运营，项目投资内部收益达到既定指标。在项目实际运营阶段，在实际客流量的基础上，政府按照补贴调节及客流风险分担机制，根据协议票价与项目公司在运营期内的实际票价之差向项目公司支付财政补贴额。其优点在于运用广泛，可借鉴案例较多，但由于客流量预测的不确定性较高，容易出现风险分担机制不合理的情况。

(2)车公里法

车公里法是指以项目运营里程为计量基础，约定政府对轨道交通单位车公里服务的采购价格。依托该服务价格，PPP项目公司可实现相应的收益率期望值。其优点在于规避了协议票价法的不确定性，但存在招标阶段约定的公里价格不合理、补贴调节机制不合理的情况。

(3)公式法

公式法是指依据财政部财金〔2015〕21号文件，具体补贴额为可用性付费加运营绩效付费再减去使用者付费。其优点在于计算简单，无须考虑协议票价及车公里价格，但未考虑项目的具体特征。

(4)现金流法

现金流法分为运营补贴与收益补贴两部分，运营补贴按照方案设计的具体数额按期支付给项目公司，以使项目公司能够维持正常运营；收益补贴可由政府直接支付给社会资本，保证社会资本得到合理回报。其优点在于规避了车公里价格设置不合理、客流量预测不确定的情况，但计算较为复杂。

PPP项目补贴应根据项目具体特征选择适用的补贴模式，如若项目可以较好地规避某一补贴模式的计算缺点，则可考虑选用该补贴模式。

7.2 项目融资担保

7.2.1 担保的概念和种类

担保在民法中指以确保债务或其他经济合同项下义务的履行或以清偿为目的的保证行为，它是债务人提供履行债务的特殊保证，是保证债权实现的一种法律手段。项目融资担保指借款方或第三方以自己的信用或资产向贷款或租赁机构做出的偿还保证，具体可分为物权担保和信用担保。

物权担保指借款人或担保人以自己的有形财产或权益财产为保证债务履行而设定的担保物权，如抵押权、质押权、留置权等。信用担保即担保人以自己的资信向债权人保证对债务人履行债务承担责任，有担保(保证书)、安慰信等形式。

在项目融资结构中，物权担保是以项目特定物产的价值或者某种权利的价值作为担保，如债务人不履行义务，债权人可以行使其对担保物的权力来满足自己的债权。物的担保主要表现为对项目资产的抵押和控制，包括对项目的不动产和有形动产的抵押、对无形资产设置担保物权等几个方面。信用担保的基本表现形式是项目担保。项目担保是一种以法律协议形式做出的承诺，依据这种承诺担保人向债权人承担了一定的义务。项目担保义务可以是第二位的法律承诺，即在被担保人(主债务人)不履行其对债权人(担保受益人)所承担义务的情况下(即违约时)，必须承担起被担保人的合约义务，这种担保义务是附属和依存在债务人和债权人之上的。项目担保义务也可以是第一位的法律承诺，也就是即期担保。即期担保承诺在担保受益人的要求之下(通常是根据融资文件或者担保文件中的有关条款)，立即支付给担保受益人(或担保受益人指定的其他任何人)规定数量的资金，而不管债务人是否真正违约。因而，即期担保是相对独立于债权人与债务人之间的合约。项目的完工担保多数属于这种类型。

7.2.2 项目融资的主要担保形式

1. 信用担保

(1)项目完工担保

项目融资过程中风险最大的阶段是项目的建设阶段。项目能否按期建成投产，并按照其设计指标进行生产经营是以项目现金流量为融资基础的项目融资的核心。因此项目完工担保就成为项目融资结构中的一个最主要的担保条件。

完工担保是一种有限责任的直接担保形式。完工担保所针对的项目完工风险包括：由于工程或技术上的原因造成的项目延期或成本超支以及由于上述任何原因造成的项目停建以至最终放弃等风险。

项目完工担保主要属于在时间上有所限制的担保形式，即在一定的时间范围内，项目完工担保人对贷款银行承担着全面追索的经济责任。在这一期间，项目完工担保人需要尽一切努力去促使项目达到“商业完工”的标准并支付所有的成本超支费用。

由于完工担保的直接财务责任在项目达到“商业完工”标准后就立即终止，项目融资结构也从“全面追索”转变成为“有限追索”性质，贷款银行此后只能单纯(或绝大部分)地依赖于项目的经营，或者依赖于项目的经营加上“无论提货与否均需付款”等类型的有限信用保证支持来满足债务偿还的要求。所以，对于项目“商业完工”的标准及检验是相当具体和严格的，其中包括了对生产成本的要求、对原材料消耗水平的要求、对生产效率的要求以及对产品质量和产出量的要求。无论哪项指标不符合融资文件中所规定的指标要求，都会被认为没有达到项目完工担保的条件，项目完工担保的责任也就不能解除。

完工担保的提供者主要由两类公司组成。一类是项目的投资者，另一类是承建项目的工程公司或有关保险公司。其中，由直接投资者作为项目完工担保人是最常用，也是最容易被贷款银行接受的方式。

项目完工担保主要包含完工担保的责任、项目投资者履行完工担保义务的方式和措施三个方面的基本内容。完工担保的中心责任是项目投资者向贷款银行做出保证，在计划内的时间和资金安排之外，项目投资者必须提供能够使项目按照预定工期完工或按照预定“商业完工”标准完工的支持和条件。如果项目投资者不履行其提供资金的担保义务而导致该项目不能完工，则需要偿还贷款银行的贷款。

(2)无货亦付款合同

无货亦付款合同是国际项目融资所特有的项目担保形式，它体现的是项目公司与项目产品购买者之间的长期销售合同关系。无货亦付款合同有不同的方式，主要是产品购买方同项目公司签订无货亦付款合同，项目公司以此为凭证进行项目融资；另外，管道和交通项目还常常依靠用户“包产量”协议支持项目融资。

无货亦付款合同是长期合同。采用此类合同时所收货款应足以为提供服务或产品的项目还债，并支付项目营业费用。合同约定的最低数额支付的义务是无条件的，当实际不能提供服务时也得支付。

无货亦付款责任者的义务是无条件的，这是无货亦付款合同的核心。由于该合同是不可撤销的，所以其实质上是由项目产品购买者为项目所提供的一种财务担保，项目公司可以利用其担保的绝对性和无条件性进行融资。

2. 主要物权担保

项目融资的物权担保指项目公司或第三方以自身资产为履行贷款债务提供担保。国内信贷活动虽然广泛使用物权担保，但在国际项目融资活动中，却较少使用物权担保，而且作用也不明显。这是因为贷款方不易控制跨国担保物，但更重要的是因为项目融资追索权有限，项目公司自身的资产一般不能使贷款方放心，贷款方看重的是项目本身，而非项目公司目前的资产。

虽然物权担保对于借款方没有特别大的压力，但是它仍然能够约束项目有关参与方认真履行合同，保证项目顺利建成和营运。主要物权担保形式有不动产物权担保、动产物权担保和浮动设押。

(1)不动产物权担保

不动产指土地、建筑物等难以移动的财产。在项目融资中，项目公司一般以项目资产作为不动产担保，但其不动产仅限于项目公司的不动产范围内，而不包含或仅包含很少部分项目发起方的不动产。一般情况下，如果借款方违约或者项目失败，贷款方往往接管项目公司，或者重新经营，或者拍卖项目资产以弥补其贷款损失。但这种弥补对于大额的贷款来说，往往是微不足道的。因为项目的失败往往导致项目资产，特别是不动产本身价值的下降，难以弥补最初的贷款额。

(2)动产物权担保

动产物权担保指项目公司以自己或第三方的动产作为履约的保证。动产可分为有形和无形动产两种。由于处理动产物权担保技术比不动产的物权担保方便，故在项目融资中使用较多。

在项目融资中，无形动产担保的意义更大些。一方面有形动产的价值往往因为项目的失败而大减；另一方面也因为无形动产涉及多个项目参与方，其权利具有可追溯性，而且这种追溯是有合同等文件作为书面保证的。

项目融资中的许多信用担保，最后都作为无形动产担保而成为对贷款方的一种可靠担保。因此，信用担保与无形动产担保往往具有同样作用。

(3)浮动设押

动产和不动产权两者都是固定的物权担保。所谓"固定"，是指借款方作为还款保证的资产是确定的，如特定的土地、厂房或特定的股份、特许权和商品等。当借款方违约或项目失败时，贷款方将以借款方所拥有的某一类现在或将来的资产作为最终的还款保证。由于这种担保方式不以特定的动产或不动产作为担保标的，只有在特定事件发生时才能最后确定受偿资产，所以被形象地称为"浮动设押"。

3. 其他担保方式

(1)准担保交易

除了上述各种担保形式外，在项目融资中还有许多类似担保的交易。这些交易一般在法律上被排除在物权担保范围之外，而被视为贸易交易。但由于这些交易的经济效果类似物权担保，而且在很大程度上是为了规避《物权法》和《担保法》的限制而进行的，故也应归入广义的担保范围内。

①融资租赁。融资租赁即卖方(名义上的出租人)将设备租给买方(名义上的承租人)，卖方仍保留对设备的所有权，买方则拥有设备的使用权；或者卖方将设备出售给一家金融公司或租赁公司并立即得到价款，然后该金融公司或租赁公司将设备租给买方。无论以何种形式出租，卖方都足以在租期内收回成本。这实际上是一种商业信贷，买方以定期交租金的方式得到融资，而设备本身则起到担保物的作用。

②出售和回租。出售和回租即借款方将资产卖给金融公司，然后按与资产使用寿命相应的分期重新租回。在这里价款起了贷款的作用，租金交纳就是分期款，而设备则是"担保物"。

③出售和购回。出售和购回即借款方将资产卖给金融公司而获得价款，然后按事先约定的条件和时间购回。购回实际上就是还款，而资产在其中也起了担保作用。

④所有权保留。所有权保留也称有条件出售，即卖方将资产卖给债务人，条件是债务人只有在偿付资产债务后才能获得资产所有权。资产同样也成为"担保物"。

(2)东道国政府的支持

东道国政府在项目融资中所起的作用非常重要，在许多情况下，东道国政府颁发的开发、运营的特许权和执照是项目开发的前提。虽然东道国政府一般不直接以借款人或项目公司股东的身份参与项目融资，但可能通过代理机构进行权益投资，或者是产品的最大买主或用户。在我国，一些项目特别是基础设施建设项目，如公路、机场、地铁等，我国政府将参与项目的规划、融资、建设和运营等各个阶段，BOT项目就是一个典型，通常在项目运营一定时期后由政府部门接管项目。

对于其他项目，政府的支持可能是间接的，但对项目的成功仍然至关重要。例如，自然资源开发和收费交通项目均须得到政府的特许。因此只有得到东道国政府的支持，才能保证项目的顺利进行。

4. 国际工程项目融资担保

国际工程项目的实施大多面临较高的投资风险，且多数项目投资规模大、主体多、周期长、回报低，通过主权信用担保进行出口信贷融资对项目落地发挥了关键作用。“一带一路”倡议背景下，出口信用保险高度依赖国家主权担保，导致获取担保的企业和项目准入门槛高、投保费率偏高、多元化承保需求难以得到满足等瓶颈，这些成为制约国际工程项目获得融资支撑的关键环节。

在此背景下，完善国际工程项目的融资担保，需要实施有效的出口信用保险工作和风险控制工作，主要内容如下。

①提供全面的海外投资保险产品，从扩展信保的覆盖到规避可选的风险类别，尤其需要关注因当地政府行为或非参与行为所导致的风险(特别是监管风险、货币贬值风险和次主权政府风险)。

②建立风险分担机制，发挥出口信贷保险机构的作用。信保机构不仅为投资人和项目公司提供担保，同时也可以在一些项目中作为直接贷款出资人，提供独特的视角和经验对项目进行专业细化的调研工作，进而加强项目的风险防控。

③加强各方的沟通与合作，致力于维持一个有序信贷市场的运作，推动项目融资中项目公司、股权及债权投资人、EPC和运营维护承包商、服务采购方、出口信贷保险机构以及政府间的信息共享与风险共担。

7.3 项目融资文件

7.3.1 项目融资文件的作用

项目融资涉及的文件少则几十个，多则上百个，它在融资过程中的作用十分重要，概括地讲主要有以下两大作用。

1. 明确各方参与者在项目融资中的地位、权利、责任和义务

如前所述，项目融资的参与者要比传统融资方式多，既有作为核心参与方的项目发起人、项目公司和贷款银行，又有作为风险分担方的工程承包商、设备和原材料供应商、

项目产品的购买者、政府机构，还有工程、财务、法律顾问等。这些参与方在融资过程中所处的地位、拥有的权利、应承担的责任和义务各不相同，是各种文件(合同协议)把他们联系在一起，并明确各自的权利与职责。例如，新建电厂采用 BOT 融资方式时，在政府与项目公司之间签署的特许权协议文件中，明确规定了政府授予项目公司独占的权利为设计、建设、调试、运营和维护电厂，按有关规定使用土地，并在特许期内向政府销售电厂净输出电量及电力。

2. 对项目融资风险进行界定和合理分担

在项目融资的实施过程中，存在着很多风险。能否在项目融资的过程中，使各参与方合理地分担风险是项目融资成败的关键。项目融资文件对各种风险定义有明确的规定和解释，并在文件中依据项目融资各参与方的利益，把各种风险合理化分担。例如，完工风险是项目融资的主要风险之一，完工风险的分担是项目公司与承包商签订承包合同文件，规定完工时间、承包总价格、损失赔偿责任等限制条款，把项目完工第一级风险转嫁给承包商，项目公司承担第二级风险，项目发起人间接承担，贷款银行承担第三级风险。而贷款银行通常还要求投资方或承包商等参与者提供“完工担保”，使其风险降至最低程度。从这也可以看出“完工担保”协议文件的作用。

7.3.2 项目融资文件的分类

项目融资的文件数量多，种类繁杂，并各具不同用途。选择适当的标志将其科学分类，对起草、使用项目融资的文件，无疑都是必要的。英国 Clifford Chance 法律公司所著《项目融资》一书，将项目融资文件分为基本文件、融资文件、担保/抵押文件、支持文件、专家报告和法律意见书五大类，并在每一大类中列出具体的文件名称。例如，基本文件中主要包括各级政府特许、批准的文件，项目发起人之间的合资文件，股东协议以及供货合同等。

由于项目融资的模式有多种，每种融资模式所涉及的文件有些是相同的，有些则是不同的。因此，对文件的分类方法也有区别。例如，我国采用 BOT 方式建设的文件可以分为委托-代理型、授权-被授权型、合作(伙)型、投资-融资型四种。委托-代理型文件主要是指政府出具的正式授权委托书文件；在授权-被授权型文件中，特许权协议是最重要的核心文件之一；而合作型文件主要是指项目投资人之间的合作协议、项目融资人之间的合作协议、项目公司与项目承包商之间的合作协议及与项目公司发生联系的各类经济实体之间的合作协议等；投资-融资型文件主要是指投资人与提供融资的国际财团之间签订的融资协议文件及其附件。

本书认为，项目融资文件应分为三大类：一是项目融资运作过程应符合国际惯例方面的文件，如有关的双边条约和国际公约；二是项目融资运作所依据的国内法律法规方面的文件，如有关外商投资、外汇管理、合同、税收、土地管理、担保、保险和环保等方面的法律文件和法规；三是项目融资各参与方必须共同遵循的合同契约文件，如特许权协议、融资协议等。在上述三大类文件中，就数量而言，法律、法规文件占据了全部文件的较大比重。

7.3.3 项目融资文件实例

1. 特许权协议

在项目融资的诸多方式中，BOT 方式具有项目融资的典型特征。由 BOT 的基本概念可以看出，特许权协议是实现 BOT 融资方式最基本、最核心的文件，它规定了协议各方在项目的建设、运营和移交中的权利和义务，对项目的风险进行界定和分担，确定项目融资的文件和解决争议的原则及程序，它是项目融资得以实施的基本保证。它的实质是指定和规范 BOT 项目业主与有关营运机构之间的相互权利和义务关系的一种法律文件，是 BOT 项目所有协议的核心和依据。特许权协议在项目融资的所有文件中占据极其重要地位。

特许权协议一般应包括以下内容。

①特许权协议签约各方的法定名称、住所；

②项目特许权内容、方式及期限；

③项目工程设计、建造施工、经营和维护的标准；

④项目的组织实施计划与安排；

⑤项目成本计划与收费方案；

⑥签约双方的权利、义务和责任；

⑦项目转让、抵押、征收、终止条款；

⑧特许权届满，项目移交内容、标准及程序；

⑨罚责与仲裁。

由于 BOT 项目的种类不同，具体到某一个 BOT 项目，其特许权协议的内容也会有所区别。

2. 融资协议

项目融资的有限追索特征决定了融资结构的复杂性，融资的运作全过程涉及多方当事人，需要签订融资协议。融资协议有很多种，一般可分为以下几种类型。

(1)人民币贷款协议

人民币贷款协议是由人民币贷款行与项目公司签订的协议，人民币贷款行与外汇贷款行共同按贷款比例享有抵押物。人民币贷款协议的条款参照国际通用的项目融资协议条款，并由聘请的律师事务所起草。项目融资中的人民币贷款协议相对国内传统的人民币贷款协议增加了诸如提款先决条件、形势变迁、积极承诺、消极承诺、贷款转让等条款；而陈述与保证条款、违约条款等在措辞上也较传统的贷款协议更加严密与严格。

(2)美元贷款协议

美元贷款协议由国际银团与项目公司签订，由国际著名的律师事务所起草。协议的主要条款包括金额、币种、利率、期限、提款先决条件、法律或情势变迁、积极承诺与消极承诺、套期保值、现金流量运用、转让条款等。美元贷款协议一般适用英美法律。

(3)兑换协议

兑换协议由兑换行与项目公司签订。兑换协议的主要内容为项目公司的美元还款、美元目标利润、美元运营费用等，均由人民币兑换成美元进入借款人相关账户。

(4)抵押协议

抵押协议主要包括项目公司所拥有的房地产、土地抵押，机器设备抵押，账户抵押，项目合同的权益抵押等。具体协议如下。

①房地产、土地抵押合同；

②机器设备抵押合同；

③账户抵押合同。合同规定：项目公司除根据美元贷款协议和人民币贷款协议中的有关条款动用账户资金外，不得任意从美元账户和人民币账户中提取任何款项；

④转让项目公司与工程承包商之间的《交钥匙总承包合同》；

⑤转让项目公司与购电方之间的《购电协议》；

⑥转让项目公司与设备供应商之间的《设备供应合同》；

⑦转让项目公司与主要项目发起人之间的《经营、管理和燃料供应合同》；

⑧转让项目中外合作方之间的《合作经营合同》；

⑨转让项目公司与兑换行之间的《兑换协议》；

⑩转让所有与项目有关的保险收益。项目公司将在保险公司购买的保险权益转让给贷款人，贷款人为相关保单的第一受益人。

(5)贷款人间协议

该协议主要用于协调人民币贷款行、美元银团贷款行、境内抵押代理行、境外抵押代理行、总协调行之间的关系。

3. 购电协议

购电协议也是 BOT 投资方式中的基本文件之一。由于我国现已运行的 BOT 项目以电厂项目居多，因此，购电协议作为项目融资的主要文件具有一定的代表性。下面是广西来宾电厂 BOT 项目购电协议的主要条款。

第 1 条　定义

第 2 条　解释

第 3 条　期限

第 4 条　商业运营开始的前提条件

第 5 条　项目公司的责任

第 6 条　电力局的责任

第7条　电费的支付
第8条　可用容量—违约金
第9条　调度水平—违约金
第10条　账单、支付和调整
第11条　支付支持
第12条　保险
第13条　不可抗力
第14条　终止
第15条　终止后的事宜
第16条　责任和保障
第17条　争议的解决
第18条　本协议的转让
第19条　其他条款

思考与练习

1. 项目融资有哪几种主要方式?
2. 商业担保人的类型有哪些?
3. 在项目建设过程中，如何分担商业、金融等各类风险?
4. 项目担保的主要类型有哪些?
5. 信用担保有哪些形式?
6. 项目融资文件的主要作用是什么?如何进行分类?
7. 特许权协议和融资协议文件分别包括哪些主要内容?

第 8 章

项目采购管理

本章要点

- 项目采购及采购管理的概念
- 项目招投标的主要内容
- 项目合同管理的主要内容

引导案例

港珠澳大桥是中国乃至世界交通发展史上的一项伟大工程，其建设对于解决我国内地、香港及澳门三地之间的陆路客货运问题、改善珠江西岸地区的投资环境、加快产业结构调整和布局优化、保持港澳地区的持续繁荣与稳定以及促进珠江两岸经济社会协调发展具有重要战略意义。港珠澳大桥东、西两座人工岛是大桥从桥梁到隧道之间的转换站，其中东人工岛预留了旅游观光功能。港珠澳大桥管理局为了保证东人工岛旅游及配套设施的开发效果，启动了“港珠澳大桥东人工岛旅游及配套设施开发总体策划及概念设计”的全球公开招标，以期引入全球领先的旅游开发理念，塑造大桥的世界级品牌。

该案例说明，在项目实施过程中，为了优化各类资源、提高项目效益，经常会通过项目招投标来实现项目建设目标。那么，什么是项目招投标，如何有效地组织招投标工作以及如何合法合规地订立招投标合同等，这些都是项目采购管理的关键问题。本章将围绕项目采购管理这一核心内容展开学习。

8.1 项目采购

8.1.1 项目采购概述

1. 项目采购的概念

任何一个项目都免不了从外界获得各种资源。无论是大项目(如"神舟六号"载人飞船)或者是小项目(如生日晚会)都离不开采购。采购不同于一般意义上的商品购买。根据《现代汉语词典》(第7版),采购是指"选择购买(多指为机关或企业)"。所以,其包含两层含义,一是从多个可供选择的对象中进行选择;二是购买,即通过交易手段把所选定的商品或劳务从对方手中转移到自己手中。因此,项目采购是指从外界多个可供选择的对象中选择购买项目所需的各种资源的过程。

2. 项目采购活动的主体

项目采购活动主要涉及四个方面的利益主体,他们分别是采购活动中的买主和卖主。

(1)项目发起人/业主/客户

项目发起人是项目的出资者,业主是项目的所有者,客户是项目的使用者。不管他们是自己承担采购工作,还是委托承包商或项目团队进行采购,严格地讲,他们是所采购各种资源的真正购买者。

(2)项目实施组织

项目实施组织是指承包商或项目团队,他们是项目业主或客户的代理人和劳务提供者。他们可以受业主或客户委托为其采购商品和劳务,如BOT项目中的承包商一般都负责设备和材料采购;也可以直接作为卖主出售劳务,如IT项目中软件公司向企业用户出售软件。

(3)供应商

供应商是为项目提供所需的各种商品和劳务的卖主。他们可以直接将商品和劳务卖给项目发起人、业主或客户,也可以将商品和劳务直接卖给承包商或项目团队。

(4)项目分包商/专家

项目分包商和专家是专门从事某方面专业服务的组织或个人。他们可以直接向承包商或项目团队提供服务,也可以为项目业主或客户提供服务。

项目采购活动主体的关系如图8-1所示。图中的实箭线表示"委托-代理"关系的方向和资金的流向,虚箭线表示商品或劳务的流向。

3. 项目采购的类型

根据不同的角度,项目采购可以分为不同的类型。常见的项目采购分类方式有以下

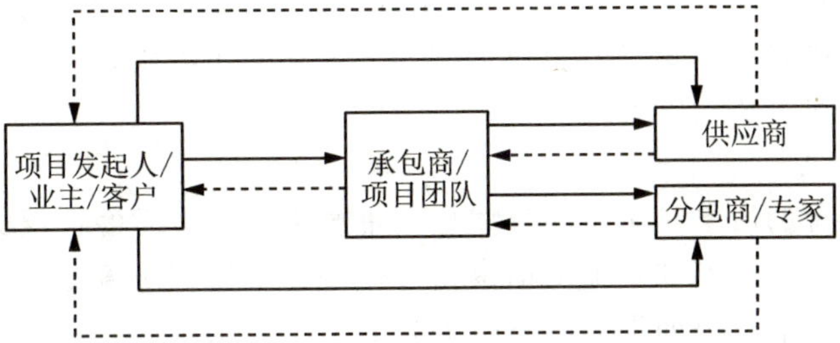

图 8-1　项目采购活动主体的关系

两种。

(1)按采购内容划分

①货物采购。货物采购属于有形采购，是指购买项目所需的各项投入物，包括机器、设备、建筑材料、办公用品、仪器仪表、能源等。

②土建工程采购。土建工程采购也属于有形采购，是指选择合格的承包商承担项目施工工程及其相关服务。在建设项目中，土建工程采购占有相当大的比例，如房屋建设工程，机场、地铁、高速公路的修建工程，大型水利项目的土建工程等。

③咨询服务采购。咨询服务采购不同于前两种采购，它属于无形采购。咨询服务采购是指针对项目中的技术、经济、法律、政策等问题，通过有偿方式获得咨询公司或专家咨询服务的过程。

(2)按采购方式划分

①招标采购。招标采购是指由采购方(项目业主或承包商)向社会提出采购的内容和条件，符合条件的供应商在规定的时间、地点，按一定的程序竞争采购合同的采购方式。招标采购又可分为公开竞争性招标和有限竞争性招标。

②非招标采购。对于需要紧急采购的，或者采购来源单一的，或者在招标限额以下的采购活动，需要采用非招标的方式采购。非招标采购主要包括询价采购、直接采购和自营工程等。

4. 项目采购的原则

为了能够完成项目采购的目标，高效利用项目资金，为项目提供所需的各种有形的商品和无形的劳务，项目采购时应遵循以下原则。

(1)适时原则

项目采购规划的制定要非常准确。采购活动过早或过迟，都会对项目带来不利后果。以货物采购为例，如果采购活动迟于项目资源计划书，则会由于资源供给的不足而导致项目停工，影响进度；反之，如果采购活动相对于项目资源计划书过早实施，则又会增加货物的库存量，造成资金的积压。

(2)适价原则

项目所需各种资源的价格在项目成本中占有很大的比重，是构成项目成本的要素。

较低的采购价格可以降低项目的成本，提高项目的经济性。但采购价格并非越低越好。如果价格过低，供应商为了保证其自身的利益，就会偷工减料，有时因价格过低而拖延交货时间，反而给买方造成更大的损失。

(3)适质原则

采购的各种资源的质量是决定项目质量的重要因素。劣质的资源会导致低劣的项目质量，给业主带来损失。例如，施工单位在某桥梁施工过程中偷工减料，造成建设工程不符合规定的质量标准。但如果对所采购资源的质量要求过高，又会导致项目成本的上升。所以，应该综合考虑资源的适用性、可取用性和成本，按照适质原则进行采购。

(4)适量原则

采购量过大会造成过高的存货储备，令资金积压，成本上升。采购量过小又会导致采购成本的提高。所以，适当的采购量是非常必要的。

(5)竞争原则

为了能够采购到价格合理、品质优良的商品和劳务，必须在完善的市场环境中，通过公平竞争选择合适的供应商。

5. 项目采购管理的定义

项目采购管理(Project Procurement Management)是指在整个项目过程中从外部寻求和采购各种项目所需资源的管理过程。

根据美国项目管理学会(PMI)所编制的PMBOK指南，项目采购管理的主要过程包括采购规划、采购实施、采购管理和合同收尾等，具体内容如图8-2所示。

8.1.2 项目采购规划

项目采购规划是指确定怎样从项目组织之外采购产品、服务或成果，从而最好地满足项目需求的过程。它涉及是否需要采购、采购什么、采购多少、如何采购以及何时采购等问题。

1. 项目采购规划的依据

(1)事业环境因素

项目采购规划所考虑的事业环境因素主要包括市场条件，从市场可获得的产品、服务和成果，按照何种条件和条款从何处获得。

(2)组织过程资产

组织过程资产可提供在制订采购管理计划和选择合同类型过程中需考虑的正式或非正式的与采购相关的政策、程序、指导原则和管理体系。

(3)项目范围说明书

项目范围说明书是指描述、定义或明确即将采购的服务或项目的书面信息、图片或图解信息，具体包括项目的设计说明书、执行说明书和功能说明书。它为项目采购规划

图 8-2　项目采购管理概貌

提供了必须考虑的有关项目需求和策略的重要信息。

(4)工作分解结构

工作分解结构(WBS)阐明了项目各组件之间及其与项目可交付成果之间的关系。

(5)项目管理计划

项目管理计划提供了项目管理的总体计划，包含相关从属计划，如范围管理计划、采购管理计划、质量管理计划和合同管理计划。

2. 项目采购规划的工具与技术

(1)自制或外购决策与分析

自制或外购分析(Make-or-Buy Analysis)是利用平衡点分析法进行决策，以确定通过自制方式还是购买方式获得某种商品更为经济的过程。

【例8-1】某项目需要用到商品A，如果自制，需要购买一台价值1万元的专用设备，另外，生产单件商品的变动成本为20元。如果购买，购买量小于1 500件时，购价为28元/件；购买量大于1 500件时，购价为25元/件。请问项目组织应该选择自制方式还是购买方式获得商品A?

解：根据已知条件，如图8-3所示，有三条成本曲线。

即自制成本曲线 l_1：$y=10\,000+20x$

当购买量小于1 500件时的成本曲线 l_2：$y=28x$

当购买量大于1 500件时的成本曲线 l_3：$y=25x$

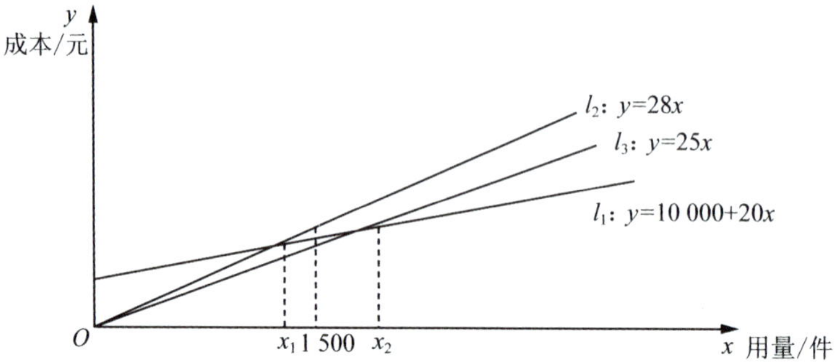

图8-3 平衡点分析图

根据本题的特点宜用平衡点分析法进行决策。

设曲线 l_1 与 l_2 交点的横坐标为 x_1，与 l_3 交点的横坐标为 x_2。令 $l_1=l_2$，$l_1=l_3$，根据成本曲线函数，可得：

$10\,000+20x_1=28x_1$，解得平衡点 $x_1=1\,250$ 件；

$10\,000+20x_2=25x_2$，解得平衡点 $x_2=2\,000$ 件。

由平衡点分析，可知：

当用量在0～1 250件时，外购为宜；当用量在1 250～1 500件时，自制为宜；当用量在1 500～2 000件时，外购为宜；当用量大于2 000件时，自制为宜。

(2)短期租赁或长期租赁分析

租赁是项目获得外部资源(如机器、设备)的一种常用方式。至于进行长期租赁还是短期租赁，则通常取决于财务上的考虑。应该根据项目对租赁品的预计使用时间，租金大小求得长期租赁与短期租赁的成本平衡点，进而决定选用哪种租赁方式。

【例 8-2】 一个项目需要租用某项设备，如果短期租赁，租金为 150 元/天；如果长期租赁，租金为 50 元/天，但必须在开始时交纳固定手续费 1 000 元。如果项目需要该设备长达 20 天，请问项目组织应该选择进行短期租赁还是长期租赁？

解：设 x 为使用该设备的天数，则短期租赁的租金为 $150x$，长期租赁的租金为 $1\,000+50x$。

如果长期租赁和短期租赁的费用相等，则可得 $150x=1\,000+50x$，解得 $x=10$(天)。

所以，当使用该设备的时间不超过 10 天时，应该选择短期租赁；当使用该设备的时间超过 10 天时，应该选择长期租赁。本项目使用该设备长达 20 天，应该选择长期租赁。

(3)采购专家

采购专家是具有某项专业知识或经过专业训练的团体和个人。咨询公司、行业团队、有发展前景的承包商以及企业内部的其他单位(如合同部)可能都具备用于采购的专业知识。组织可以聘请采购专家作为顾问，甚至邀请他们直接参加采购过程。

(4)经济采购订货模型

如果一个项目所需资源的类目、数量和供应商都已经确定，剩下的问题就是决定采购进货时间 T 和进货批量 Q。按照采购管理的目的，需要通过合理的进货批量和进货时间，使存货的总成本最低，这个批量叫作经济订货量或经济批量。确定经济订货量之后，就可以很容易地找出最适宜的进货时间。

货物采购总成本(TC)＝取得成本(TC_a)＋存储成本(TC_c)＋缺货成本(TC_s)　　(8-1)

其中：

$$TC_a=F_1+\frac{D}{Q}K+DU \tag{8-2}$$

$$TC_c=F_2+K_c\frac{Q}{2} \tag{8-3}$$

式中：F_1——采购固定成本(采购机构的基本开支)，与订货次数无关；

D——商品年需要量；

Q——每次进货批量；

K——每次采购变动成本(差旅费、邮资等)；

U——产品进货单价；

F_2——存储固定成本(包括折旧、仓库职工工资等)；

K_c——单位产品存储成本。

将式(8-2)和式(8-3)代入式(8-1)，可得：

$$TC=F_1+\frac{D}{Q}K+DU+F_2+K_c\frac{Q}{2}+TC_s \tag{8-4}$$

3. 项目采购规划的成果

(1)采购管理计划

采购管理计划应当说明如何管理其采购过程。例如，采购合同的类型是什么？如果需要使用独立估算作为评价标准，那么有谁适合去做独立估算？如果项目执行组织没有采购部，那么项目管理班子应当采取什么措施？如果需要采购文档，应从何处获得？当有多个卖主时，如何对其进行管理？项目采购如何与项目的其他方面进行协调？

(2)工作说明书

工作说明书(Statement of Work，SOW)是清晰地规定项目采购细节的文档，目的是让潜在的卖方确定他们是否有能力提供所需的产品或服务。工作说明书的详细程度随采购项目的性质、买方的需求或合同形式的不同而不同。工作说明书应尽可能地明确、完整和简练。表8-1是一个信息系统集成项目的工作说明书模板。

表8-1 信息系统集成项目工作说明书模板

项目	具体说明
工作的范围	详细描述要做的工作，指定涉及的硬件、软件和工作的准确性质
工作的位置	描述工作在哪里执行，指定硬件和软件的安装位置，以及人们在哪里执行工作
绩效周期	叙述工作预期何时开始、何时结束，工作时间，每星期能记入绩效的有效时数，工作在何处执行以及相关的进度信息
项目可交付成果及进度	列出指定的项目可交付成果，详细地描述这些项目可交付成果，并指定何时到期
适用的标准	指定与执行此工作相关的任何公司或行业特有的标准
验收标准	描述买方组织将会如何决定工作是否是可接受的
特别需求	指定任何特别需求，例如，硬件或软件的认证、人员的最低学位或经验水平、出差要求等

8.2 项目招标

8.2.1 项目招标投标概述

1. 项目招标投标的概念

项目招标投标是一种因项目招标人的要约，引发投标人的承诺，经过招标人的择优选定，最终达成协议和合同关系的平等主体之间的经济活动过程，是“法人”之间有偿的、具有约束力的法律行为。1951年世界银行将国际竞争性招标作为一种极好的采购方式加以推广，经过多年的实践，招投标已经成为在大宗物资采购、工程采购、科研项目、出口商品配额等领域被广泛采用的采购方式。

2. 项目招标投标的特点

(1)竞争性

招标投标的核心是竞争，是一个优胜劣汰的过程。在项目招标时，由众多承包商(按照规定每次招标必须有三家以上的投标人)参加投标。他们之间展开激烈的竞争，凭借自身的报价、服务、信誉、经验等优势，战胜其他的投标者。

(2)平等性

招标投标的平等性体现在两个方面，一是招标人与投标人是平等的。招标投标是独立法人之间的经济活动，按照平等、自愿、互利的原则和规范的程序进行，双方享有同等的权利和义务，受到法律的保护和监督。二是所有的投标者是平等的。招标人应该为所有投标人提供同等的条件，让他们展开公平竞争。

(3)开放性

开放性是招标投标的本质属性。开放性是指要打破地区、行业和部门的封锁，要自由买卖和竞争。正规的招标活动，必须在公开发行的报纸杂志上刊登招标公告，打破行业、部门、地区，甚至国别的界限，打破所有制的封锁、干扰和垄断，在最大限度的范围内让所有符合条件的投标者前来投标，进行自由的竞争。

3. 招标投标的程序

招标是以招标人(业主或项目发起人)为主体进行的活动，投标是以投标人(承包商或供应商)为主体进行的活动。二者既有区别，又有密切的联系，是招投标活动中两个不可分割的整体。招投标活动的程序如图 8-4 所示，一般分为以下四个阶段。

(1)招标准备阶段

在该阶段，业主在确定招标项目，制订招标计划之后，将主要完成以下工作：根据《中华人民共和国招标投标法》填写招标申请书，报相关部门审批，组织招标机构和评标委员会，编制招标文件和标底，发布招标公告，对投标人资格进行审查，发放招标文件，组织招标会议，接收投标文件。

(2)投标准备阶段

在该阶段，投标人根据招标公告或招标人的邀请，选择合适的项目，向招标人提交投标意向并提供资格证明文件和相关资料，接受资格审查；资格审查通过后，组织投标班子，购买招标文件；参加投标会议，进行现场勘查；编制投标文件，并在规定的时间内报送给招标人。

(3)开标评标阶段

在该阶段，按照招标公告规定的时间、地点，由招标人和投标人委派代表并在公证人员的公证下，当众开标；招标人对投标人进行资料审查、询标和评标；投标人做好询标解答准备，接受询标置疑，等待评标决标。

(4)决标签约阶段

在该阶段，评标委员会提出评标意见，报送决定单位确定；决定单位确定中标单位，并向其发出《中标通知书》；中标单位收到通知书后，在规定的时间内与招标人签订合同；招标人向未中标单位发出通知，并退还投标保证金。

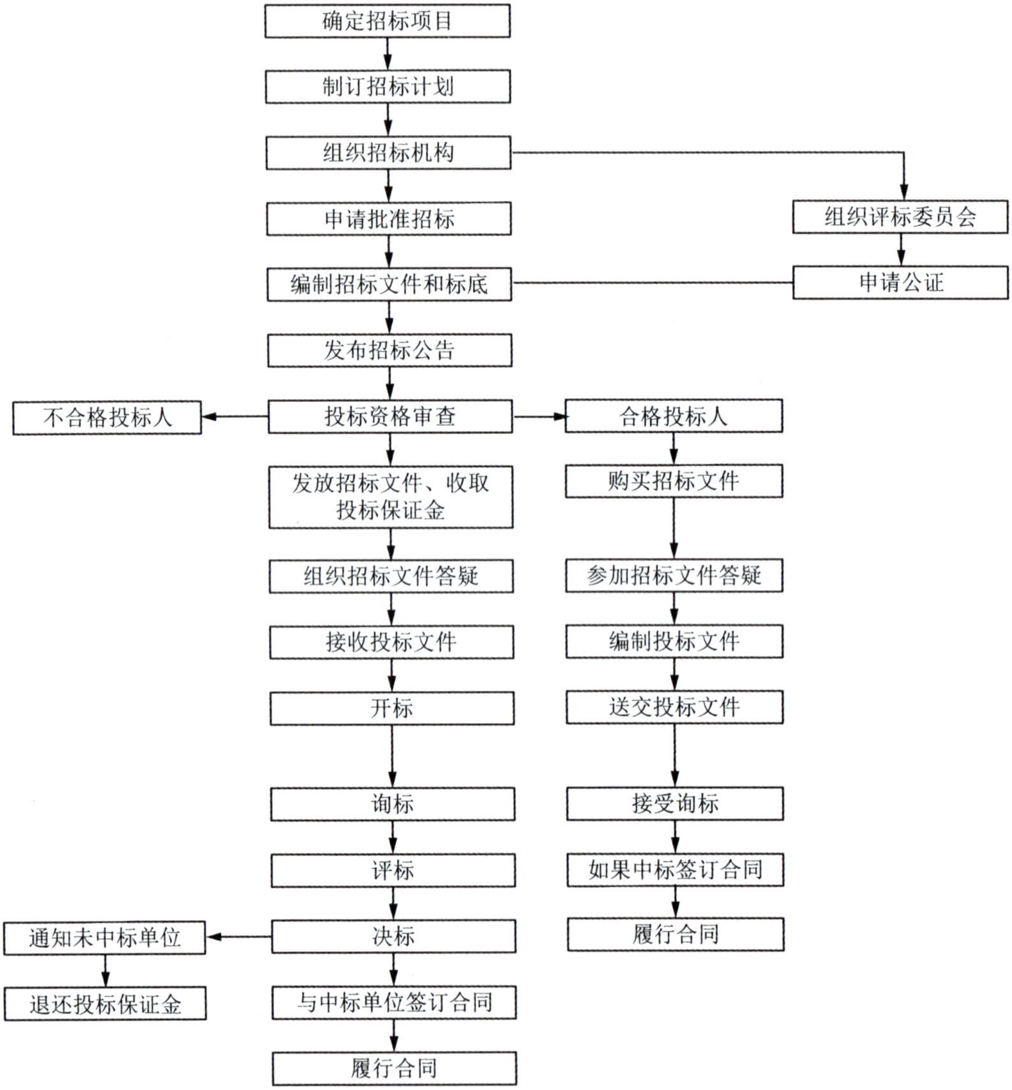

图 8-4　招标投标程序

8.2.2 项目招标的分类

按照招标的规模或广度，项目招标可分为公开招标、邀请招标和谈判招标三种。

1. 公开招标

公开招标又称为开放型招标，是指招标活动在公共监督之下进行，即所有有资格的承包商或供应商，均可参加投标，具有均等的机会，其“公开”体现在以下三个方面。

(1)信息发布的公开

发布招标信息可以通过公共宣传媒介(报纸、杂志)，或者相关国家的大使馆，不论是国内或国外的投标者，只要具有资格，都可以在规定时间按照招标条件参加竞标。

(2)投标活动的公开

在招标过程中，除了评审报价和投标书，以及决定授标等活动秘密进行外，其他投标活动都在公共监督之下进行。

(3)当众开标

当众开标是指在招标文件规定的开标日期、时间和地点，且在招标机构的所有决策人员和投标人在场的情况下，当众启封标函，宣布各投标人的报价和投标文件的主要内容，以及它们的有效性。再由出席开标的招标机构的主要决策人员在各投标人的每份标书的报价总表上签字，以表示从此时到授标前任何人不得修改报价。

2. 邀请招标

邀请招标又称为限制性竞争招标，是指根据项目的特点，有选择地邀请若干具有承包该项目能力的承包商前来投标。与公开招标相比，邀请招标具有较大的局限性，即对项目投标人有更多的限制，不是任何对发包项目有兴趣的承包商都有资格投标。

邀请招标多适用于以下情况：工程量不大，不必要进行公开招标；项目专业性强，仅少数承包商能够胜任；工程紧迫，保密性强，从时间和内容上看不宜公开招标；项目招标通知发出后无人投标，或投标人的数目不足法定人数(至少为三家)；第一次公开招标失败，这时招标人可邀请少数投标人投标来竞选工程。

3. 谈判招标

谈判招标又称为议标或定向招标，是指招标单位直接向指定承包商发出招标通知书，召开双方有关人员会议，直接进行合同谈判而成交的一种方式。谈判招标是一种非竞争性招标，它适合于某些专业性比较强的项目，以及那些急于开工，又没有充裕时间组织招标的项目。这种招标形式比较容易达成协议，工作可以立即展开。其缺点是只有一家承包商投标，没有比较和选择的余地，因而也就起不到报价竞争的效果。为了克服上述缺陷，可以找两家承包商分别商议招标条件和要求。目前，国际工程项目承包实践中，招标单位已不再仅仅同一家承包商议标，而是同时与多家承包商进行谈判，通过谈判择优选择承包商。

8.2.3 招标程序

项目招标是招标单位发布招标信息，征集项目投标人，通过对投标人及其标书进行审查、比较与选择以确定承包商的过程。招标过程主要包括以下内容。

1. 编制招标计划

招标计划包括招标采购的范围、招标的时间、招标的方式和招标的代理机构等内容，是招标的基础性和指导性文件。

2. 组织招标机构

招标单位可以组建招标机构，也可以选择招标代理机构，委托其办理招标事宜。招标机构的主要职能包括以下两个方面。

①决策。该职能包括确定项目发包范围，即决定项目是全部工程统包，还是单项工程发包或专业工程发包；确定承包方式和承包内容，即决定采用单价合同、总价合同还是成本补偿合同，以及全部包工包料、部分包工包料或包工不包料等；选定发包方式，即根据项目的具体情况及有关规定，决定采用公开招标、邀请招标或议标等方式。

②处理日常性事务。该职能包括发布招标通告或邀请投标函；编制和发送招标文件；编制标底；审查投标者资格；组织勘查现场和解答投标单位提出的问题；接收并妥善保管投标单位的标函；开标、审核标书并组织评标；谈判、订立合同等。

3. 申请批准招标

根据《中华人民共和国招标投标法》第九条规定：招标项目按照国家有关规定需要履行项目审批手续的，应当先履行审批手续，取得批准。

4. 编制招标文件和标底

项目招标必须要有一份内容明确、考虑细致周密、兼顾招标投标双方权益的招标文件。招标文件是标明招标项目采购数量、规格、要求和招投标双方责权利关系的书面文件。一般包括以下内容。

①投标邀请书、投标人须知。

②合同的通用条款、专用条款。

③业主对货物、工程与服务方面的要求一览表、技术规格(规范)、图纸。

④投标书格式、资格审查需要的报表、工程清单、报价一览表、投标保证金格式及其他补充材料表。

⑤双方签署的协议书格式、履约保证金格式、预付款保函格式等。

标底又称为底价，是招标人对招标项目所需费用的自我测算的期望值，它既是衡量、评审投标报价是否合理的尺度和依据，也是控制投资额的文件。标底的构成包括项目采购成本、投标人合理利润和风险系数三部分。

5. 发布招标公告

编制完招标文件之后，即可根据既定的招标方式，在主要报刊上刊登公告或发出投标邀请通知。

招标公告和投标邀请通知的主要内容包括项目采购类目、项目资金来源、招标内容和数量、时间要求、发放招标文件的日期和地点、招标文件的价格、投标地点、投标截止日期(必须具体到年、月、日、时)和开标时间(一般与截止日期只相差1～24小时)、招标单位的地址、电话、邮编等。

6. 投标资格审查

投标资格审查是对申请投标的单位进行资质审查。审查的主要内容有投标单位的法人地位、资产财务状况、人员素质、各类技术力量及技术装备状况、企业信誉和业绩等。例如，在工程项目招标中，投标人必须是取得法人资格的施工企业，其企业的等级(以承包工程能力分)必须与工程项目相适应，不允许越级承包。

7. 招标文件答疑

标前会议是招标人给所有投标人提供的一次质疑机会。投标人应消化招标文件中提到的各类问题，并整理成书面文件，寄往招标人指定地点要求答复，或在会议上要求澄清。对于会上提出的问题和解答的概要情况，招标人应做好记录，如有必要可以作为招标文件补充部分发给所有投标人。

8.2.4 招标文件

招标文件是由招标人自行编制或者由受招标人委托的咨询公司编制的，用以进行招标和投标人据以投标的各种书面文件的总称。在招标文件中，招标人要完整地说明招标项目的规模、内容、要求、合同条件和招标投标的业务工作规定等。招标人对招标文件中的内容、要求、条件、规定等，只能依照执行，不能更改。投标人对文件中有不理解的内容或发现其中有明显错误的，可用信函方式要求招标人在开标前给予答复。招标人如发现错误也应在开标前以书面形式予以修改，作为投标人编制投标文件的依据。

8.3 项目投标

8.3.1 投标程序

投标是指从填写资格预审表开始，到正式投标文件送交业主为止所进行的全部工作，具体包括以下内容：填写资格预审调查表，申报资格预审；购买招标文件；组织投标班子；进行标前调查与现场勘查；选择咨询单位；分析招标文件，校核工程量，编制规划；估算价格，确定利润方针，计算和确定报价；编制投标文件；办理投标担保；递交投标文件。

8.3.2 投标文件

投标文件是承包商参与投标竞争的重要凭证，是评标、决标和订立合同的依据，是投标人素质的综合反映，也是决定投标人能否取得经济效益的重要因素。因此，投标人应对投标文件的编制倍加重视。

投标文件应当对招标文件提出的实质性要求和条件做出响应。投标人要到指定的地点购买招标文件，并按照要求编制投标文件。投标文件必须严格按照招标文件要求填写，不得对招标文件进行修改，不得遗漏或者回避招标文件中的问题，更不能提出附加条件。

1. 投标文件的组成

投标文件一般由下列内容组成：投标书及其附件、投标保证金、法定代表人的资格证明、授权委托书、具有价格的工程量清单与报价表、辅助资料表、资格审查表(有资格预审的可不提供)、投标须知规定提供的其他资料。根据招标项目类型的不同，投标文件的内容会有所差别。

2. 投标有效期

投标有效期一般是指从投标截止日起至中标的一段时间，一般在“投标人须知前附表”中规定投标有效期。投标书在以日历天计算的投标有效期内有效。投标有效期比规定时间短的投标文件可以视为非响应标而予以拒绝。

在特殊情况下，在原投标有效期期满之前，招标人可征得投标人同意延长投标有效期。这种要求与答复均应为书面形式(如电传、传真等)。投标人可以拒绝招标人的这种要求但不被没收投标保证金。同意延长的投标人既不能被要求也不允许修改其投标书，但要相应延长其投标保证金的有效期。

3. 投标保证金

投标保证金是投标文件的一个组成部分，目的是保护招标人利益，避免其因投标人的行为而蒙受损失。对于未能按照要求提供投标保证金的，招标人将视为不响应标而予以拒绝。投标保证金可以是现金、支票、汇票和在中国注册的银行出具的银行保函。对于银行保函，应按照招标文件的格式填写。未中标单位的投标保证金，招标人应尽快退还(不计利息)。中标单位的投标保证金，在中标单位按规定交纳了要求的履约保证金后予以退还(不计利息)。对于投标人在投标函格式中规定的投标有效期内撤回其投标，或未能按规定签订合同或提交履约保证金的，其投标保证金将被没收。

4. 投标文件签署

投标人应按照投标人须知的要求，准备一份投标书正本和“投标人须知前附表”规定数目的副本。每套投标书应清楚地标明“正本”或“副本”。一旦正本和副本不符，以正本为准。投标书的正本和所有的副本均需打印或用不退色墨水书写并由投标人或经正式授权并对投标人有约束力的代表签字。授权代表须将以书面形式出具的“授权证书”附在投标书中。除投标人对错处做必要修改外，投标书不得行间插字、涂改和增删，如有修改错漏处，必须由投标人或其授权代表签字和盖章。

5. 投标文件的递送

(1)投标文件的密封与标志

投标人应将投标文件正本和副本分别密封在内层包封和外层包封中，并在包封上正确标明“正本”或“副本”。内层和外层包封都应写明招标单位的名称和地址、合同名称、招标编号、开标日期和时间(填入开标日期和时间)前不得开封等内容。如果外层包封没有按上述规定密封并加写标志，招标人将不承担投标书错放或提前开封的责任，由此造成的提前开封的投标书，招标人将予以拒绝，并退还给投标人。

(2)投标书的修改和撤回

投标人在投标后，如果发现投标文件中存在严重错误或因故改变主意，可以修改或撤回其投标书。但这种修改与撤回的通知书必须在规定投标截止日期前，以书面形式送交招标单位。投标人需要修改或撤销投标文件时，必须首先向招标人发出正式通知，即按照规定的样式编制通知书，并按投标文件的递送方法密封、加印记并投出。时间紧急时，可先用电报或电传通知招标人，然后补送经签署确认的通知复印件。修改或撤销投标文件通知的发出时间，不得迟于招标人规定的投标截止时间。

在招标人开标和投标有效期开始之后，投标人不能撤销投标，只能在征求招标人的同意后对标书中的一些“技术性”错误进行修改。否则，投标人的投标保证金将被没收。

8.3.3 开标、评标与授予合同

1. 开标

开标是招标人在事先规定的时间、地点，当众启封投标书，公布投标人的报价及投标书的主要内容的过程。根据《中华人民共和国招标投标法》的规定：

①开标应当在招标文件确定的提交投标文件截止时间的同一时间公开进行；开标地点应当为招标文件中预先确定的地点。

②开标由招标人主持，邀请所有投标人参加。

③开标时，由投标人或者其推选的代表检查投标文件的密封情况，也可以由招标人委托的公证机构检查并公证；经确认无误后，由工作人员当众拆封，宣读投标人名称、投标价格和投标文件的其他主要内容。

④招标人在招标文件要求提交投标文件的截止时间前收到的所有投标文件，开标时都应当当众予以拆封、宣读。

⑤开标过程应当记录，并存档备查。

投标文件有下列情况之一者，应当在开标时当场宣布无效：

①未加密封或者逾期送达的。

②无投标单位及其法定代表人或其代理人印鉴的。

③关键内容不全，字迹辨认不清或明显不符合招标文件要求的。

2. 评标

开标后应先排除无效投标书，然后由评标委员会从技术和商务两个角度审查评议有效投标书。

(1)评标委员会的组成

《评标委员会和评标方法暂行规定》(2013 年修订)对评标委员会的组成做出如下规定：

①评标委员会依法组建，负责评标活动，向招标人推荐中标候选人或者根据招标人的授权直接确定中标人。

②评标委员会由招标人负责组建。评标委员会成员名单一般应于开标前确定。评标委员会成员名单在中标结果确定前应当保密。

③评标委员会由招标人或其委托的招标代理机构熟悉相关业务的代表，以及有关技术、经济等方面的专家组成，成员人数为五人以上的单数，其中技术、经济等方面的专家不得少于成员总数的三分之二。

④评标委员会的专家成员应当从依法组建的专家库内的相关专家名单中确定。确定评标专家，可以采取随机抽取或者直接确定的方式。一般项目，可以采取随机抽取的方式；技术复杂、专业性强或者国家有特殊要求的招标项目，采取随机抽取方式确定的专家难以胜任的，可以由招标人直接确定。

⑤评标专家应符合下列条件：从事相关专业领域工作满八年并具有高级职称或者同等专业水平；熟悉有关招标投标的法律法规，并具有与招标项目相关的实践经验；能够认真、公正、诚实、廉洁地履行职责。

⑥有下列情形之一的，不得担任评标委员会成员：投标人或者投标人主要负责人的近亲属；项目主管部门或者行政监督部门的人员；与投标人有经济利益关系，可能影响对投标公正评审的；曾因在招标、评标以及其他与招标投标有关活动中从事违法行为而受过行政处罚或刑事处罚的。

(2)评标过程保密

公开开标后，直至宣布授予中标人合同，凡属于审查、澄清、评价和比较投标的有关资料和有关授予合同的信息，都不应向投标人或与该过程无关的其他人泄漏。在评标和授予合同过程中，投标单位对评标机构的成员施加影响的任何行为，都将导致其投标资格被取消。

(3)资格审查

对于未进行资格审查的投标单位，评标时必须首先按照招标文件的要求对投标文件中投标单位填报的资格审查表进行审查，只有资格审查合格的投标单位，其投标文件才能进行评价和比较。

(4)投标书的澄清与说明

为了有助于投标书的审查、评价和比较，评标委员会可以要求投标人对投标文件中含义不明确的内容做出必要的澄清或者说明，但是澄清或者说明不得超出投标文件的范围或者改变投标文件的实质性内容。有关澄清的要求和答复，均应以书面、电传、传真或电报的形式进行。投标人拒不按照要求对投标文件进行澄清、说明或者补正的，评标委员会可以否决其投标。

(5)投标书响应性的确定

对于招标文件提出的要求应当在投标时“有问必答”，还要避免“答非所问”，这就是投标文件的实质性响应。评标委员会应当审查每一投标文件是否对招标文件提出的所有实质性要求和条件做出响应。未能做出实质性响应的投标文件，应作废标处理。

所谓实质性响应是指投标文件与招标文件的全部条款、条件和技术规范相符，无重大偏差。这里的重大偏差是指有损于招标目的的实现，或在与满足招标文件要求的投标进行比较时存在有碍公正的偏差。判断一份投标文件是否有重大偏差的基本原则是要考虑对其他投标人是否公平。在其他投标人没有同等机会的情况下，如果默认或允许一份投标文件的偏差可能会严重影响其他投标人的竞争能力，则这种偏差就应被视为重大偏差。

投标文件有下述情形之一的，属于重大偏差，应视为未能对招标文件做出实质性响应，并按规定作废标处理(招标文件对重大偏差另有规定的，从其规定)：

①没有按照招标文件要求提供投标担保或者所提供的投标担保有瑕疵；

②投标文件没有投标人授权代表签字和加盖公章；

③投标文件载明的招标项目完成期限超过招标文件规定的期限；

④明显不符合技术规格、技术标准的要求；

⑤投标文件载明的货物包装方式、检验标准和方法等不符合招标文件的要求；

⑥投标文件附有招标人不能接受的条件；

⑦不符合招标文件中规定的其他实质性要求。

(6)投标书的评价与比较

常用的评标方法包括经评审的最低投标价法、综合评估法或者法律、行政法规允许的其他评标方法。

经评审的最低投标价法一般适用于具有通用技术、性能标准或者招标人对其技术、性能没有特殊要求的招标项目。根据经评审的最低投标价法，能够满足招标文件的实质性要求，并且经评审的最低投标价的投标，应当推荐为中标候选人。

不宜采用经评审的最低投标价法的招标项目，一般应当采取综合评估法进行评审。根据综合评估法，最大限度地满足招标文件中规定的各项综合评价标准的投标，应当推荐为中标候选人。

评标委员会推荐的中标候选人应当限定在 1～3 人，并标明排列顺序。所有投标被否决的，招标人应当依法重新招标。

在投标评审的最后，各评审小组对其评审的每一份投标文件都应提出评审报告；而评审委员会要对所有投标文件进行评审后做出一份综合性报告，综述整个评审过程，进行对比分析，并提出推荐意见。

3. 授予合同

(1)确定中标单位

招标单位应当根据评标委员会的评标报告，从其推荐的中标候选人名单中确定中标单位，也可以授权评标委员会直接定标(国务院对中标人的确定另有规定的，从其规定)。招标单位没有按照推荐的中标候选人排序确定中标单位的，应当在其招标情况的书面报告中说明原因。

(2)中标通知书

确定中标人后，招标人应当向中标人发出中标通知书，同时通知未中标人，并与中标人在30个工作日之内签订合同。中标通知书对招标人和中标人具有法律约束力。中标通知书发出后，招标人改变中标结果或者中标人放弃中标的，应当承担法律责任。

(3)履约保证金

中标单位应按规定提交履约保证金。履约保证金可以由在我国注册的银行出具银行保函，也可由具有独立法人资格的经济实体企业出具履约担保书。中标后不按要求提交履约保证金的投标单位，其投标保证金将被没收。

(4)签署合同协议

中标单位在收到中标通知书后，应按照规定的时间和地点，派代表与招标单位签订合同。该合同应当以招标文件和中标人的投标文件为依据。招标人与中标人不得再行订立背离合同实质性内容的其他协议。招标人在与中标人签订合同后的5个工作日内，应当向中标人和未中标的投标人退还投标保证金。

8.4 合同管理

项目合同是项目买卖双方为了实现项目特定目的而签订的确定相互之间权利和义务关系的协议。双方签订合同之后，项目采购管理便进入合同管理阶段。项目合同管理是确保供应商或承包商兑现合同要求、提供合格的商品与劳务的过程。

8.4.1 项目合同的类型

项目合同有许多种分类方法。例如，按照签约各方的关系，可分为工程总承包合同、工程分包合同、货物购销合同等；按照承包范围分，可分为交钥匙合同、设计-采购-施工合同、设计-采购合同等；按照计价方式，可分为总价合同、单价合同和成本补偿合同。

本节重点介绍第三类分类方式。

1. 总价合同

总价合同也称为固定价合同，或包干合同。这种合同一般要求投标者按照招标文件要求报一个总价，并在这个价格下完成合同规定的全部工作。总价合同一般要求购买的产品是能够严格定义的，否则买卖双方都会面临风险。为达到或超过预定的项目目标，总价合同还可以增加激励措施。总价合同一般有以下五种形式。

(1)固定总价合同

在固定总价合同中，承包商或供应商以设计图纸为基础，并考虑一些费用的上涨因素，报一个合同总价。在设计图纸和工程要求不变的情况下，合同总价是固定的。但是，当设计图纸或工程质量要求发生变更，或者项目工期要求提前时，合同总价则相应地发生改变。这种合同使承包商几乎承担了所有的风险，因而一般报价较高。这种合同一般适用于风险不大，技术不太复杂，工期比较短(一般不超过 1 年)，对工程要求比较明确的项目。

(2)调价总价合同

在调价总价合同中，按照招标文件的要求及当时的物价计算合同总价。调价总价合同与固定总价合同的不同之处在于，前者在合同条款中规定：如果在执行合同的过程中，由于通货膨胀因素引起工料成本增加并达到某一限度时，合同总价则做出相应的调整。在这种合同中，买方承担了通货膨胀的风险。一般而言，工期较长(如 1 年以上)的项目，可采用这种形式。

(3)固定工程量总价合同

在固定工程量总价合同中，买方要求投标者在投标时，按照单价合同的办法分别填报项目各分项工程单价，以此为依据计算出项目总价。原定项目工作全部完成后，根据合同总价付款给承包商或供应商。如果设计方案发生变更或增加新项目，则用新的工程量乘以合同中已确定的单价，对合同总价进行调整。这种方式一般适用于工程量变化不大的项目。

(4)管理费总价合同

管理费总价合同是指项目业主或发起人雇用某一公司的管理专家对发包合同的工程项目进行管理和协调，由业主或发起人支付一笔总的费用。管理费总价合同是一种劳务合同，采用这种合同时要明确具体的工作范畴。

对于上述各种总价合同，投标者在投标时必须报出各单项工程的价格。在合同执行过程中，对于较小的单项工程，在完工后一次支付工程款；对于较大的单项工程，则按照施工过程分阶段支付或按完成工程量百分比支付(即挣得值)。

(5)总价加激励费用(Fixed Price Incentive Fee，FPIF)合同

固定价格加奖励费合同和固定总价合同大体相同，它们都有一项由一个公式确定的条款，以对总利润进行调整。这一公式取决于项目完成时的最终总成本，并且已由业主

和承包商事先达成协议。要使用这种合同，就必须建立项目或合同要求。这种合同激励承包商降低成本以提高利润。在这种合同中，业主和承包商共享风险和盈利。

2. 单价合同

如果招标时项目的范围和设计指标不是十分确定，或者项目的工程量可能会有较大的出入，为了降低不确定性给双方带来的风险，则一般采用单价合同。单价合同主要可以分为以下三种形式。

(1)估计工程量单价合同

买方在准备此类合同的招标文件时，需要委托咨询单位分项列出工程量表并填入估算的工程量。投标人在投标时仅在工程量表中填入各项的单价，以此为依据计算出总价并作为合同报价。在项目实施过程中业主每月向承包商支付进度款时，则按实际完成并经双方确认合格的工程量进行结算。在项目全部完成时，按竣工图最终结算项目的总价格。

由于项目中会出现实际工程量与招标文件中所提供的估计工程量有较大出入的现象，有的估计工程量单价合同中规定，当某一单项工程的实际完成工程量与招标文件中的工程量之差超过一定百分比(一般为15%～30%)时，双方可以讨论改变单价。为了避免以后发生纠纷，单价调整的方法最好在签订合同时写明。这种合同由业主与承包商共同承担风险，是比较常见的一种合同形式。

(2)纯单价合同

纯单价合同是指在招标文件中只向投标人提供各分项工程的工作项目一览表、工程范围及必要的说明，不提供工程量。投标人只需给出表中各工作项目的单价，将来施工按实际工程量计算合同价款。有时也可以由买方在招标文件中列出单价，投标人提出修改意见，双方磋商后确定合同价款。

(3)单价与包干混合式合同

这种合同是以单价合同为基础，对于能够计算工程量的分项工程，均要求报单价，按实际完成工程量及合同单价结算。但对其中某些不易计算工程量的分项工程(如施工导流、小型设备购置与安装调试)采用包干的办法。很多大型土木工程项目都采用这种方式。

对于买方而言，单价合同的主要优点在于可以减少招标准备工作，缩短招标准备时间。与成本补偿合同相比，单价合同可以鼓励承包商通过提高工效等手段从成本节约中提高利润。买方只按照工程量表中的项目支付工程款(对于少量遗漏的项目在执行合同过程中通过再报价确定价格)，可以减少意外开支。单价合同的缺点是在具体工程量的计量上比较烦琐。另外，一直到项目结束之前，项目总造价都是一个未知数，这会给买方带来风险。特别是当设计师对工程量的估算偏低，或者遇到了一个有经验的善于运用不平衡报价的承包商时，这种风险就会更大。对于承包商或供应商而言，单价合同避免了总价合同中的许多风险因素，风险相对比较小。

3. 成本补偿合同

成本补偿合同也称成本加酬金(Cost Plus Fee，CPF)合同，即买方向承包商支付实际项目成本中的直接费(一般包括人工费、材料费和机械设备费)，并按事先协议好的某种方式支付管理费及利润的一种合同方式。这种合同一般适用于项目内容及其技术经济指标尚未完全确定而又急于上马的项目，或是完全崭新的项目以及施工风险很大的项目。

在该类合同中，由于项目所发生的直接费是全额补偿的，因此可能会出现承包商在项目实施过程中不注意成本控制的问题，买方对项目的总造价不易控制。可见，相对于总价合同和单价合同而言，成本补偿合同对买方的风险较大。

成本补偿合同主要可分为以下四种形式。

(1)成本加成本百分比(Cost Plus Percentage of Cost，CPPC)合同

这种合同首先补偿服务的成本，再加上事先规定的成本百分比作为利润。它也被称为成本加费用百分比(Cost Plus Percentage Fee，CPPF)合同。计算公式为：

$$C=C_d+C_dP \tag{8-5}$$

式中：C——合同总价；

C_d——实际发生的项目成本；

P——固定百分比。

这种合同中，承包商的利润是由实际发生的成本按照固定比例提取的。所以承包商可能为了追求利润，不但不控制成本，反而故意增加成本。这对于买方很不利，现在较少采用这种合同。

(2)成本加固定费用(Cost Plus Fixed Fee，CPFF)合同

成本加固定费用合同是成本补偿合同中最常见的一种形式。在这种合同中，项目的实际成本实报实销，但是无论实际成本如何，卖方的费用是固定的。计算公式为：

$$C=C_d+F \tag{8-6}$$

式中：C——合同总价；

C_d——实际发生的项目成本；

F——固定酬金。

(3)成本加奖励费(Cost Plus Incentive Fee，CPIF)合同

这种合同设置了一个奖励来奖励合同中规定的超出执行要求的情况。这种方式下，超出项目总价部分的费用由双方按一定比例分摊，节省的费用也按约定的比例来分享。

$$C=C_d+F+(C_0-C_d)\times P \tag{8-7}$$

式中：C——合同总价；

C_d——实际发生的项目成本；

C_0——估计成本；

P——双方约定比例；

F——固定酬金。

(4)保证最大共享盈利(Guaranteed Maximum Shared Saving，GMSS)合同

在保证最大共享盈利合同中，买方支付给承包商固定费用，并且对管理、材料、建设劳动力及所有其他的实际成本做出补偿。这些都是承包商的利润，但这仅仅建立在“保证最大量”的最大限度的基础上。在最大保证量之下的盈利由业主和承包商共享，而承包商将对任何超出最大保证量的价格负责。

8.4.2 项目合同的主要内容

合同条款是合同当事人意思表示一致的产物，构成合同的主要内容。合同条款分为两种：合同的基本条款和合同的特殊条款。

1. 合同的基本条款

合同的基本条款是指缔结合同一般所具有的条款。这些条款既不是所有合同必备的条款，也不是合同的全部条款。根据《中华人民共和国合同法》第十二条规定，合同的内容由当事人约定，一般包括以下条款：

①合同当事人的名称或者姓名和住所；

②标的；

③数量；

④质量；

⑤价款或者报酬；

⑥履行期限、地点和方式；

⑦违约责任；

⑧解决争议的方法。

2. 合同的特殊条款

合同的特殊条款是指合同中具有特殊意义的条款，主要包括默示条款、格式条款和免责条款。

8.4.3 项目合同的履行和违约责任

1. 合同的履行

合同的履行是合同目的实现的过程，是指当事人双方按合同规定的内容，全面地完成各自承担的义务，实现合同规定的权利。严格履行合同是当事人双方的义务。合同当事人必须共同按计划履行合同，实现合同所要达到的各类预定目标。

2. 违约责任

违约责任是指合同当事人违反合同约定，不履行义务或者履行义务不符合约定所应承担的责任。违反合同必须承担违约责任，这是我国合同法中规定的一项重要的法律制度。没有违约责任制度，合同就不具有法律效力。当合同一方不履行合同义务时，另一方有权请求他方履行合同，并支付违约金或者赔偿损失。对于违约方的惩罚方式主要有支付违约金、罚款、终止合同、重新招标和取消承包资格等几种。

8.4.4 项目合同的变更、解除与终止

1. 项目合同的变更

项目合同的变更通常是指由于一定的法律事实而改变合同的内容和标的的法律行为。它具有以下特征。

①项目合同当事人双方必须协商一致；

②改变合同的内容和标的，一般是修改合同条款；

③其法律后果是产生新的债权和债务关系。

很多项目都会发生变更，为了保证项目目标的实现，必须在根据合同条款对项目变更加以控制的基础上对合同进行变更。合同变更可分为正常的、必要的变更和失控的变更两类。正常的、必要的合同变更是为了保证顺利地完成项目，实现项目目标，由合同双方当事人根据项目目标的需要，对项目设计方案进行修改或对项目工作范围进行调整，并在充分协商的基础上对原定合同条款做适当的修正或补充。这种变更是一种积极的变更，有利于项目目标的实现。失控的合同变更则是在迫不得已的情况下，未经当事人双方充分协商一致而做出的变更，这种变更往往会导致项目利益的损失及合同执行的困难。

2. 项目合同的解除

项目合同的解除是指消灭既存的合同效力的法律行为。其主要特征如下。

①项目合同双方当事人必须协商一致；

②合同双方当事人承担恢复原状之义务；

③其法律后果是消灭原合同的效力。

合同的变更和解除是两种法律行为。二者的相同之处在于都必须经过双方当事人协商一致，改变原合同法律关系；不同之处是前者产生新的法律关系，后者消灭原合同法律关系而并不产生新的法律关系。

3. 项目合同变更、解除的条件

根据有关法律法规以及经济生活与司法实践，项目合同的变更或解除应符合下列情

况之一。

①双方当事人经协商同意，并且不因此损害国家利益和社会公共利益；

②由于不可抗力致使项目合同的全部义务不能履行；

③由于另一方在合同约定的时间内没有履行合同，且在被允许推迟履行的合理期限内仍未履行；

④由于项目合同的一方当事人违反合同，以致严重影响订立项目合同时所期望实现的目的或致使项目合同的履行成为不必要；

⑤项目合同约定的解除合同的条件出现。

4. 项目合同的终止

合同签订以后，因一方的法律事实的出现而终止合同关系，为合同的终止。合同签订以后，是不允许随意终止的。根据我国现行法律和有关司法实践，合同的法律关系可以因下列原因而终止。

①合同因履行而终止。合同的履行，意味着合同规定的义务已经完成，权利已经实现，合同的法律关系也应自行消灭。所以，合同履行是实现合同、终止合同法律关系的最基本的方法，也是最常见的合同终止的原因。

②因双方当事人混同为一人而终止。混同是指权利人和义务人合为一人。如果合同双方当事人合为一人，原有的合同也就没有履行的必要，因而自行终止。

③因不可抗力原因而终止。当不可抗力发生，导致无法履行合同时，应当终止合同。

④经双方当事人协商同意而终止。当事人双方通过协议解除或免除义务人的义务，合同也即告终止。

⑤仲裁机构或者法院判决终止合同。

8.4.5 项目合同纠纷的处置

发生合同纠纷是一种正常和常见的现象。如何解决项目合同纠纷对于双方当事人都极为重要。作为一种民事纠纷，项目合同纠纷的解决方式主要有协商、调解、仲裁和诉讼四种。

1. 协商

所谓协商解决合同纠纷是指在发生合同纠纷时，双方当事人在自愿互谅的基础上，按照有关法律和合同条款的规定，通过协商，自行解决合同纠纷的一种方式。采用协商方式解决合同纠纷应坚持以下原则。

①合法原则。只有按照法律规定，经过双方当事人协商达成的新协议才具有法律效力，才受到法律保护。因此，双方当事人通过协商的方式解决项目合同纠纷，必须坚持

合法的原则。一方面，须由法人代表出面与对方协商，或者由法人代表授权法人所属成员作为代理人出面协商；另一方面，当事人协商的内容要符合法律的规定。

②平等、自愿原则。在合同的签订过程中，双方当事人的地位是平等的。同样，在协商的过程中，双方当事人的地位也应该是平等的。任何一方不得强迫对方同意自己的提议。双方必须是自愿的。

协商与调解、仲裁和诉讼的区别在于无第三者参加，完全依靠双方当事人自行解决，达成协议。其优点是不必经过仲裁机构或司法程序，可以节省时间和费用；双方可以在一种比较友好的气氛中通过友好协商解决纠纷，有利于以后的合作。因而，很多合同中有关纠纷解决的条款一般都写明“凡因执行本合同所引起的或与本合同有关的一切争议，双方当事人应通过友好协商解决”。当事人双方遇到纠纷时一般都愿意先以协商的方式解决。但如果双方都不愿意做出较大的让步，或者经过反复协商无法达成一致的协议，或者一方没有协商的诚意时，就必须通过调解、仲裁或诉讼的方式来解决。

2. 调解

所谓调解是指发生合同纠纷的双方当事人在第三人的协调下自愿达成协议，解决合同纠纷的一种方式。采用调解方式解决合同纠纷应坚持以下原则。

①双方自愿原则。也就是说，对于是否采取调解的方式解决项目合同纠纷，必须要由双方当事人共同决定，双方必须是自愿的。如果有任何一方不同意，就不能采取调解的方式解决项目合同纠纷。

②第三人坚持公正原则。第三人作为调解人，应该坚持公正的原则，站在第三人的立场上，客观、公正地调解双方之间的矛盾、分歧，以促使双方当事人达成协议。而不应该袒护、偏向任何一方。

③合法原则。同自行协商的方式一样，经过调解，当事人双方所达成协议的内容必须合法。

调解这种解决合同纠纷的方式有着它的优越性：一是同仲裁和诉讼相比，调解的方式比较灵活，不需要经过复杂的程序；二是同双方当事人自行协商相比，调解的方式由于第三人的介入，能够比较客观地看待双方当事人的分歧，容易明辨是非，以便于促使双方当事人达成协议。

3. 仲裁

仲裁是指双方当事人依据争议发生前或争议发生后所达成的仲裁协议，自愿将争议交付给独立的第三方(仲裁委员会)，由其按照一定的程序进行审理并做出对争议双方都有约束力的裁决的一种非司法程序。仲裁裁决尽管不是国家裁判行为，但是同法院的终审判决一样有效。采用仲裁方式解决项目合同纠纷应坚持以下原则。

①自愿原则。自愿原则是现代仲裁制度的一条基本原则。该原则的主要内容包括：

当事人采用仲裁方式解决纠纷，必须出于双方自愿，并以书面形式表示；仲裁地点和仲裁机构均由双方当事人共同选定，不再实行法定管辖；当事人可以约定交由仲裁解决的争议事项；仲裁是否开庭与公开进行，由当事人协议决定；在仲裁过程中，当事人可以自行和解和自愿调解；裁决书是否写明争议事实和裁决理由，由当事人协商决定。

②独立原则。独立原则是指仲裁机构的仲裁依法独立进行，不受行政机关、社会团体和个人的干涉。这一原则首先表现在仲裁机构的独立性上。仲裁机构之间没有上下级之分，仲裁机构与行政机关之间没有隶属关系。其次是仲裁员办案的独立性。仲裁员主要依据自己的专业知识和法律知识，独立进行各自的是非判断，某种程度上有一定的“自由裁量权”。仲裁庭对案件的裁决是独立做出的，无须获得任何机关的批准，仲裁庭做出的生效裁决，任何机关不得非法撤销。

③根据事实和法律，公平合理地解决纠纷的原则。以事实为根据，以法律为准绳是实施法律所必须坚持的基本原则，也比较容易理解。对于“公平合理”原则，主要有两层含义。一是仲裁庭在进行仲裁活动时，必须处于公正的第三方立场上，平等地对待双方当事人，公平合理地做出裁决。二是仲裁作为解决民事纠纷的法定方式之一，不必像诉讼那样严格地“以事实为根据，以法律为准绳”，只要仲裁员本着公平合理的精神审理案件，当事人也认为裁决公平合理，即使部分事实未查清，或未依法律而依贸易惯例或行业惯例做出裁决，也会得到承认和执行。这是仲裁与诉讼的一个显著区别，也是仲裁优越性的具体体现。

④一裁终局原则。一裁终局，意味着裁决一经做出即发生法律效力，一方当事人不履行裁决，另一方当事人可以据此向法院申请强制执行。如果一方当事人对裁决不服的，就同一纠纷再申请仲裁或者向人民法院起诉的，仲裁机构或人民法院不予受理。一裁终局可以方便、迅速、及时、公正地解决纠纷。既有利于提高解决纠纷的效率，也有利于保证仲裁裁决的权威性。

4. 诉讼

诉讼是指人民法院、案件当事人(原告和被告)以及其他诉讼参与人(证人、鉴定人、翻译人员)在处理案件中所进行的全部活动。根据案件的性质不同，诉讼可以分为民事诉讼、刑事诉讼和行政诉讼。项目合同中一般只包括广义上的民事诉讼(即民事诉讼和经济诉讼)。

项目合同当事人因合同纠纷而提起的诉讼一般属于经济合同纠纷的范畴。一般由各级人民法院受理并审判。根据合同的特殊情况，还可能由专门的法院进行审理。如铁路运输法院、水上运输法院、森林法院以及海事法院等。

在提起诉讼前，当事人应为诉讼做好充分的准备，收集各类证据，进行必要的取证工作。如收集有关对方违约的各类证据，整理双方往来的所有财务凭证、信函、电报等。另外，诉讼当事人还应注意诉讼管辖地和诉讼时效问题。

8.4.6 项目合同的管理

合同管理者负责检查承包商对合同条款的执行情况，并确保最终产品的适用性。尽管合同管理者是项目团队的一员，但是他能够延伸出直线职能，如法人代表和代理人的角色。

合同管理者所起的作用包括以下几个方面。①变更管理。②承包商绩效文本。③对说明书进行解释。④生产监督。⑤确保质量。⑥弃权声明书。⑦监督和审计。⑧合同违约处理。⑨保单。⑩索赔管理。⑪执行报告。⑫解决争端。⑬记录管理。⑭付款进度安排。⑮承包商管理。⑯项目终止。⑰承包商绩效报告卡。⑱项目最终结算。

合同越大，合同管理者越需要对合同做出明确的解释。有时，由代理小组准备的大型合同包含了优先顺序条款。该优先顺序指明了解决合同中任何询价方面的不一致问题的顺序。

在合同类型、条款和社会情况的基础上，买方享有在任何时间终止合同的权利，但必须补偿承包商为此做出的准备以及任何与合同中终止部分相关的、完成的和接受的工作。买方可能出于多种原因终止合同，如工艺水平的技术进步、预算变化、不能接受的预期利润等。

因承包商的行为违约而终止合同的原因也有多种，如承包商未能按照规定日期发货；承包商未能做出改进，危及合同及其条款的执行；承包商未能执行合同的其他条款。

如果合同是由于违约终止的，那么承包商无权要求对所做的工作进行补偿，即使要求也不会被买方接受。买方甚至有权从承包商那里索回已投入这些工作的款项，而且承包商也要对任何额外的重新采购成本负责。然而，承包商可以通过协商、合同申诉委员会及仲裁机构寻求救济。

8.4.7 项目合同的收尾

合同管理者要证实所有的工作已经实施，完成的可交付物是符合买方需求的。项目合同的收尾伴随着项目管理收尾，其内容包括以下几个方面。

①核查产品符合买方需求的文档记录。

②汇报卖方整体绩效。

③记录卖方绩效(当评估过去绩效的时候，这些记录将会运用在未来资源选择上)。

④识别将来的合同的提升空间。

⑤将所有必需的项目文件归档。

⑥推行经验教训学习机制。

⑦识别最佳实践。

一旦确认项目合同结束，卖方仍然要管理收尾过程。对于卖方来说，管理收尾最重要的工作就是财务的收尾(关闭所有的账户)。如果财务收尾在合同结束之前，那么项目经理可能面临账户被再次打开的风险，而这仅仅因为记录维修或缺陷成本，这种情况是最让项目经理头疼的，特别是当会计确定的未使用资金会以超额利润的形式记账的时候。

思考与练习

1. 项目采购有哪些类型?
2. 项目采购管理主要包括哪些过程?
3. 试举例说明如何运用自制或外购分析进行采购规划。
4. 简述项目招标和项目投标的程序。
5. 按照计价方式，合同可以分为哪些类型？它们是怎样计价的?
6. 处置合同纠纷的方式有哪些？如何对合同变更进行管理?

第 9 章

项目风险管理

本章要点

- 项目风险
- 项目风险识别
- 项目风险评估
- 项目风险监控

引导案例

2021 年 3 月 30 日，XM 集团在港交所发布公告：本公司董事会正式批准智能电动汽车业务立项。终于，XM 造车的信息得到了官方证实。

众所周知，XM 集团是以手机、智能硬件与 IOT 平台为核心的互联网公司，其主营业务为智能手机、智能电视、笔记本等，而电动汽车并非该公司熟悉的业务领域。本次该企业官宣将进军电动汽车行业，无疑将电动汽车项目的风险管理提上了日程。面对陌生的电动汽车行业，如何识别企业需要面对的风险，如何对风险进行合理的分类与定量化的评估，如何制定风险应对规划并有效实施对风险的监控，都将成为 XM 集团启动造车项目必须面对的挑战。

9.1 项目风险管理概述

1. 风险的定义

风险(Risk)一词，在日常生活中经常被提到，其含义十分广泛。风险在高级汉语词典中的解释是“损失或伤害的可能性”，通常人们对风险的理解是“可能发生的事”。一般而言，风险的基本含义是指损失的不确定性。但是，风险概念在经济学家、统计学家、决策理论家和保险学者眼中尚无一个公认的界定，人们通常根据实际工作需要在各种情境下对其进行理解。

2. 项目风险管理

PMBOK 指南把项目风险定义为“一旦发生，会对项目目标产生正面或负面影响的不确定事件或者条件”。在项目管理中，风险管理是一种识别、评估、预防或减轻项目风险的实践，这些风险可能会影响预期的结果。项目经理通常负责在给定项目的整个过程中监督风险管理过程。

为了有效地管理风险，项目经理必须对目标有清晰的了解，以便识别可能影响团队达成目标的所有障碍。风险管理实际上是通过检查项目目标，弄清这些目标所面临的威胁，以及从一开始就可以采取哪些措施予以预防。

3. 项目风险管理过程

为了保护项目免受计划外风险的影响，项目经理通常遵循持续的风险管理流程，以帮助他们识别、理解并应对威胁和机遇。

①项目风险识别，即识别可能影响项目的风险。

②项目风险定性分析，即根据紧迫性和可能造成影响的严重性来确定项目风险的优先级。

③项目风险定量分析，即将每个已识别风险的所有权分配给负责监督该威胁或机会的团队成员。尽管一些项目经理倾向于在风险已被分析并确定优先级之后分配所有权，但尽早采取此步骤可能是有益的。分析每种风险，以充分了解其所涉及的驱动因素和潜在影响；确保在此阶段考虑每种风险的广度和深度，以便在整个项目的背景下评估它们的严重性。

④项目风险应对规划，即根据风险管理方法对已识别的风险做出响应，采取措施来防止风险事件的发生，或者将发生的影响最小化。此步骤应包括建立响应并采取行动。

⑤项目风险监控，即监控风险管理计划并根据需要进行修正。尽管风险管理过程有明确的步骤，但理想情况下，控制风险应该是一项持续性的工作。毕竟，风险的本质是固有的且不可预测的。项目经理需要具有敏捷性和纪律性，以便在整个项目中不断适应变化。

9.2 项目风险识别

9.2.1 项目风险识别概述

1. 项目风险识别的定义、作用和特点

项目风险识别(Risk Identification)是项目风险管理的基础和重要组成部分。风险识别就是判断何种风险有可能影响到本项目并记录其特征的过程。

风险识别是项目管理者识别风险来源、确定风险发生条件、描述风险特征并评价风险影响结果的过程。

风险识别需要确定以下三个相互关联的因素。

①风险来源(Risk Source)：时间、费用、技术、法律等。

②风险事件(Risk Event)：给项目带来积极或消极影响的事件。

③风险征兆(Risk Symptom)：又称为触发器(Trigger)，是指实际风险事件的间接表现形式。

风险识别是风险管理的基础，风险识别是建立明确的项目风险管理目标的依据。通过风险识别，可以将那些可能给项目带来危害和机遇的风险因素识别出来，没有风险识别的风险管理是盲目的。

2. 风险识别的依据

项目风险识别的主要依据包括：项目规划、风险管理规划、风险类型、历史资料、制约因素和假定。

(1)项目规划

项目规划中的项目目标、任务、范围、进度计划、费用计划、资源计划、采购计划及项目承包方、业主方和其他利益相关方对项目的期望值等都是项目风险识别的依据。

(2)风险管理规划

项目风险管理规划是决定如何对待、规划和执行项目风险管理活动的过程。它定义了项目组织及其成员风险管理的行动方案及方式，指导项目组织选择合适的风险管理方法。针对整个项目生命周期，项目风险管理规划通常包括对风险识别、风险评估、风险量化、风险应对及风险监控的规划等内容。

(3)风险类型

风险类型是指那些可能对项目产生正负影响的风险源。一般的风险类型有技术风险、质量风险、过程风险、管理风险、组织机构风险、市场风险及法律法规变更风险等。项目的风险种类应能反映出项目所在行业及应用领域的风险特征。

(4)历史资料

项目风险识别的重要依据之一就是历史资料，即从本项目或其他相关项目的档案文件中、从公共信息渠道中获取对本项目有借鉴作用的风险信息。

(5)制约因素和假定

项目的建议书、可行性研究报告、设计等项目计划和规划性文件一般都是在若干假设前提条件下估测出来的。这些前提和假设在项目实施期间可能成立，也可能不成立。因此，项目的前提和假设之中隐藏着风险。

9.2.2 项目风险识别过程

风险识别过程是寻找风险、描述风险和确认风险的活动过程。项目风险识别是实施项目风险管理规划的第一个过程，而项目风险识别过程一般可分为以下五个步骤。

1. 确定目标

项目风险识别的目标就是要识别风险，这个目标是明确的。然而依据项目性质的不同、项目合同类型的差别，项目风险管理的目标会有差异。

2. 明确最重要的参与者

根据项目风险管理的重点和范围，确定参与项目风险识别的人员。项目风险识别需要项目组集体共同参与，因此项目经理不仅要了解项目的工程信息，更要了解项目涉及的人员信息，明确最重要的参与者。

3. 收集资料

项目风险识别应该收集的资料大致有如下几类。

①项目产品或服务的说明书。项目产品或服务的性质具有多种不确定性，这种不确定性在某种程度上决定了项目未来可能遇到的风险。例如，项目产品投入市场的不确定性，项目产品市场需求的不确定性等。因此，识别项目的风险可以从识别产品或服务的不确定性入手，而项目产品或服务的说明书则可以为我们提供大量风险识别所需的信息。

②项目的前提、假设和制约因素。可从审查项目其他方面的管理计划来得到项目所有的前提、假设和制约因素。

4. 估计项目风险形势

风险形势估计就是要明确项目的目标、战略、战术以及实现项目目标的手段和资源，以确定项目及其环境的变数。项目风险形势估计还要明确项目的前提和假设。通过项目风险形势估计可以将项目规划时没有意识到的前提和假设识别出来。明确项目的前提和假设可以减少许多不必要的风险分析工作。

5. 根据直接或间接的症状，识别潜在的项目风险

为了便于进行风险分析、量化、评价和管理，还应该对已识别的风险进行分组或分类。分组或分类有多种角度，一般可以按项目阶段进行划分，也可以按管理者来划分。

9.2.3 项目风险识别的技术与工具

在项目风险识别过程中一般要借助一些技术和工具，不但识别风险的效率高而且操作规范，不容易产生遗漏。在实际应用过程中要结合项目的具体情况，综合应用这些工具。

1. 检查表

检查表(Check List)，是管理中用来记录和整理数据的常用工具。用它进行风险识别时，将项目可能发生的许多潜在风险列于一个表上，供识别人员进行检查核对，用来判别某项目是否存在表中所列或类似的风险。检查表中所列的内容都是历史上类似项目曾发生过的风险，是项目风险管理经验的结晶，对项目管理人员具有开阔思路、启发联想、抛砖引玉的作用，一个成熟的项目公司或项目组织要掌握丰富的风险识别检查表工具。

2. 流程图

流程图是另一种项目风险识别的常用工具。借助于流程图可以帮助项目识别人员分析和了解项目风险所处的具体环节、项目各个环节之间存在的风险以及项目风险的起因和影响。通过对项目流程的分析，可以识别项目风险可能发生在项目的哪个环节或哪个地方，以及项目流程中各个环节对风险影响的大小。

项目流程图是给出一个项目的工作流程，以及项目各个部分之间的相互联系等信息的图表。项目流程图包括项目系统流程图、项目实施流程图、项目作业流程图等多种形式，以及不同详细程度的项目流程图。借用这些流程图，可全面分析和识别项目的风险。

绘制项目流程图的步骤：

①确定工作过程的起点(输入)和终点(输出)；

②确定工作过程经历的所有步骤和判断；

③按顺序连接以形成流程图。

流程图用来描述项目工作的标准流程，它与网络图的不同之处在于：流程图的特色是判断点，而网络图不能出现闭环和判断点。流程图用来描述工作的逻辑步骤，而网络图用来排定项目的工作时间。

3. 头脑风暴法

运用头脑风暴法的前提是民主和鼓励创新，包括收集意见和对意见进行评价这两个阶段。

4. 情景分析法

情景分析法就是通过有关数字、图表和曲线等，对项目未来的某个状态或某种情况进行详细的描绘和分析，从而识别引起项目风险的关键因素及其影响程度的一种风险识别方法。它注重说明某些事件出现风险的条件和因素，并且还要说明当某些因素发生变化时，又会出现什么样的风险，会产生什么样的后果等。

5. 德尔菲法

德尔菲法是一种反馈匿名函询法，其实施流程是：在对所要预测的问题征得专家意见之后，进行整理、归纳、统计，再匿名反馈给各专家，再次征求意见，再集中，再反馈，直至得到稳定的意见。

6. 敏感性分析

敏感性分析主要研究在项目的生命周期内，当项目的变数(可从现金流量表中找到，比如销售量、单价、投资、成本、项目寿命、建设期等)以及项目的各种前提假设发生变动时，项目的经济评价指标[如净现值 NPV(Net Present Value)、内部收益率 IRR 等]会出现何种变化以及变化范围有多大。敏感性分析是一种定量识别法。

9.3 项目风险分析

9.3.1 项目风险的定性分析

1. 项目风险定性分析的目的

对项目风险进行定性分析，可以从宏观上对项目是否可行有一个初步的概括与了解，可以加深项目管理人员对项目风险的认识与了解。

一般来说，对项目风险进行定性分析主要有以下几个目的。

①确认项目风险的来源。这是项目风险定性分析的首要目的。如果通过定性分析不能准确地辨明项目所面临的风险有哪些，来源于何处，就有可能造成项目实施中对风险认识与防范的不完全，进而造成项目失败，带来各方面的损失。

②确认项目风险的性质。因为不同的风险对项目的影响程度可能也不同，这就要确认项目风险的性质，以便进行有针对性的管理。

③估计项目风险的影响程度。这是项目风险定性分析的又一重要目的，在确定了风险的来源与性质之后，就要对风险的可能性进行分析，以明确风险的影响范围与程度，即对与风险相关联的项目各个部分进行损失估计。

④为项目风险的定量分析提供条件。要求项目管理者更加深刻地认识项目风险，就

必然要求项目风险分析方法需要定性与定量相结合，即通过定性分析把握项目风险的概况，再通过定量分析深化，扩展定性分析的结果。然后在定量分析的基础上，进行更高层次的定性分析，以更加深刻地认识项目风险的本质。因此，对项目风险的定性分析也是进行下一步定量分析的基础。

2. 项目风险定性分析的技术与方法

(1)故障树分析法(Fault Trees Analysis)

故障树是指在项目风险定性分析过程中通过对可能造成项目失败的各种因素(包括硬件、软件、环境、人为因素等)进行分析，画出逻辑框架图，从而确定可能导致项目失败各类原因的可能组合方式的一种树状结构图。故障树分析是以故障树为模型，对项目可能发生的风险进行定性分析的过程。

(2)头脑风暴法(Brain Storming)

这种方法在项目风险管理定性分析中主要用来对未知风险进行探求性讨论。运用这一方法可以对潜在的项目风险因素进行挖掘性分析，尤其是对无先例可参照的项目实施风险分析，其作用就更为突出。

(3)德尔菲法(Delphi)

德尔菲法是最常用的定性分析方法之一，它试图通过“专家小组意见的一致性”来进行预测分析(见前述)。

(4)外推法(Extrapolation)

外推法是合成估计的一种方法，在预测和信号处理等学科中已大量采用。它可分为前推、后推和旁推三种类型。

(5)主观评分法

主观评分法就是由项目管理人员对项目运行过程中每一阶段的每一风险因素，给予一个主观评分，然后分析项目是否可行的做法。这种分析方法更侧重于对项目风险的定性评价，它将项目中的每一个单位风险都赋予了一个权值，例如从 0～10 之间的一个数。0 代表没有风险，10 代表风险最大；然后通过计算整个项目的风险并通过与风险基准的比较来分析项目是否可行。另外，还可以通过这种方法比较项目每一阶段或每种风险因素的相对风险大小程度。

9.3.2 项目风险的定量分析

1. 确定性项目风险量化

项目风险是由项目的不确定性导致的，不确定性对项目有两个方面的影响：一是结果与目标发生正偏离；二是结果与目标发生负偏离。后一种情况对项目来说意味着风险。但是有些时候人们可以通过经验或者历史资料等对项目的未来状况有确定性判断，从而知道项目风险发生所带来的损失。这种情况属于确定性项目风险。

确定性项目风险的量化方法通常有盈亏平衡法和敏感性分析。

2. 不确定性项目风险量化

几乎所有的项目都有一定的风险，而导致项目风险的因素有些是可以确定或判断的，有些则是难以判断的；或者人们可能知道未来项目会有几种状态以及每种状态所发生的概率，但不知道哪种状态一定会发生，这种类型的风险就是不确定性风险。

不确定性项目风险量化的方法通常有以下三种。

(1)概率分析法

在项目风险分析过程中，如果事先能够客观地或主观地(有一定的科学依据)给出各种因素发生某种变动的可能性的大小(概率)，无疑将对项目管理者有所裨益。这种事先给出各种因素发生某种变动的概率，并以概率为中介进行的不确定性分析是另一种不确定性分析，即概率分析，或称风险分析。具体而言，是指通过分析各种不确定因素在一定范围内随机变动的概率分布及其对项目的影响，从而对风险情况做出比较准确的判断，为项目管理者提供更准确的依据。

(2)期望值法

期望值是指概率中随机变量的期望值。我们把项目的每个目标变量看成是离散的随机变量，其取值就是每种情况所对应的损益值。

每种情况的损益期望值为：

$$\mathrm{EMV}=\sum_{i=1}^{m} p_i x_i$$

其中，p_i 是情况 i 发生的概率，x_i 是 i 情况下的损益值。

期望值法就是利用上述公式计算出每种情况的损益期望值，其判断准则是期望损益值最大法，即期望损益值越大，项目的风险就越小。

(3)决策树法

决策树法是进行风险量化的有效方法。它把有关决策的相关因素分解开来，逐项计算其概率和期望值，并进行方案的比较和选择。决策树法不仅可以用来解决单阶段的决策问题，而且可以用来解决多阶段的决策问题。它具有层次清晰、不遗漏、不易错的优点。

决策树法因其结构形态而得名。决策树的结构较简单，是以方块或圆圈为结点，用直线连接结点而形成的一种树状结构。方块结点代表决策点，由决策点引出若干条直线，每条直线代表一个方案，故被称为方案分枝。圆圈结点代表状态点，由状态点引出若干直线，每条直线表示不同的自然状态发生的概率，故被称为概率分枝。在概率分枝的末端列出各方案在不同状态下的损益值。

3. 项目风险量化的其他分析方法

(1)期望值优化法

期望值是一种加权平均数，权数是概率，而概率有主观概率和客观概率(以历史事实为依据)之分，其结果可能会有不同的解释。该方法的优缺点如下：

优点：考虑问题全面，考虑了可能发生的各种情况。

缺点：期望收益可能将风险掩盖起来。

期望值法在解决一次性问题时风险太大，而项目则是一次性的，不允许多次发生。

(2)计划评审技术(PERT)

计划评审技术是相对于关键路线而言的，主要用于解决项目的工期问题。实际上，对于项目管理而言，计划评审技术可以应用到费用管理、采购管理等方面。计划评审技术和关键路线法(CPM)的本质区别是：关键路线法假设项目完成的时间是确定的，不存在其他可能，侧重于活动。计划评审技术可以估计整个项目在某个时间内完成的可能性，侧重于事件。关键路线法适用于有经验的项目，其作业时间是确定的单一时间；而计划评审技术适用于从未经历过的科研、新产品开发等工程项目，作业时间是不确定的，故又称为"非确定型网络计划法"。计划评审技术与关键路线法在网络的编制和时间参数的计算方法上基本相似，由于每一道工序的作业时间是估计的三个不同时间值，需要利用统计规律求出一个平均值，将一个非确定型网络转化成一个确定型网络。

(3)模拟技术——蒙特卡罗法

蒙特卡罗(Monte-Carlo)法，又称统计实验法或随机模拟法。该法是一种通过对随机变量的统计实验，随机模拟求解数学、物理、工程技术问题近似解的数学方法，其特点是采用数学方法在计算机上模拟实际概率过程，然后加以统计处理。

通常作分析时，人们最关心的问题是系统的动态性。但目前各种变量计算所运用的数学模型很少能反映随时间变化的复杂过程，尤其当变量本身牵涉到不确定性问题时，将使考虑的问题更复杂，构造数学模型也更困难。蒙特卡罗法可以随机模拟各种变量间的动态关系，解决某些具有不确定性的复杂问题，被公认为是一种经济而有效的方法。

假定函数 $Y=f(X_1, X_2, \cdots, X_n)$，其中变量 $X_1, X_2, \cdots, X_n$ 的概率分布已知。但在实际问题中，$f(X_1, X_2, \cdots, X_n)$往往是未知的，或者是一种非常复杂的函数关系式，一般难以用解析法求解有关 Y 的概率分布及其数字特征。蒙特卡罗法利用一个随机发生器通过直接或者间接抽样取出每一组随机变量$(X_1, X_2, \cdots, X_n)$的值$(X_{1i}, X_{2i}, \cdots, X_{ni})$，然后按 Y 对于 $X_1, X_2, \cdots, X_n$ 的关系式确定函数 Y 的值 Y_i。

$$Y_i=f(X_{1i}, X_{2i}, \cdots, X_{ni})$$

反复独立抽样(模拟)多次$(i=1, 2, \cdots, n)$，便可得到函数 Y 的一批抽样数据 $Y_1, Y_2, \cdots, Y_n$。当模拟次数足够多时，便可给出与实际情况相近的函数 Y 的概率分布及其数字特征。

(4)层次分析法

层次分析(Analytic Hierarchy Process，AHP)法，是一种强有力的系统分析——运筹学方法，对多因素、多准则、多方案的综合评价及趋势预测相当有效。面对由"方案层—因素层—目标层"构成的具有递阶层次结构的决策分析问题，给出了一整套处理方法和过程。AHP 最大的长处是可以处理定性与定量相结合的问题，可以将决策者的主观判断与政策经验导入模型，并加以量化处理。

AHP从本质上讲是一种科学的思维方式。其主要特点是：

①面对具有层次结构的整体问题进行综合评价，采取逐层分解，变为多个单准则评价问题，在多个单准则评价的基础上进行综合。

②为解决定性因素的处理及可比性问题。

(5)列表排序法

列表排序法通常用逐项评分的方法来量化风险的大小，即事先确定评分的标准，然后由项目小组共同对预先识别的项目风险一一打分，得出不同风险之大小。也就是说，事先建立一个为风险条件打分的矩阵(见表9-1)，然后对每种风险的可能性、严重性和可控性进行评分，三个分值相乘，得到这种风险的风险级别。风险级别越高，表示这种风险越大，越应引起重视和需要制定相应的对应措施。例如，可以根据从1～10分的等级来评估风险，如果项目小组在评估发生资金短缺的风险时，认为它非常不可能发生，打3分；但是一旦发生后果则非常严重，打9分；而且，是否发生资金短缺项目小组很难控制，打8分。把这三个数字相乘，得到该项目风险的风险级别(RPN)。风险级别越高，表示风险越大，需要项目小组制定相应的措施认真对待。

表9-1 风险发生的可能性程度

风险发生的可能性									
极不可能			可能				极有可能		
1	2	3	4	5	6	7	8	9	10

风险发生的严重性									
极不严重			严重				极为严重		
1	2	3	4	5	6	7	8	9	10

风险发生的可控性									
极为可控			可控				不可控		
1	2	3	4	5	6	7	8	9	10

(6)矩阵分析法

量化风险矩阵即“概率-影响风险排序矩阵”，它综合风险发生概率和风险影响这两个尺度，构建一个矩阵，定量地对风险进行排序。排序结果可以划分为较低、低、中等、高和非常高五种状态。发生概率高、后果影响严重的风险往往需要深入分析并进行积极的风险管理。每个具体风险的风险评分是采用一个风险矩阵和风险衡量尺度(或标度)完成的。

风险的概率由专家参照有关方面的历史数据来确定，概率值介于0(不发生)～1(肯定发生)之间。然而在实际中，往往难以得到相应的历史数据，这给风险概率的确定造成了一定的困难。这时需要采用基数尺度或序数尺度来确定从几乎不可能(值为 0)到完全确定(值为 1)的相对概率值或特定的概率值，即风险的影响尺度。

风险的影响尺度反映了风险结果对项目目标影响的严重程度。影响的确定可采用基数尺度，也可以采用序数尺度，具体采用哪种方式可以视组织风险管理的文化习惯而定。基数尺度即简单排序的值，如非常低、低、中等、高和非常高；采用序数尺度给风险赋值，这些值通常呈线性变化(如 0.1，0.3，0.5，0.7，0.9)，也可以是非线性的(如 0.05，0.1，0.2，0.4，0.8)，它反映了项目组织规避高影响风险的愿望。两种方式的目的都是在风险确定存在时，用一个相对值表达风险对项目目标的影响程度。不论基数尺度还是序数尺度，任何一个好的影响尺度都需要根据组织一致认可的界定来构造，这种界定可提高数据质量，并使评分过程的可重复性更有效。

9.4　项目风险应对规划

9.4.1　制订风险应对规划

完成风险识别、风险衡量之后，接下来项目小组要做的就是如何有效地控制这些风险，以减少事故发生的概率，降低损失程度。风险应对规划就是针对风险定性、定量分析结果，为降低项目风险的副作用而制定的风险应对措施。风险应对规划必须与风险的严重程度、成功实现目标的费用有效性相适应，必须与项目成功的时间性、现实性相适应。同时，它必须得到项目所有利益相关者的认可，并指定专人负责。风险应对规划通常是从几个备选方案中挑选出最优的一个。

制订项目风险应对规划的主要依据包括：

①风险管理计划。

②项目风险的特性。项目风险应对规划主要是根据风险的特性制订的。例如，对于有预警信息的项目风险和没有预警信息的项目风险必须采用不同的风险应对措施。

③风险排序。就是采用风险定性、定量分析方法，将风险按其发生的可能性、风险发生后造成的后果严重程度、缓急程度进行排序，表明各种风险的相对重要程度。

④风险认知。对可放弃的机会和可接受的风险的认知。组织的认知度会影响风险应对计划。

⑤可接受风险水平。项目组织的可接受风险水平将对风险应对规划产生重要的影响。项目主体抗风险能力决定了项目班子能够承受多大的项目风险，也决定了项目组织对于项目风险应对措施的选择。项目组织抗风险能力包括项目经理承受风险的心理能力、项目组织具有的资源和资金能力等。

⑥可供选择的风险应对措施。对于每一种具体项目风险，可供选择的应对措施是不同的。如果对于一个具体项目风险而言只有一种选择，那这一项目风险的应对措施就很简单。但是，如果有多种选择，就需要通过对比分析选择最有效的措施去制定项目风险的应对措施。

9.4.2 制订风险应对规划的策略和方法

规避风险，可从改变风险因素的性质、风险发生的概率及风险后果的大小三个方面提出多种策略。下面介绍风险回避、风险转移、风险减轻、风险自留、风险应急、风险分担6种措施。实际上，每一个项目的风险环境都不相同，具体采取何种风险应对措施取决于项目的风险形势。

1. 风险回避

风险回避是指对于一种威胁改变项目管理计划以排除风险或者保护项目目标使其免受影响的一种风险应对规划技术。采取这种策略，必须对风险有充分的认识，对威胁出现的可能性和后果的严重性有足够的把握。这种策略是从根本上放弃使用有风险的项目资源、项目技术、项目设计方案等，从而避开项目风险的一类项目风险应对措施。例如，对于存在不成熟的技术坚决不在项目实施中采用，就是一种项目风险回避措施。如果通过风险评价发现项目的实施将面临巨大的威胁，项目管理班子又没有其他可用的措施控制风险，甚至保险公司亦认为风险太大拒绝承保，这时就应当考虑放弃项目的实施，避免巨大的人员伤亡和财产损失。对于城市重点基础工程建设项目，国家重大水利枢纽工程、核电站、商用卫星发射等项目，以及一些一旦造成损失，项目执行组织无力承担后果的项目，都必须考虑风险回避策略，避免巨大的人员伤亡和财产损失。

项目管理团队通过中断风险源，将避免可能产生的潜在损失或不确定性，但项目管理团队同时失去了从风险中获得收益的机会，更何况有些风险根本就无法避免。项目管理团队的最大动机是赚取利润，因此风险回避的适用性受到很大程度的限制。项目管理层在采用风险回避措施时必须考虑以下几个方面的因素。

(1)对项目而言，某些风险也许不可能回避，如地震、水灾、人的疾病与死亡、世界性的经济危机和能源危机等基本风险绝对难以避免。

(2)某些风险即使可以回避，但从经济效益角度衡量也许不适当。项目管理团队固然可以选择不从事任何风险性项目活动来回避风险，但从正常情况来看，项目管理团队没有任何项目活动也就没有任何收入，当然也就无法赚取利润。同时项目管理团队在成本和效益的比较分析下，当回避风险所花的成本高于回避风险所产生的经济效益时，如果仍然采取回避风险的方法，在经济上是得不偿失的。

(3)回避了某一风险有可能产生另外新的风险。风险回避是风险管理技术中最简单亦较为消极的一种方法，该方法确实最彻底地回避了项目中存在的重大风险，同时彻底地消除了项目存在的一些负面影响。但是，为回避风险而放弃项目就丢掉了各种机会，也窒息了项目相关各方的创造力。在风险面前，项目管理团队可以通过发挥主观能动性，调动各种有利因素，消除一部分风险，或促进风险因素的转化，降低整个项目的风险。如果不创造条件促进风险因素的转化，不努力消除风险因素，简单地放弃项目，就会限制项目组成员聪明才智的发挥，失去经验积累的机会，对项目团队以后的发展产生不利影响。采取风险回避策略，最好在项目活动尚未实施时，这时对项目造成的损失最小。放弃或改变正在进行的项目，付出的代价一般都比较高。

2. 风险转移

风险转移是指设法将威胁的后果连同应对的责任转移给第三方的风险应对规划技术。转移风险又叫合伙分担风险，其目的不是降低风险发生的概率和不利后果的大小，而是借用合同或协议，在风险事故一旦发生时将损失的一部分转移到项目以外的第三方身上。这类风险控制措施多数是用来对付那些风险发生的概率小、但是损失大，或者项目组织很难控制项目风险的情况。风险转移的实现大多是借助于协议或者合同，将损失的法律责任或财务后果转由他人承担。

采用这种策略所付出的代价大小取决于风险发生的可能性和危害程度的大小。当项目的资源有限，不能实行减轻和预防策略，或风险发生的可能性较低，但一旦发生其损害很大时可采用此策略。转移风险主要有四种方式，即出售、发包、保险与担保。

3. 风险减轻

相对于风险回避而言，风险减轻措施是一种积极的风险处理手段，是指设法将风险发生的概率或影响降低到可接受的界限值以下的一种风险应对规划技术。风险减轻措施是应对无预警信息项目风险的主要措施之一。

4. 风险自留

风险自留又叫风险承担，表明项目团队已决定不改变项目管理计划以应对风险，或者表明他们未能找到任何其他恰当的应对策略的一种风险应对规划技术。当采取其他风险规避方法的费用超过风险事件造成的损失数额时，可采取风险自留的方法。风险自留是最省事的风险规避方法。自愿接受风险可以是主动的，也可以是被动的。

风险自留与风险控制是不相同的，前者是在风险事故发生后处理其财务损失，而后者则是在风险事故发生前采取措施，以改变风险事件发生的可能性以及它发生时引起损失的严重程度。

5. 风险应急

风险应急是针对项目中可能出现的，也可以预料风险来源以及发生过程而制订计划的一种风险应对措施。它是对付无预警信息风险事件的一种主要措施。例如，在基建工程中可能发生火灾，在工地上事先准备好各种灭火器材以对付可能出现的火灾，就属于这种风险应急措施。

6. 风险分担

风险分担措施是指根据项目风险的大小和项目团队成员以及项目相关利益者的不同风险承担能力，根据合法、有效的协议由他们合理分担风险的一种应对措施。这也是一种经常使用的项目风险应对措施。

9.4.3 制订风险应对规划的成果

项目风险应对措施制订的结果主要包括如下内容。

1. 风险应对计划

风险应对计划(也叫风险注册)应该制订得非常详细，比如说在什么情况下采取什么行动。它应包括以下部分或全部内容。

①已识别的风险及其风险特征描述，对项目中哪些部分造成影响，风险来源及如何影响项目的目标；

②风险主体及相应的责任分配；

③定性和定量风险分析过程的结果；

④在风险应对计划中，对某一具体风险经过分析后，选择接受该风险时的应对措施，包括回避、转移、缓和或接受；

⑤风险策略实施后，预期的残余风险水平；

⑥用于执行选定的风险应对策略的具体行动计划；

⑦应对措施的预算和时间；

⑧意外事故应急计划和反馈计划。

2. 残余风险

残余风险指对风险采取了回避、转移或缓和措施后仍存在的风险，也包括接受的小风险，比如，在时间或费用上增加发生意外事故时进行处理的资源。

3. 次生风险

次生风险是由于实施风险应对措施而直接产生的。它们也应该被识别并采取计划应对措施。

4. 合同协议

对于特定风险，为了避免或减轻威胁，可以采用签订保险、服务或其他必要的合同协议的形式，来指定各方的责任。

5. 为其他过程提供的信息输入

大多数风险应对措施要求投入额外的时间、费用和资源，并且要求对项目计划做出改变。项目组织通常会要求对于一定风险水平的资源消耗是合理而公正的。执行这些风险应对措施的信息及相关结论都必须反馈到相关领域，成为其过程计划、变更和实施的依据。

6. 完成信息输入修改的项目计划

风险应对计划过程的结果必须整合到项目计划中，确保所制订的行动计划作为正在进行的项目一部分，得到执行并受到监测。

【例 9-1】随着经济全球化不断加速，国际合作日益增多。越来越多的企业开始走出国门，同其他国家或地区的企业进行项目合作。跨境项目逐渐成为世界经济的重要组成部分。由于跨境项目通常具有利益相关者众多、投资大、风险因素多等特点，因此，做好跨境项目的风险管理对于有效推进项目实施、保证项目质量等具有重要意义。

中泰铁路项目是"一带一路"倡议下中国与泰国政府全力推进的重点基建工程，计划纵贯泰国 10 个省府，设计时速 180 千米。由于泰国国内政治的不确定性，导致中泰铁路项目的进程推进异常缓慢。项目概念是在 2006 年提出的泛亚铁路的基础上由泰国政府主导，2011 年泰国英拉政府与中方签署备忘录。2014 年 5 月，由于泰国国内反英拉政府的情绪持续高涨，军方发动军变导致英拉政府下台，中泰铁路项目陷入停滞。随着泰国国内政局稳定，2014 年 12 月，中泰两国重新签署了《中泰铁路合作谅解备忘录》。中泰双方代表在多次讨论的基础上确定了项目基本框架，于 2015 年 12 月在泰国的清惹克农火车站举行奠基仪式。2016 年 3 月泰国以中方的贷款利率高为由修改原有方案并暂停项目进展，并于 2016 年 12 月接受中方提出的新方案。2017 年 5 月泰国交通运输部以环境评估问题为由退回铁路局重新研究，直至 12 月批复项目环境评价报告。同年 12 月，中泰铁路合作项目一期工程在泰国呵叻府举行开工仪式。2020 年 11 月，中泰铁路一期项目举行承包商合同签署仪式。2021 年 2 月，泰国中央行政法院发布命令暂时中止中泰高铁合作项目一期(曼谷—呵叻段)的两段工程采购程序。

课堂讨论：跨境项目中涉及很多风险，中泰铁路项目都涉及哪些风险？

9.5 项目风险监控

9.5.1 项目风险监控概述

风险监控是指在整个项目生命周期内跟踪已经识别的风险，监视残余风险，识别新的风险，实施风险应对计划并评估其有效性的过程。它伴随着整个项目实施过程，包括风险监视和风险控制两层含义。项目风险监控是建立在项目风险的阶段性、渐进性和可控性基础之上的一种项目管理工作。当风险事件发生时，实施风险管理计划中预定的规避措施；当项目的情况发生变化时，需要重新进行风险分析，并制定新的规避措施。一个好的风险监控系统可以在风险发生之前就提供给决策者有用的信息，并使之做出有效的决策。项目风险监控包括在整个项目过程中根据项目风险管理计划和项目实际发生的风险与变化，所开展的项目风险控制活动。

项目风险控制的内容主要包括：反复进行项目风险的识别与度量、监控项目潜在风险的发展、监测项目风险发生的征兆、采取各种风险防范措施降低风险发生的可能性、应对和处理发生的风险事件、减轻项目风险事件的后果、管理和使用项目的不可预见费、实施项目风险管理计划，等等。

风险监控的依据包括风险管理计划、实际发生了的风险事件和随时进行的风险识别结果。

风险监控的手段除了风险管理计划中预定的规避措施之外，还应有根据实际情况确定的应变措施。如果实际发生的风险事件事先未曾预料到，或其后果比预期的严重，风险管理计划中预定的规避措施也不足以解决时，必须重新制定风险规避措施。

风险监控的依据主要有：

①风险管理计划。

②风险应对计划。

③项目沟通。工作成果和多种项目报告可以表述项目进展和项目风险。一般用于监督和控制项目风险的文档有事件记录、行动规程、风险预报等。

④附加的风险识别和分析。随着项目的进展，在对项目进行评估和报告时，可能会发现以前未曾识别的潜在风险事件。应对这些风险应继续执行风险识别、评估、量化和制订应对计划。

⑤项目评审。风险评审者应检测和记录风险应对计划的有效性以及风险主体的有效性，以防止、转移或缓和风险的发生。

9.5.2 风险监控的技术和方法

风险监控的主要技术和方法有：

①项目风险应对审计。在规避、转移风险的时候，风险审计员检查和记录风险应对措施的有效性。因此，风险审计在项目的整个生命周期中都起到了一定的作用。

②定期项目评估。风险等级和优先级可能会随着项目生命周期而发生变化，而风险的变化可能需要新的评估或量化。因此，项目风险评估应定期进行。实际上，项目风险应作为每次项目团队会议的议程。

③净值分析。净值分析是按基准计划费用来监控整体项目的分析工具。此方法将计划的工作与实际已完成的工作进行比较，确定是否符合计划的费用和进度要求。如果偏差较大，则需要进一步进行项目的风险识别、评估和量化。

④技术因素度量。技术因素度量用于度量在项目执行过程中的技术完成情况与原定

项目计划进度的差异，如果有一定偏差，例如没有达到某一阶段规定的要求，则可能意味着在完成项目预期目标上有一定风险。

⑤附加风险应对计划。如果该风险事先未曾预料到，或其后果比预期的严重，则事先计划好的应对措施可能不足以应对，因此有必要重新研究应对措施。

⑥独立风险分析。项目办公室之外的风险管理团队通常比来自项目组织的风险管理团队对项目风险的评估更独立、公正。

9.5.3 风险监控的成果

风险监控的成果表现在如下几方面。

①随机应变措施。随机应变措施就是消除风险事件时所采取的未事先计划到的应对措施。这些措施应有效地进行记录，并融入项目的风险计划中。

②纠偏措施。纠偏措施包括实施应急计划和附加应对计划。

③变更请求。实施应急计划经常导致对风险做出反应的项目计划变更请求。

④修改风险应对计划。当预期的风险发生或未发生时，当风险控制的实施消减或未消减风险产生的影响或概率时，必须重新对风险进行评估，对风险事件的概率和价值以及风险管理计划的其他方面做出相应修改，以保证重要风险得到恰当控制。

⑤风险数据库。该数据库的目的为整理、更新、收集和分析相应风险的数据。数据库的采用有助于在整个组织过程中的风险管理，并且随着时间的推移，逐步累积风险管理的基础资料。

⑥更新风险判别核查表。根据经验不断更新核查表将有助于将来的项目风险管理。

【例 9-2】AIUT 是一家技术型创业公司，在致力于应用远程技术和能源基础设施管理的原创性管理软件 AZTiE 项目中，AIUT 作为总承包商在项目风险管理方面面临许多挑战，不仅需要管理分散在三个地点的 AIUT 项目团队成员的风险，还需要管理三个分包商团队的风险。

在项目计划阶段，项目经理会同项目团队制订了风险管理计划，同时指定专人担任项目风险经理，还定义了风险管理工具。风险管理计划在概念上定义了项目中的风险管理，针对每个项目阶段进行更新，并在必要时适应特定阶段的需要和要求。风险管理计划还预测，将在每周初定期召开专门针对风险管理的项目团队会议。会议的进行方式是在风险经理的主持下识别风险，然后进行定性和定量评估。在接下来的步骤中，指定风险负责人并准备控制计划(风险预防)。最后一项工作是验证和控制先前确定的风险因素，因为某些因素仅对给定的项目阶段有效，或由于正在进行的实施，它们对项目的影响可能会发生变化。对于 AZTiE 项目，风险管理的主要工具是静态风险评估卡(SRAC)。为了使用这个工具，风险经理定义了 6 个风险组，根据项目进展定义的各个风险因素被分配到这些组中。客户也有必要根据客户的模型定期报告设计工作的进度。报告采用描述性的方式并以可编辑的形式和不可编辑的形式提交。该文件由以下要素组成：①确定要执行的任务；②对必须执行和已经延迟的任务的评论；③遇到的问题(关键问题)及其对项目的影响信息；④变更范围的申请、业务价值及对项目的影响等信息；⑤新发现的风险信息；⑥对项目经理(PM)有用的观察；⑦提供详细信息的附件。

在分析了企业的整个风险管理过程之后，AIUT 的项目经理总结如下。

①该项目是使用 APF 方法并使用 MS Project 和 EAM 应用程序作为工具进行规划的。

②任命风险经理对项目进行有效的风险管理。

③开发原创系统的创新项目风险较大。

④风险概念是项目成功的关键要素之一。

⑤风险管理的方法是有条不紊和有计划的。

⑥积极管理风险，不应忽视风险管理。

⑦项目经理与项目团队一起开发了 6 组风险，将确定的风险因素分配给了这些风险。

⑧风险经理管理风险的方式是基于公认的方法和工具。

⑨风险因素自始至终被系统地、定期地识别和评估。

⑩风险管理工作由风险经理人有效管理。

⑪事实证明，风险管理是整个项目成功的支柱之一。

思考与练习

1. 什么是风险？什么是项目风险？什么是项目风险管理？
2. 项目风险识别的依据有哪些？项目风险识别一般有哪几个步骤？
3. 项目风险识别的技术和工具有哪些？
4. 项目风险分析的方法和工具有哪些？
5. 制订风险应对规划的策略和方法有哪些？

第 10 章

项目治理

本章要点

- 敏捷项目管理的特点、框架与流程
- 组织级项目管理的特征
- 项目社会责任的内涵与特征

引导案例

华为作为全球领先的ICT(信息与通信)基础设施和智能终端供应商，一直致力于调整其研发模式以为客户提供行业领先的解决方案。华为公司的研发模式经过多年优化，现已形成“敏捷＋DevOps”相融合的敏捷研发模式。该模式融合了敏捷、DevOps思想，不仅实现了开发阶段的敏捷管理，而且实现了市场、交付、运维以及运营阶段的全周期敏捷管理。敏捷项目管理主要包含准备、计划、开发和反馈四个阶段，其中，准备阶段的任务是组建全功能团队并挑选合适的敏捷项目管理工具；计划阶段通过线上反馈、线下访谈等方式确定实际需求，确保团队始终在“做正确的事”；开发阶段根据实际需求，建立敏捷管理系统，以保证团队高质高效“正确地做事”；反馈阶段则主要进行验收与回顾活动，保证产品的功能与需求一致。

华为通过构建“敏捷＋DevOps”的敏捷管理体系，实现了根据需求优先级进行资源分配、组织变革以及产品交付，极大地降低了项目“浪费”，真正实现了将所有资源都用在满足客户真实需求的基础上，最大程度地保证产品质量与效率的目标。

10.1 敏捷项目管理

10.1.1 敏捷项目管理的发展

如今，产品开发团队正面临着一场静悄悄的改革。为了迎接这一改革，工程师和项目经理们都在极力进行自我调整。在医药、软件、汽车、集成电路等领域中，客户加大了对持续创新和降低试验成本的需求，这标志着从预见性开发方式到适应性开发方式的重大转变。这些重大转变使得传统的工程师、项目经理和高管们陷入巨大的混乱之中，迫切需要新的理论来满足这些变化，敏捷项目管理因此应运而生。

敏捷项目管理最早可以追溯到1930年沃特·阿曼德·休哈特(Walter A. Shewhart)提出的关于项目质量管理的PDCA方法。1989年，在竹内弘高和野中郁次郎发表的一篇名为《新新产品开发游戏》的文章中，描述了一种快速、灵活的开发策略，用于满足快速的产品开发需要，该文章第一次将Scrum这个术语与产品开发相关联。之后，Scrum逐渐演变成敏捷项目管理中最常用的方法。

随着对敏捷项目管理的研究和实践不断深入，敏捷项目管理理论在其他领域也有成功应用的案例。比如，Scrum方法在市场营销项目中得到了应用，使得市场营销计划更加灵活，采用冲刺(Sprint)的短期市场营销计划也更加有效。

除了在其他领域中的应用之外，敏捷项目管理还将许多先进的思想引入其中，不断丰富着敏捷项目管理理论。例如，精益生产思想的引入。精益生产最早出现于20世纪80年代的日本汽车工业，其基本原则是系统地消除浪费，即减少不对客户产生价值的活动。对于敏捷项目团队来说，一旦团队聚焦于执行时，将精力集中到增值活动便是下一个关键步骤，即精益产品开发思想。目前，许多公司的工程师和项目经理在从事实际的项目工作时，开始将精力花费在增值活动上。因此，精益生产思想在敏捷项目管理实践中不断完善。

10.1.2 敏捷项目管理概念

1. 敏捷的概念

敏捷是一种能够创造并响应变化，从而在不确定的商业环境中创造利润的能力。在不确定和动荡的商业环境中，成功属于那些能够给竞争对手创造变化的企业，创造变化可以扰乱竞争对手，而对变化做出响应能够防止竞争冲击。创造变化需要创新，例如，开发新产品、缩短产品开发时间、为细分市场提供个性化产品等。同时，企业还必须能够迅速响应竞争对手和客户制造的可预见和不可预见的变化。因此，为适应市场的不断变化，企业必须具备“敏捷”项目管理思维。

2. 敏捷项目管理的概念

如今，项目管理的步伐越来越快，项目管理需要更灵活、更积极地响应客户的需求，敏捷项目管理也因此应运而生。利用其灵活多变及不断迭代的思想，项目经理可以在不影响价值、质量和商业规则的前提下实现所有项目目标。应用敏捷项目管理，组织成员可以尽早发现项目实施中可能隐藏的问题，使团队可以速度更快、损失更小地解决问题。

10.1.3 敏捷项目管理与传统项目管理的比较

通常，项目按照目标和方案的确定性可以分为四个象限，如图 10-1 所示。

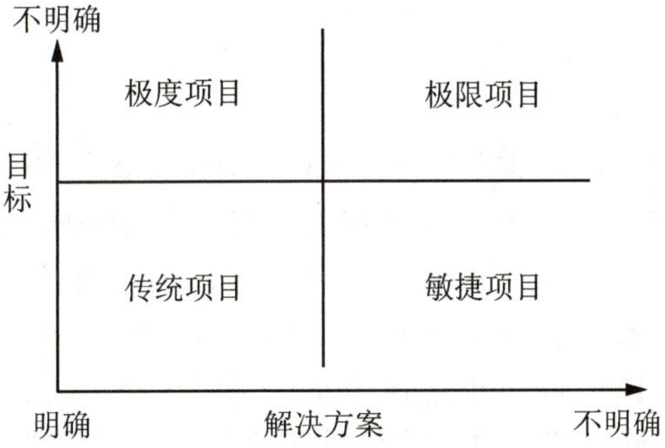

图 10-1 项目的分支

敏捷项目位于目标相对明确，但是方案不明确的象限。因此，敏捷项目管理作为一种项目管理方式，强调流程的迭代。敏捷项目是在计划迭代中完成的，每个迭代都由项目团队审查和评判，从迭代评判中获得的信息被用于决定下一个步骤。

在传统项目中，项目的目标和解决方案都是确定的。传统的项目管理需要制定严格的计划，遵循规定的流程，要求项目在执行时需求足够明确、文档足够规范，项目遵循计划进行执行和监控，由复杂的流程进行变更控制，管理活动和决策采取中央集中化的模式。项目经理必须确保项目按照计划实施，并会频繁地检查项目的完成情况来更新结果。

在敏捷项目管理中，简化了传统项目管理的烦琐流程和文档，更适合解决问题，适应多变、复杂的环境。在客户需求不明确的时候，以较短的时间内开发出可用的产品为目标，帮助客户描述自己的需求。迭代过程中的需求变更会加入项目继续迭代需求池，丰富产品的功能。敏捷项目管理中，创造性地将客户变成团队中的成员，使客户能够尽快地了解可以交付的项目成果，同时使项目可以变更项目需求以适应不断变化的客户需求。为满足这种变化的需求，就需要频繁地制订风险和缓解计划，在每一个阶段根据承诺进行风险缓解、监测和管理。敏捷项目管理团队的计划和模块是透明的，这意味着每个人都知道自己负责什么以及什么时候完成。通过频繁地召开项目团队会议，所有成员都可以及时跟踪项目进展，提前了解偏差或延迟。因此，在敏捷项目管理中，“没有问题会被藏在地毯下”，团队成员指出任何没有预见到的问题不会被惩罚。所有成员在工作时间全身心地投入到工作中，即使需要完成更多的工作，但并不意味着需要更长的工作时间。

传统项目管理追求范围明确、进度和成本目标固定，而在敏捷项目管理中，传统的项目“铁三角”演变为价值、质量和约束。其中，价值目标强调向客户交付价值，质量目标强调向客户交付可持续的价值，约束目标强调范围、进度和成本的约束。在敏捷铁三角框架下，为了追求适应性可能需要以牺牲约束为代价来实现价值或质量目标。

10.1.4 敏捷项目管理的框架

1. 基本框架

对于敏捷项目管理的框架，本节以 Scrum 为主介绍敏捷的结构框架和流程。Scrum 是一个用于运行项目的框架，适用于需求难以预测的复杂商务应用产品的开发。它定义一组活动，这些活动可以帮助团队更快地向客户交付更多价值。利用这些活动，客户有机会在团队开展工作时检查、指导和影响团队的工作。Scrum 方法不会尝试在项目开始时定义所有内容。相反，团队以短小迭代为单位进行工作，并随团队工作的进展不断改进计划。自 20 世纪 90 年代以来，这一方法就被广泛应用于管理复杂产品的开发。Scrum 不是生产一种产品的方法或技术，而是一个过程框架，在这个框架中使用各种不同的技术，让产品管理和开发实践的成效可以更加清楚地显示出来。

在一个敏捷项目中，产品的研发过程存在许多冲刺(Sprint)，一个冲刺可以看作一个为期不超过一个月的项目，也可视为一个迭代(Iteration)。在 Scrum 里，工作在迭代中进行，每一个迭代都可视为一个项目，所以，和项目一样，每一个迭代都是为了完成某些事情。每个迭代都会定义要开发什么，还要有一份灵活的计划，用来指导如何做这些事、具体的工作内容和最终产品。迭代的长度限制在一个月之内，这是因为，如果周期过长，复杂性和风险可能增加。项目团队要确保每个月对迭代完成进度进行一次考察，以实现可预测性。

2. Scrum 的事件

Scrum 使用固定的事件来产生规律性，以此来减少 Scrum 之外的其他会议的必要。所有事件都是有时间限定的，也就是说，每一个事件限制在最长的时间范围内。Scrum 框架定义了 5 个关键事件，包括：冲刺计划(Sprint Planning)、每日站会(Daily Scrum)、冲刺评审(Sprint Review) 和冲刺回顾(Sprint Retrospective)。每个冲刺都要重复进行这 5 个事件。

冲刺计划(Sprint Planning)。冲刺计划是指在每个冲刺的开始，Scrum 团队为计划本冲刺要进行的工作而召开计划讨论会，讨论冲刺目标、设计方案和开发计划。

每日站会(Daily Scrum)。冲刺里的每一天，开发团队为检视进度而召开的例行碰头会即为每日站会。每日站会主要讨论三个问题：昨天做了什么？今天计划做什么？达成冲刺目标有什么障碍？

冲刺评审(Sprint Review)。冲刺评审是在每个冲刺结束的时候，Scrum 团队和项目干系人为获取客户反馈及促进合作而召开的产品演示、体验、讨论会，以检视产品质量，调整预期产品功能。

冲刺回顾(Sprint Retrospective)。冲刺回顾是在冲刺评审之后，下一个冲刺计划之前，Scrum 团队为了使团队成员之间配合得更加默契，工作更加高效，而召开的关于“人、人际关系，流程和工具”的讨论会。

一旦 Sprint 开始，它的持续时间是固定的，不能缩短或延长，而其他事件则可以在该事件的目标达成之后立即终止，从而确保时间被适当地使用而不会造成过程中的浪费。除了本身作为一个事件以外，Sprint 还是其他所有事件的容器，在 Scrum 中的每个事件都是用来进行检视和适应的正式机会。这些事件都是被特别设计用来确保达成透明和检视。如果 Sprint 不能成功地包含这些事件中的任何一个事件，导致透明化降低，那么也会丧失进行检视与适应的机会。

3. Scrum 的角色

(1)产品负责人

产品负责人代表了客户的需求，负责保证 Scrum 团队所做出的努力是正确的。产品负责人也是负责管理产品待办列表的唯一负责人，通过产品待办列表可将客户需求传递给 Scrum 团队。产品负责人的主要工作包括：清晰地表述产品待办列表；对产品待办列表排序；确保团队中的每个成员都能了解到产品待办列表的内容。产品负责人可以亲自完成上述工作，也可交付开发团队来完成，但都是由产品负责人负最终责任。

(2)开发团队

开发团队专注于执行日常工作，完成项目任务，并且有时需要跨职能，因此开发团队包含了各种专业人员。开发团队由组织组建并得到授权，自己组织和管理工作，最大化开发团队的整体效率和效用。开发团队通常由 5～9 人组成，规模过小则成员之间没有足够的交互，而规模过大则不利于沟通和过程管理。

(3)敏捷教练

敏捷教练是在敏捷技术和敏捷框架上经验丰富的权威，对于团队而言是一位服务型领导，帮助团队之外的人了解如何与团队交互。敏捷教练要尽可能地使团队中的每个成员都能够理解目标、范围和产品域，移除项目实施中团队所遇见的障碍，在组织范围内规划敏捷标准动作的实施，维持团队的高效运转。

10.1.5 敏捷项目交付流程

在进行敏捷项目管理时，流程也许没有人那么重要，并且在敏捷项目中，流程常常被指责为静止的、常规的和难以改变的。但就流程本身而言，它不是负面的，必须与业务目标联系起来。如果业务目标是重复地制造，那么常规性流程是完全合理的；如果目标是可靠地创新，则流程必须是有组织的、灵活的和容易适应的。敏捷项目管理模型的结构是：构想—推演—探索—适应—收尾。

1. 构想阶段

构想阶段的主要任务是为团队创建愿景，其中包括愿景是什么、由哪些人员参与以及如何实现。如果没有愿景，其他项目启动活动都是无用功，因此愿景是敏捷项目早期的成功关键因素。在这一阶段，首先要构想提供什么样的产品和项目，并为其提供范围；然后，需要了解谁能参与到敏捷项目中，比如客户、项目经理、团队成员和利益相关者等；最后，敏捷项目团队成员必须构想出他们打算如何工作。

2. 推演阶段

一般计划是指用文字和指标等形式来表述组织以及组织内部成员在未来一段时间内的关于行动方向、内容和方式安排的管理文件，因此“计划”一词具有确定和预测的含义。在项目组织所处的环境中，现实总是不断产生影响，因此敏捷项目团队所做出的“计划”应该成为欢迎变化的工具，而不是去阻止变化。敏捷项目团队制订的“计划”并不是传统意义上的“计划”，所以用“推演”一词更为恰当。在这一阶段，敏捷项目团队的主要任务有：收集初始的、广泛的产品需求；定义工作量，作出一个产品特性待办事项列表；制订迭代的、基于特性的发布计划；将风险降低策略融入计划；估算项目成本，生成其他行政管理和财务信息。

3. 探索阶段

探索阶段的主要任务是交付可运行的、已测试的和已接收的产品或功能。从项目管理角度来看，这一阶段的主要工作有：通过管理工作量和使用适当的技术实践与风险降低策略，交付计划的产品或功能；建立协作、自律的项目组织，这是每个团队成员的责任，但要由项目领导者推动；保障团队与客户、产品经理和其他利益相关者之间的相互交流。

4. 适应阶段

适应阶段，需要从客户、技术、人员、流程绩效和项目状况等方面对结果进行评审，将评审结果与实际结果和原计划进行比较，再根据比较结果得到的最新信息思考实际的与修改后的项目前景。修改后的结果将被反馈并应用到最新的工作计划中，以开始新的迭代。

自敏捷项目开始，其循环通常是推演—探索—适应，每次迭代都不断地优化产品。因此，对项目团队来说，收集新信息并定期修正构想阶段十分重要。

5. 收尾阶段

收尾阶段最重要的活动是进行项目回顾。敏捷项目管理团队在每次迭代时都会进行简短的回顾，这些简短的回顾有助于帮助团队成员了解随着项目进展自身的流程和团队动态，属于团队内部的学习活动。而收尾阶段的项目回顾则是为了团队之间的相互学习，在机构内的团队之间相互传递哪些实践可行以及哪些实践会失败。

10.2 组织级项目管理

10.2.1 组织级项目管理的形成与发展

随着现代项目管理方法在各类组织中的应用日益广泛和深入，传统的组织管理体系面临着严峻的挑战，组织中项目与项目、组织与项目之间的关系受到广泛的关注。因此，项目管理对组织提出了新的要求，呼吁一种能够有效支撑项目管理方法运用的组织管理平台。项目管理的发展从单项目管理的传统项目管理发展到多项目管理，进而拓展到组织级项目管理，正是适应了这种新要求的结果。

组织级项目管理一经提出，就成了组织管理领域内研究的热点，组织级项目管理相关理论也有了重大的发展。组织级项目管理最先开始关注的是“企业环境中的项目管理”，然后逐步发展到“通过项目进行企业管理”(Management by Project，MBP)。组织希望通过项目方式来保证组织的灵活性、管理责任的分散、对复杂问题的集中攻关、以目标为导向解决问题的过程、问题解决方案的质量和接受的可能性、个人及组织发展的机会等。当前，组织级项目管理已从一个特定的管理领域发展为一种特定的管理模式。

10.2.2 项目、项目集、项目组合管理与组织级项目管理

1. 组织级项目管理的定义

(1)组织级项目管理

PMI 将组织级项目管理(Organizational Project Management)定义为由组织内所有职能领域中的工具所支持的人员、知识和流程的整合。该方法通过开发并将项目组合(Project Portfolios)、项目集(Programs)和项目管理的原则及实践与组织驱动因素(如结构、文化、技术和人力资源实践)及业务流程联系起来，以支持战略目标的实现，从而

进一步提升组织的绩效。

(2)项目集管理

项目集是一组相互关联且被协调管理的项目或其他活动的总和，放在一起管理可以获得分别管理所无法获得的收益。项目集中的项目通过产生共同的结果或整体能力而相互联系。项目集管理指的是应用知识、技能、工具与技术来满足项目集的要求，获得分别管理各项目所无法实现的利益和控制。项目集管理重点关注项目间的依赖关系，解决多项目之间的资源制约或冲突。项目集管理的关键词是项目间协调和综合收益的实现。

(3)项目组合管理

项目组合是指为了实现战略目标而组合在一起管理的项目、项目集和其他活动的总和。组合中的项目或项目集之间不一定相互依赖或直接相关。项目组合管理重点关注通过审查项目和项目集，来确定资源分配的优先顺序，并确保对项目组合的管理与组织战略协调一致。项目组合的关键词是投资与战略。一个组织某年度的战略举措只是降低成本、提升运营效率，为此，当年度同时开展了若干个流程改进项目，这些项目之间并没有相互关系，但放在一起组合管理，有助于组织利用现有资源最大限度地提升运作效率，实现战略目标。

2. 项目、项目集、项目组合管理与组织级项目管理的比较

组织级项目管理通过将项目组合、项目集和项目管理的原则及实践与组织驱动因素(如结构、文化、技术和人力资源实践)连接起来，以提升组织能力，从而支持战略目标的实现。项目集和项目之间的关系，以及项目集与项目组合之间的关系，见图 10-2。

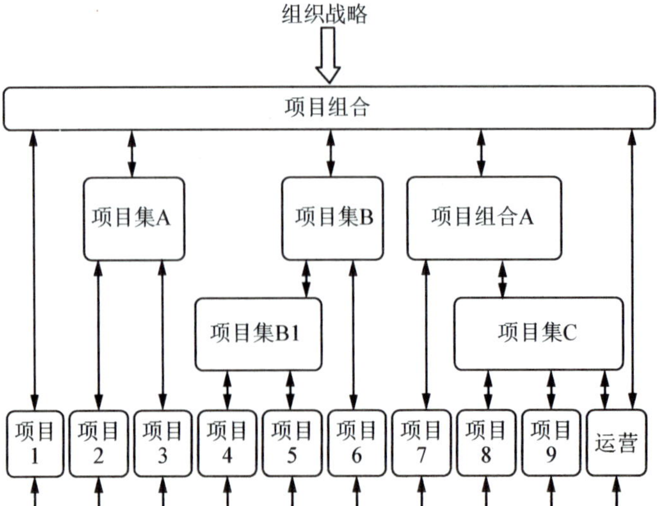

图 10-2　项目组合、项目集和项目管理之间的关系

通常，项目是项目集的一个组成单元，而项目组合又是项目集的一个组合，它们共同的目标是实现组织战略。同时，所有的项目都共享企业的资源。所以项目组合和项目之间存在着一定的竞争关系。

项目、项目组合和项目集在执行过程中又有一定的区别，三者之间的比较见表 10-1。

表 10-1 项目、项目组合与项目集之间的比较

内容	项目	项目集	项目组合
定义	项目是为创造独特的产品、服务或成果而进行的临时性工作	项目集是一组相互关联且被协调管理的项目、子项目集和项目集活动，以便获取分别管理所无法获得的收益	项目组合是为实现战略目标而组合在一起管理的项目、项目集、子项目组合和运营工作的集合
范围	项目具有明确的目标，范围在整个项目生命周期中是渐进明细的	项目集的范围包括其项目集组件的范围。项目集通过确保各项目集组件的输出和成果协调互补，为组织带来收益	项目组合的组织范围随着组织战略目标的变化而变化
变更	项目经理对变更和实施过程做出预期，实现对变更的管理和控制	项目集的管理方法是，随着项目集各组件成果和/或输出的交付，在必要时接受和适应变更，优化收益实现	项目组合经理持续监督更广泛的内外部环境的变更
规划	在整个项目生命周期中，项目经理渐进明细高层级信息，将其转化为详细的计划	项目集的管理利用高层级计划，跟踪项目集组件的依赖关系和进展。项目集计划也用于在组件层级指导规划	项目组合经理建立并维持与总体项目组合有关的必要过程和沟通
管理	项目经理为实现项目目标而管理项目团队	项目集由项目集经理管理，其通过协调项目集组件的活动，确保项目集收益按预期实现	项目组合经理可管理或协调项目组合管理人员或对总体项目组合负有报告职责的项目集和项目人员
监督	项目经理监控项目实施过程中产品、服务或成果的交付	项目集经理监督项目集组件的进展，确保整体目标、进度计划、预算和项目集收益的实现	项目组合经理监督战略变化、总体资源分配、绩效成果和项目组合风险
成果	成果通过产品和项目的质量、进度表、预算的依从性及客户满意度水平进行衡量	项目集的成果通过项目集向组织交付预期收益的能力，以及项目交付收益的效率和效果进行衡量	成果通过项目组合的总体投资绩效和实现的收益来进行衡量

3. 组织级项目管理的收益

组织级项目管理促进商业目标及项目组合、项目集和项目管理实践的有效整合，以有效实施组织战略。同时，也可能带来其他潜在收益，如图 10-3 所示。

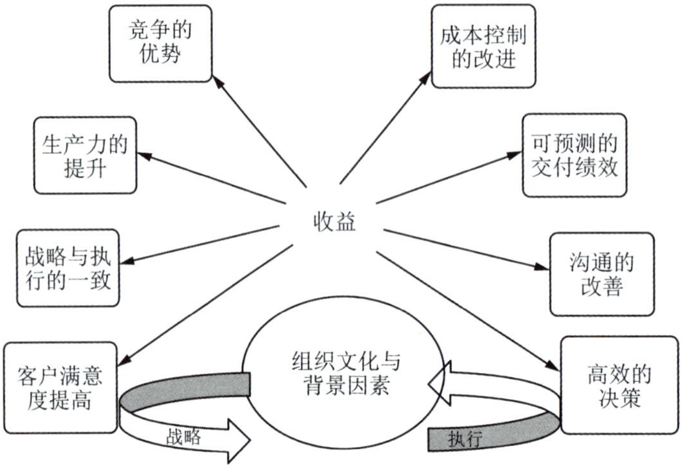

图 10-3 组织级项目管理的收益

管理层应通过投资组织级项目管理来考虑和规划预期收益的实现，以便交付更好的商业成果和可持续的长期商业价值。

4. 组织级项目管理的原则

组织级项目管理的目的在于协助组织交付价值，应遵循以下原则。

(1)组织战略一致性

所有项目组合、项目集和项目都应透明且可测量地支持组织战略。

(2)组织整合

项目组合、项目集和项目的成功协调、执行和交付都必须基于高管支持，以及所有直接或间接参与项目的相关方之间的及时合作与协同。

(3)执行和交付一致性

所有被授权的项目组合、项目集和项目都应以道德和专业的方式在允许的参数范围内被前后一致地执行和交付。

(4)对组织的价值

在组织级项目管理框架内进行投资和工作，以交付超出运营成本的产品、服务、结果或收益。

(5)持续发展

跟踪和记录员工在日常活动中正式和非正式地获得的能力、技能、知识和经验。

5. 组织级项目管理框架

组织级项目管理是为实现组织战略目标而整合项目组合、项目集和项目管理与组织驱动因素的框架，见图 10-4。

如图 10-4 所示，企业借助于项目、项目集、项目组合来实现组织的战略，通过这些

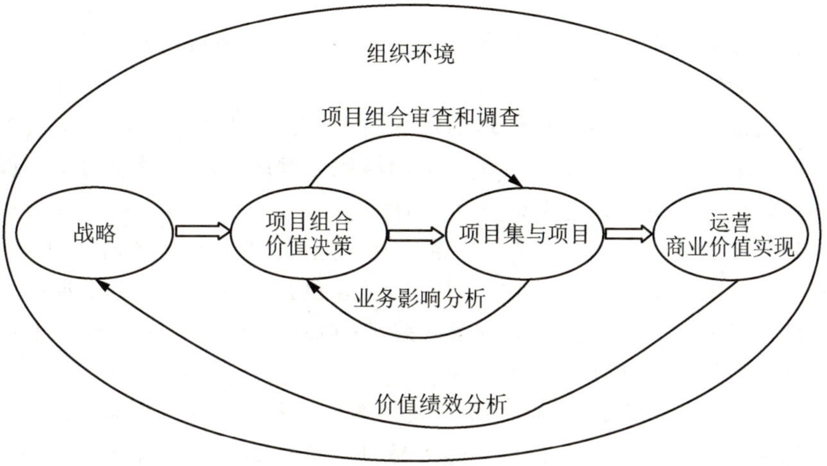

图 10-4 组织级项目管理

项目、项目集以及项目组合的实施为组织创造商业价值。项目、项目集和项目组合的商业价值实现情况又会进一步引发企业战略的变革或者调整。组织的战略与项目、项目集以及项目组合之间是一个动态耦合的过程。

组织级项目管理需要在组织层面得到明确的支持，并在整个组织内进行适当的沟通，从而成为参与组织级项目管理实施的管理层和从业者的优先事项。

组织级项目管理作为组织战略规划的一部分，包括基于与组织战略规划相关的组件对项目集和项目进行优先级排序与选择。资源可用性、风险因素、预期收益、项目类型、资金、市场分析等标准对项目组合与组织战略的一致性至关重要，这些标准决定着项目集和项目未来能否成功。

10.3 项目社会责任

10.3.1 项目社会责任的内涵

社会责任是指“组织通过透明及合乎道德的行为，为其决策和活动对社会和环境的影响而承担的责任”。项目的社会责任涉及直接参与者以及其他利益相关者，其相关活动的实际需要贯穿整个项目全生命周期。以一般的城市基础设施工程为例，其社会责任的利益相关者涉及政府、工程承包商、设备及材料供应商、设计方、员工、公众、社区、非政府组织等。因此，项目的社会责任可以被定义为“项目各利益相关方在项目全生命周期内，通过透明和合乎道德的行为，为其决策和活动对人类社会带来影响而承担的责任”。

以基础设施工程为例，项目的社会责任可以涵盖多个层次的含义，例如，项目自身的功能实现、项目管理的传统目标、狭义的项目社会责任、广义的项目社会责任。第一层次是项目首先必须保障其自身功能实现，这是履行其他层次社会责任的基础条件。例如，京沪高铁能够实现载客运输，当工程完工验收之后，则认为其履行了最基本的社会责任。第二层次是必须满足项目管理的传统目标，包括工期、成本、质量等。第三层次是指项目在实施过程中，通过实施专业培训与职业健康、施工现场的安全保障、建设过程中的环境保护等满足了最基本的社会责任需求，这一层次与企业社会责任类似，但主要围绕项目层面展开。第四层次则是超越项目自身功能以外，且对于其他组织、行业、区域、国家等产生的社会效应，例如，阿里巴巴在疫情期间启动“爱心助农”的新计划，集合天猫、淘宝等平台，从线上线下两条线路辅助农产品销售，不仅服务于自身的商业价值，还体现了增值社会价值的助力。

【例10-1】2020年新冠疫情期间，由于全国各地均采取了不同程度的交通管制来防控疫情，交通运力较平常出现较大缺口，部分防疫人群的出行需求未能得到很好的解决。滴滴公司结合其自身平台优势，成立了“医护保障车队”项目团队，免费接送防疫定点医院医务人员，特别是在疫情初期的交通管制严格阶段解决了大量医务人员的交通出行问题。

10.3.2 项目社会责任的特征

1. 项目全生命周期动态性

项目的社会责任履行需要贯穿包括初始阶段(概念、可行性研究、立项)、计划与设计阶段、建设阶段、运营阶段在内的项目全生命周期。项目参与方在各阶段从项目层面对经济、社会及环境的影响是持续的，随着项目的不断推进，其社会责任的核心内容也会随之发生动态变化。

2. 项目利益相关者异质性

项目利益相关者是指在项目实施过程中涉及的人及组织。以基础设施工程项目为例，其利益相关者包括政府、承包商、供应商、设计方、员工、公众、社区、非政府组织等，能有效地影响项目目标和进展。因此，项目利益相关者管理的关键是实现各方利益均衡，由于不同利益相关者的影响程度存在显著差异，因此需要通过内外部利益相关者间的互动、协调、促进、融合等多重异质的视角来履行项目社会责任。

3. 项目社会责任交互性

以基础设施工程项目为例，项目在初始阶段的社会责任需要政府与公众共同承担，在建设及运营阶段的社会责任涉及国家发展、资源环境等重要议题。由于基础设施工程往往会涉及巨大人力、财力、物力等资源的投入，对于社会、经济等有巨大影响，且需要涉及的社会责任层次众多，导致不同利益相关者需要在不同维度上做出努力以实现社会责任的履行。一般而言，项目社会责任可以分为四部分：经济责任、法律责任、伦理责任、政治责任。经济责任是指项目必须符合项目目标和经济效益，必须满足社会发展需要。法律责任是指项目在实施过程中必须满足当地政府和法律法规的要求，遵守相关行业和地区标准。伦理责任是指项目相关活动必须满足社会大众期望，包括慈善、环保等诉求。政治责任是指项目在实施过程中必须满足相关的政府需求和民生改善目标，例如国民幸福感知、国家形象、扶贫等。

【例 10-2】苏联东水西调工程由于未能充分考虑潜在的环境影响，导致位于中亚的咸海面积不断缩小，土地沙漠化和盐碱化不断加剧，环境日益恶化。20 世纪 50 年代，苏联计划将中亚地区的阿姆渡河和锡尔河调运至中亚地区，用于农业发展。卡拉库姆运河从 1954 年开始第一期建设到 1980 年第四期工程竣工一共花了 26 年时间，在卡拉库姆运河建成以后，咸海由于缺少了外来河流的水源注入，其面积不断缩小，引发了严重的生态危害。例如，河流流域的荒漠化造成大量动植物的死亡，生物物种多样性大幅降低。

在项目管理实践中，项目经理除了保障项目的顺利进展，还必须通过社会责任治理策略来满足项目业主需求，或者平衡项目多主体之间的利益关系，实现多主体价值共创。

【例 10-3】亚吉铁路是连接埃塞俄比亚首都亚的斯亚贝巴和邻国吉布提的吉布提港口的电气化铁路，是非洲第一条采取电气化标准的跨国铁路，由中铁二局和中国土木工程集团联合建设，全长 752 千米，设计时速 120 千米。项目缩短了吉布提到埃塞俄比亚沿线的货运时间约 14 倍，成本缩减了约 30%。亚吉铁路的开通对改善铁路沿线的运输条件和改善区域城市化和工业化具有重要作用。从经济责任来看，亚吉铁路使得埃塞俄比亚有了更加便利的出海通道，可以大大缩减其与海外国家的贸易往来成本，优化了埃塞俄比亚农矿产品的贸易路线；从社会责任来看，亚吉铁路带动沿线经济发展，促进了相关产业发展，扩大了当地就业机会；从政治责任来看，亚吉铁路能够充分促进沿线草原和矿产资源的开发，缩小区域的贫富差距，降低国家内部东西部区域经济差距，有利于国家稳定。

10.4　项目价值工程管理

10.4.1　价值工程的起源

价值工程起源于美国制造业。在价值工程“面世”之前，美国制造业主要以质量管理、工业工程等理论为主要管理理论，并且将这些主流的管理理论应用于国防、制造业、交通行业等领域。以“二战”时期的美国国防为例，在价值工程产生之前，美国国防部基本采用“成本＋利润”的方式进行各项国防武器的采购。在该时期，产品的性能是最重要的，其次是产品的交货期限，而成本则屈居于最后。但是在“二战”之后，美国显现出严重的资源短缺问题，这一问题必将影响美国未来的长期发展。于是，在资源有限性逐渐成为美国不得不面对的重要社会问题时，项目价值工程在美国悄悄兴起。

1947年，美国通用电气公司迈尔斯(Miles)针对"采用其他价格低廉的物资是否能取代原有价格高昂物资，并在降低成本的同时保持产品质量"这一问题进行研究。迈尔斯将原有的产品设计方案进行调整，并应用了大量的保证产品质量不降低但能大幅降低产品制造成本的其他材料，这一变化使得通用电气公司获得了巨大的盈利。在多年实验的基础上，迈尔斯将整个研究过程进行整理，提炼出系统的管理方法并将其命名为价值分析。1954年，美国国防部海军舰船局正式采用了通用电气公司的这一项具有开创意义的价值分析技术，并将其改名为价值工程。于是，价值工程成为了继质量管理、工业工程管理等管理理论之后的又一重要管理理论，并开始被各个国家争相引进与学习。项目价值工程将价值工程的核心理念与思想应用于项目中，即在保证项目质量的前提下，尽可能地控制并减少成本。

10.4.2 项目价值工程的内涵

项目价值工程是指在项目实施的整个生命周期内，在保证项目必要功能实现的基本前提下，通过对项目各项功能的研究以降低整个项目在全生命周期内各项费用的有组织的研究活动。

1. 项目价值工程的生命周期及费用

项目价值工程的生命周期是指从项目的概念设计到完成所经过的所有阶段，通常可将其划分为建造阶段与使用阶段两个部分。在项目全生命周期中所产生的费用也相应划分为建造费用与使用费用。

2. 项目价值工程的必要功能

项目价值工程的基本必要功能是指项目单位所需要的并且被承认的各种功能的集合。以建筑工程项目为例，其必要的功能通常具有以下特点。

(1)明确的必要功能

建筑工程的必要功能通常为安全功能与耐久功能，其中安全功能是指建筑在建造和使用过程中，应能承受各种可能出现的外在荷载而不损毁的功能；耐久功能是指建筑在正常维护的条件下，在设计使用年限内能够正常行使其功能的能力。

(2)专业性必要功能差异大

不同类别建筑工程的功能差异较大，这会导致建筑工程业主方会对不同的专业咨询机构产生不同的要求。所以，充分了解不同建筑工程的专业性需求是保证其建筑质量的重要前提条件。

(3)必要功能逐步细化

对于专业性的建筑工程项目(医疗、教育、生产等)，建设单位在建设初期对于必要功能的识别通常比较笼统。随着建筑工程的逐步完善，建设单位会逐步加深对必要需求的理解。若在工程施工后改变工程的必要功能，则会导致工程的成本急剧上升。因此，提前帮助建筑单位了解并细化项目的必要功能将会有效降低成本。

因此，在项目工程实施过程中，有效地优化不必要功能成为降低项目成本的重要方法。项目不必要的功能通常包括项目单位不需要的功能、与项目单位的需求无关的功能以及通过改变构思能使原有必要功能变为不需要功能的这些功能。

3. 项目价值工程核算

项目价值工程核算涉及价值、功能和成本三个基本要素，其关系可表示为：价值(V)＝功能(F)/成本(C)。其中价值(V)表示价值系数；功能(F)表示项目工程应具有的必要功能；成本(C)表示在全生命周期中，项目工程实现必要功能的全部成本。

该公式本身为计算工程效率的公式(效率＝输出/输入)，其中输入表示项目实施所需要的各种资源，输出表示项目所获得的各类成果，效率为单位资源所产生的实际成果。将其应用到项目价值工程中，价值工程即表示每单位资源的投入所能产生的功能大小。

10.4.3 项目价值工程的实施过程

一个完备的项目价值工程，总体上可以划分为准备、分析、创造与实施四个阶段。

1. 准备阶段

准备阶段的目的是要收集项目价值工程的相关信息，通常包含以下主要任务。

(1)确定收集信息的对象

待确定的对象可能是一个完整的系统，同时也可以是系统中的一个部分。确定对象时应当同时确定通过价值工程进行改进的前提条件与范围，明确改进的边界。

(2)确定收集信息的源头

根据不同的项目类别，可以从与项目相关的其他单位收集相应的项目信息，例如建筑工程咨询信息可以从建设单位、使用单位、咨询单位收集。

(3)确定信息收集的原则

信息收集切忌概念化，应将收集的信息根据需求逐步细化与具体化，这样所获得的信息才能最终服务于项目本身。

2. 分析阶段

分析阶段的主要任务是功能定义、整理与评价等。

(1)功能定义

功能定义是把项目对象所要实现的必要功能逐项界定并相互区分。通过该工作能够逐步明晰项目的必要功能，并且可以通过重组原始构思与方案，以达到未来降低成本的目的。

(2)功能整理

项目是若干必要功能的集合体，功能整理即通过功能归类来确定各个功能在系统中的层次关系，以将不同细分功能进行组合最终实现项目的整体功能。

(3)功能评价

功能评价即根据项目价值工程公式的关键要素来实现对项目的评估，主要包括确定项目的功能成本(C)，确定项目的必要功能(F)以及确定项目的功能系数(V)。

3. 创造阶段

创造阶段包括创造、初评价、具体化改进方案以及提出修订方案四项主要工作。

(1)创造

该工作是通过对过去类似项目各项工作的分解与综合，以找到一种能够保证必要功能并降低成本的路径。

(2)初评价

该工作是对创造工作所产生的各类方案进行研究，并选择有望提高项目价值的方案。

(3)具体化改进方案

该工作是把原有的抽象方案变为具体的结构、材料、施工技术等的过程。该过程需要首先明确采用某项措施的优缺点；其次在明确缺点的基础上提出改进措施以克服这些缺点，提高新方案的实用价值。

(4)提出修订方案

该工作是将改进方案付诸实施的过程，即项目价值工程的实施人员将修订方案整理成具体的修订文本并提交决策部门或领导批示的过程。

4. 实施阶段

实施阶段主要对提出的修订方案进行审批，选择其中最优或者相对优秀的方案并予以实施。在修订方案实施后，对其产生的成果进行评价，然后再发现问题并实施下一步改进措施。

项目价值工程是对原有项目的改进，通过对原始项目的重新构思，以保证项目质量不降低并减少项目成本，最终实现项目价值的提高。

思考与练习

1. 简述敏捷项目管理与传统项目管理的异同点。
2. 描述敏捷项目管理的系统框架。
3. 辨析项目、项目集、项目组合管理以及组织级项目管理。
4. 简述项目社会责任的内涵与特征，试举例说明。

第 11 章

项目管理软件实施规划与应用

本章要点

- 项目管理软件与功能
- 项目管理软件实施规划
- 项目管理软件简介
- 基于 P6 的项目计划

引导案例

北京大兴新机场航站区工程项目是以航站楼为核心，并由多个配套项目共同组成的大型建筑综合体。整个工程项目区的建筑面积约为 143 万平方米，是国家重点工程项目。其中，航站楼及换乘中心核心区工程建筑面积约 60 万平方米，为现浇钢筋混凝土框架结构。结构超长超大，造型变化多样，施工人员众多，对施工技术与管理的要求较高，需引进新技术以及相关的项目管理软件以协助项目施工与日常监管。

北京城建集团通过引进广联达项目管理系统及相应的软件实现了对该工程的全面数字化与信息化，提高了项目的管理效率。首先，该项目管理系统利用 BIM 技术对超大超长结构工程临时运输钢栈道进行数字建模、方案布置模拟以及方案比选，高效地解决了钢栈道的结构设计、使用方式、位置选择等技术难点。其次，利用 BIM 技术实现对工程的隔震支座进行建模，直观地实现了工序检验并缩短了技术交底的时间。再次，通过项目管理软件实现工程管线的合理布局，大幅减少了机电系统中二次结构洞口标注的工作量。最后，利用该系统中的 BIM5D 管理系统，对项目的技术、进度、质量、安全进行系统管理与控制，将管理信息传输效率提升了 15％～20％，决策效率提高了 10％以上，物资提料所用时间减少了 15％～20％。

可见，通过项目管理的信息化并结合项目管理软件的应用，能够有效地提高项目的效率，使项目各项工作的衔接更加顺畅，从而确保项目的进度与质量。

11.1 项目管理软件的定义与功能

11.1.1 项目管理软件的定义

项目管理软件是专门用来助力项目管理人员开展项目计划与控制工作的计算机应用程序，主要用于收集、综合和分发项目管理过程的输入和输出信息。传统的项目管理软件主要包括进度计划、成本控制、资源调度和图形报表输出等功能模块。目前，一些项目管理软件开始包括合同管理、采购管理、风险管理、质量管理、索赔管理、组织管理等功能。

随着企业业务发展的需要，企业经营管理中面临着多项目、项目群和项目组合管理的挑战。为了适应这一挑战，企业项目管理软件应运而生。目前国际上主流的项目管理软件均具有企业级项目管理的功能。

Oracle P6、Microsoft Project 是当前国际上流行的项目管理软件，在项目管理软件市场中居于领导者地位。

11.1.2 项目管理软件的功能

当前主流的项目管理软件，如 Microsoft Project 和 Oracle P6 等都很好地集成了项目管理知识体系以及项目管理实践。通常，这些项目管理软件具有以下主要功能。

1. 工期管理

工期计划与控制是大多数项目管理软件的一项重要功能。将工程活动的基本数据(作业工期、作业日历、作业逻辑关系、作业的限制条件等数据)输入到项目管理软件中，通过项目管理软件可以很方便地绘制 CPM 网络图，输出形式有单代号网络图和双代号网络图。利用项目管理软件绘制完网络图后，能够借助自身的模块很方便地计算出网络节点的时间参数，比如，作业的自由时差、总时差、最早开始时间、最迟开始时间以及关键路径等。通过网络图计算可优化项目的目标计划，进一步适应项目管理不同的参加方以及不同层次管理者的需要，将网络计划细分为一级计划、二级计划以及更为详细的三级和四级计划。各层计划的关系如图 11-1 所示。

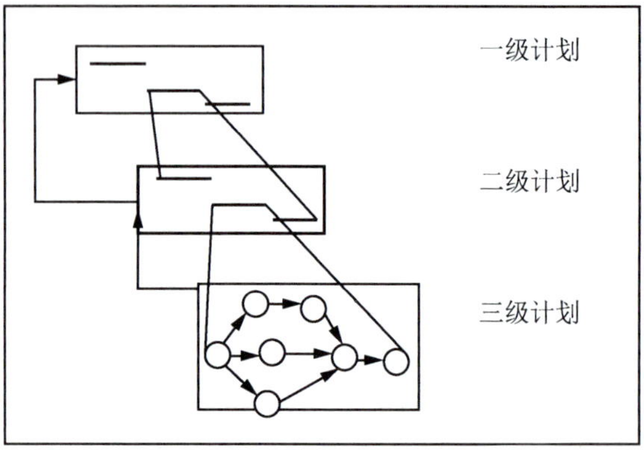

图 11-1 各级计划之间的关系

计划制订并执行后，利用项目管理软件跟踪项目的实际情况，将实际执行情况与计划情况进行对比。通过挣值技术来反映实际项目的进展情况与目标计划的差异，从而确定工期的超前或滞后，为开展项目管理工作提供决策依据。在项目执行过程中可以进行后期进度模拟，即预测最后进度。

2. 费用管理

费用管理通常与进度管理相结合，在进度管理的基础上，增加对资源和费用的管控，实现对进度与费用的集成管理。费用管理的功能包括预算管理、支出管理、费用预测、费用控制、绩效管理及差异分析等。

3. 资源管理

项目管理中的资源有狭义和广义之分。狭义的资源主要是人工、机械设备和材料。广义的资源除了包括狭义的资源外，还包括工程量、功能点等，甚至可以把承包商作为一个资源来看待。资源管理的功能涉及资源定义、资源分配、资源平衡以及资源实际消耗的反馈与对比分析等。

4. 沟通管理

沟通是任何一个项目组织的核心，也是项目管理的主要内容。目前流行的项目管理软件大都集成了沟通管理的功能，所提供的功能包括报告和报表的发布、文档的管理、项目组成员以及利益相关者之间的通信与交流等。

5. 其他功能

(1)多项目管理

当前多数项目管理软件可以对企业的所有项目同时进行管理，包括项目群的工期计划编制与工期控制，企业资源库的定义、资源分配以及跨项目的资源平衡，项目群的费用管理等。

(2)合同管理

合同管理是项目管理的一项重要职能，利用项目管理软件可以进行合同文档管理、核算管理、变更管理、图纸管理等。

(3)风险管理

利用项目管理软件进行风险分析，根据事先确定的作业的分布类型，对作业的各种可能的工期进行分析，并进一步分析各种可能的完工工期。

(4)多种语言

在软件安装时，可以选择屏幕所提示的语言或通过软件的工具栏切换用户需要的语言。

(5)信息安全

通过设置用户口令可以限制非项目管理人员对项目数据的非法使用。还可以通过为不同的用户设置项目数据的存取权限，来体现不同的项目参加者的职能和地位，以维护项目信息数据的安全。

11.2 项目管理软件的实施规划

11.2.1 实施规划的作用

1. 确保科学决策

在采用项目管理软件之前，通过实施规划能够使企业领导者根据企业软件实施的硬件环境、项目管理水平并结合各个模块的功能做出科学的实施决策，包括网络环境设计、应用模式或者应用水平等，确保通过项目管理软件的实施推动企业的项目管理水平上台阶、上档次，切实提高项目管理效率和效果。

2. 确保沟通顺畅

项目成员之间良好的沟通与协作是确保项目成功的关键，特别是在大型项目或者项目群的环境下，有多个单位参与项目。通过实施规划构建统一的数据编码结构或者编码原则，明确各个单位的职责，确定项目的计划流程、控制流程，各单位按照统一的数据编码管理项目数据，按照统一的流程从事项目管理工作，这样就有效地保证了沟通的顺畅。

3. 明确职责

通过实施规划编制规划文件，在规划结果文件中规定各单位项目管理软件，明确项目管理过程中的职责，构建项目群或项目的责任分配矩阵。各参与单位及其参与人员按照各自的职责、权限参与项目群或项目计划的编制、实施、动态监控以及项目之间或者项目群(项目)内部成员之间的协作与沟通，避免管理失控。

11.2.2 实施规划的主要工作

1. 确定实施战略

实施战略是站在企业领导层的高度，结合软件的功能与自身的需求确定项目管理软件的应用模式和应用水平，通常包括以下内容。

(1)编制功能需求矩阵

在实施前期，需要进行一系列调查，包括项目管理成熟度调查和组织软硬件基本环境调查等，并在调查的基础上编制功能需求矩阵，进一步了解企业项目管理的现状、系统配置和功能需求。

(2)项目管理环境设计

在项目管理软件的实施规划过程中，一项重要的工作就是确定项目管理的环境是基于 C/S 模式实现，还是基于 B/S 模式实现。在选择时要考虑企业现有的网络环境，在多单位参与的情况下还要综合考虑各个使用单位的现状。

(3)确定应用模式

根据“功能需求矩阵”就可以确定项目管理软件当前和未来的应用层次以及应用模式。项目管理软件的应用水平可以分为以下几个层次(见图 11-2)，组织应根据需求来确定当前的软件应用水平以及未来应用的远景规划。

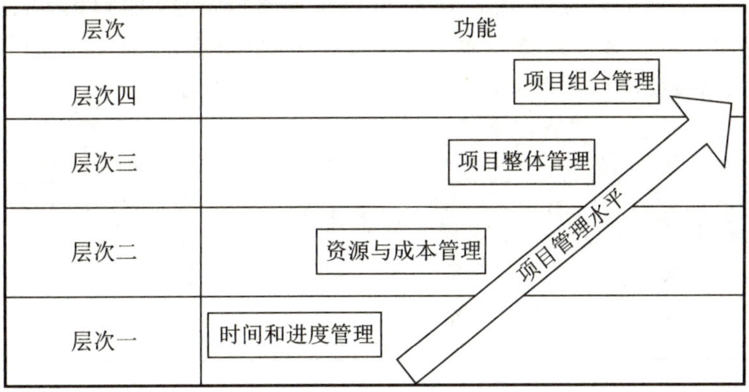

图 11-2　项目管理软件的应用水平层次

不同的模式以及不同的应用水平，关系到使用不同的软件配置组合。

2. 规划设计

在确定了应用模式以及应用深度后，应着手进行软件实施的规划设计工作。规划设计工作将整个实施过程作为一个项目进行管理，确保规划工作的顺利完成，对于有多个单位参与的项目尤为重要。在规划设计阶段需要完成的工作包括软件培训、信息化编码、项目的管理流程设计以及责任分配等。

(1)软件培训

规划设计阶段开始于核心团队的培训。例如，通过培训使参与软件实施的核心团队成员掌握 P3E/C 软件的功能以及具体的操作，为开展规划设计做好准备。

(2)信息化编码

按照软件的要求以及工程管理的需求对项目实施过程中需要的数据进行统一的编码，可以为软件的实施、项目相关方的沟通奠定基础。信息化编码包括企业组织结构代码体系(OBS)、企业项目结构代码体系(EPS)、角色与资源结构代码体系(RBS)、费用科目结构代码体系(CBS)、工作分解结构代码体系(WBS)和作业代码分类码体系等内容。

(3)项目的管理流程设计

①计划流程。在多级计划体系下，对于不同的项目参与方编制的计划内容及其细化的程度是不一样的，应该在规划阶段明确各级计划的编制流程和编制内容，在确定计划流程的过程中需要综合考虑不同利益相关者的管理水平。这里涉及多级计划体系的确定，包括计划层次、每个计划层次的内容、不同层次计划之间数据的关联模式等。

②项目控制流程。在规划阶段还要确定项目实施后的控制流程。在多级计划框架下，执行过程需要根据设定的统计周期动态地开展数据的采集工作。从底层的滚动计划开始，获得项目作业开始和完成等情况的实际数据，评价或者计算作业的完成百分比，估计统计周期内尚需作业的尚需工期。底层计划数据更新汇总到上一个层次，形成更高级别的计划的动态更新，从而可以实现各个层级计划的动态跟踪与控制工作。

3. 原型创建和测试

原型创建和测试阶段的主要任务是将规划设计中的成果在软件系统中初步实现。这一阶段可以使用项目的非正式数据完成，主要目的是测试软件的功能和作用。

原型建立和测试的焦点是根据规划文件来建立原型，并对各项数据编码字典、计划与控制流程等进行测试。测试结果需要记录，根据测试的结果确定是否修改和调整规划文件。原型创建与测试的工作流程见图 11-3。

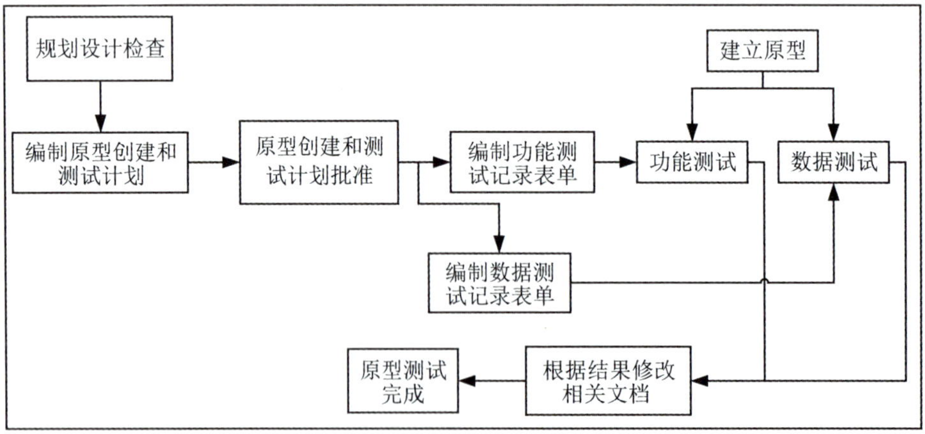

图 11-3 原型创建与测试

4. 试点运行

原型测试结束后进入试点运行阶段，其目的是在全面应用之前，在小范围内用真实数据检验系统，发现隐藏的问题，为全面运行奠定基础。试点运行的关键工作是输入项目数据，定义数据结构和数据字典以及对试运行团队成员的应用培训。试运行团队成员应用培训的内容包含：项目管理软件功能展示和操作以及针对不同专业的培训，比如计划编制培训。培训结束后，实施团队将监控系统运行状态，记录系统运行情况，分析软件和硬件系统的支持条件。

5. 全面(试)运行

试点运行过程通过后，进入全面(试)运行阶段，从这一阶段开始项目管理软件将影响组织的大量人员。对一些人员来说，影响的程度可能会比较小，对于有些人员可能是一个全新的工作方式。试点运行的经验和教训为全面试运行阶段的系统平稳移交打下了基础。一个详细的计划对成功地全面(试)运行非常重要，计划需要包括谁、做什么事情、什么时候、在什么地点、使用哪些工具、流程是什么等。全面试运行到正式运行可能包含持续时间比较长的几个步骤，并需要按照计划执行。全面试运行阶段的主要工作内容包括：正式数据库安装和配置，用户工作站点配置，项目数据的输入、迁移，新系统的宣传，用户培训和运行监控。

6. 实施成果评估

在全面(试)运行后期预示着成功的到来，这时需要进行实施成果的评估和确认，编制“实施最终评估报告”，这个报告包含的内容有：①原定目标与最终目标的比较；②分析存在哪些问题，哪些已经解决，哪些尚未解决，哪些是预期的问题；③指出当前系统可提高的内容；④总结经验和教训等。

11.3　项目管理软件简介

11.3.1　P6 系列项目管理软件简介

1. P6 系列项目管理软件的发展

1983 年，Primavera 公司由两名土木工程师创建，同年推出了 P3(Primavera Project Planner)For Dos。P3 软件主要用于对单个项目进行进度跟踪与控制，项目的作业数量上限达到 10 000 条。1999 年，Primavera 公司推出企业级项目管理的产品 P3e(P3 for enterprise)系列软件。2006 年，Primavera 公司推出 P6 系列软件。2008 年，甲骨文(Oracle)公司收购 Primavera 公司。P6 产品演化成两个并行系列 P6 EPPM(企业级项目管理)与 P6 PPM(项目级项目管理)。从此 P6 软件被纳入 Oracle 整体解决方案。2009 年，Oracle 公司发布 Oracle Primavera P6 软件新版本 Oracle Primavera P6 V7。2010 年和 2015 年，Oracle 公司相继发布 Oracle Primavera P6 R8 和 Oracle Primavera P6 R15。目前，最新版本为 Oracle Primavera P6 R21。

本章后续内容都是针对 Oracle Primavera P6 Professional 所做的介绍，并将其简称为 P6。本书所使用的 Oracle Primavera P6 Professional 的版本为 R20。

2. P6组件及功能

(1) Oracle Primavera P6 Professional

Oracle Primavera P6 Professional是Oracle企业级项目管理方案的核心组件。Oracle Primavera P6 Professional在Microsoft Windows操作系统上运行。该软件可以在单用户和多用户环境下使用。

在多用户环境下，通过将P6 Professional与关系数据库(Oracle和Microsoft SQL Server)进行连接，Oracle Primavera P6 Professional可以实现用户设置、安全配置及程序管理设置以及其他全部项目管理业务，包括创建EPS、OBS、资源、费用科目、项目、WBS等数据，执行计划编制、进展更新、数据分析和报告等。

在连接SQLite数据库成为单机用户的情况下，该软件可以实现除了用户设置、安全配置及程序管理设置之外的其他全部项目管理业务，同时，支持进行项目数据的导入、导出，签入和签出，并可实现与Microsoft Project和Microsoft Excel软件的数据交互。

一直以来，Oracle Primavera P6 Professional在项目现场都有着广泛的应用。该软件在大型复杂项目中加载及交互数万条数据时性能表现稳定且快速，深受项目经理和计划编制人员的喜爱。

(2) P6 Team Member

P6 Team Member组件专为项目团队成员设计，主要用于查看和提供项目任务状态。P6 Team Member包括P6 Team Member for iOS、P6 Team Member for Android、P6 Team Member Web和E-mail Statusing Service四个组件。借助这些组件，可快速、方便地存取所分配的任务。

①P6 Team Member移动应用程序。使用P6 Team Member for iOS和P6 Team Member for Android移动应用程序可以实现以下功能：按照时间以及任务状态对任务进行分组与排序；用星号标记任务的重要性；查看任务的步骤列表；查看与任务关联的分类码和UDF；使用“讨论”功能查看和发布消息；与项目经理就任务进行交流，通过电子邮件与项目经理或其他团队成员沟通。

②P6 Team Member Web。使用P6 Team Member Web可以在Web环境下实现Team Member的功能。P6 Team Member Web为项目团队成员在Web环境下实现便捷获取作业列表、更新作业进展状态、反馈工时并在线协作的功能。项目团队成员可以在Web环境下直接登录P6 Team Member中处理业务，也可以使用任何HTML或纯文本电子邮件应用程序来更新任务状态。P6 Team Member Web登录后的界面如图11-4所示。

③E-mail Statusing Service。团队成员利用E-mail Statusing Service可以使用与P6用户关联的电子邮件账户，通过电子邮件请求当前的任务列表，可请求按项目、时间框架、当前状态过滤的任务列表以及加星标的任务列表。可以利用该软件回复接收任务列表的电子邮件，记录进度并发送更新。

项目经理可以使用E-mail Statusing Service向新用户发送“欢迎”电子邮件，其中包括

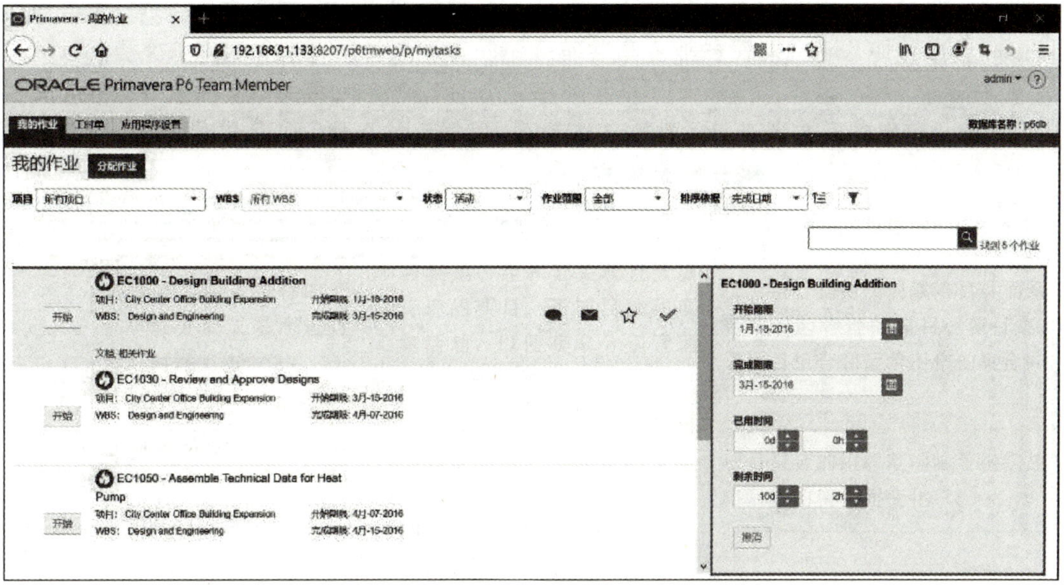

图 11-4 P6 Team Member Web

电子邮件地址以及关于通过电子邮件请求和更新任务列表的说明。项目经理还可以使用 E-mail Statusing Service，通过过滤器选项，自定义发送给团队成员的任务列表。

(3)P6 Web

Oracle Primavera P6 Web 是 Oracle 公司推出的基于 Web 浏览器界面的项目管理工具。可以实现在浏览器界面下开展计划的编制与项目控制。Oracle Primavera P6 Web 除了可以实现 P6 Professional 下的计划与控制功能外，还能够提供定制的图形界面，比如，仪表盘等，见图 11-5。

(4)P6 API & Webservice

Oracle P6 API & Webservice 是 P6 软件提供的实现与外部系统数据集成或功能二次开发的接口方案。可以选择采用基于 Java 的应用程序编程接口(API)或基于包括 SOAP、XML 和 WSDL 在内的开放标准的 P6 Webservice 来创建集成的软件解决方案，这些解决方案可以与在各种硬件和操作系统平台上运行的多种企业软件应用程序互操作。

11.3.2 Microsoft Project

1. Microsoft Project 发展历程

Microsoft Project(或 MSP)是由微软开发的一款项目管理工具软件，集成了许多成熟的项目管理理论和方法，可以帮助项目管理者实现工期、资源、成本的计划和控制。Microsoft Project 不仅可以快速、准确地创建项目计划，而且可以帮助项目经理实现项目

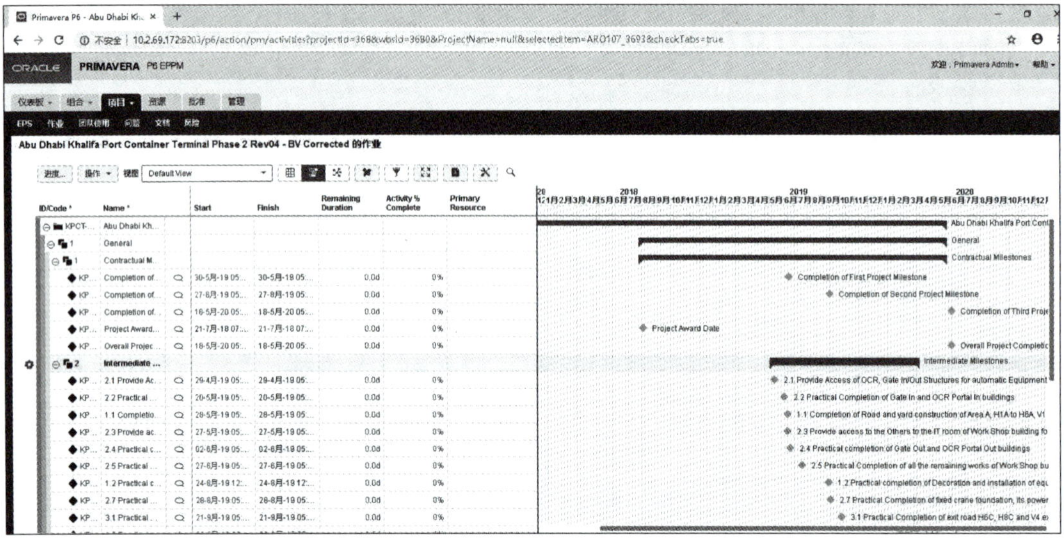

图 11-5 P6 Web

进度和成本的控制、分析和预测，使项目工期大大缩短，资源得到有效利用，从而提高经济效益。第一版 Microsoft Project 为 Microsoft Project for Windows 95，发布于1995年。使用 Microsoft Project & Server 可以快速构建企业项目管理信息平台，提高企业现代化的项目管理能力和管理效率。

Microsoft Project 不仅能够管理一般项目，而且还具备管理复杂大型项目的能力。作为工程项目管理软件，受到许多企业的青睐，其原因在于 Microsoft Project 的操作界面和 Microsoft Office 的其他产品相似，符合许多人的操作习惯，因此 Microsoft Project 较容易掌握。Microsoft Project 2021 是 Microsoft Project 的最新版本，与 Windows 10 兼容。

从2010年开始，Microsoft Project 家族包括 Project Standard、Project Professional、Office Project Server 和 Project Web App。

2. Microsoft Project 组件及功能

Microsoft Project 包括了几个不同版本的产品，分别针对不同的用户需求，以满足不同用户规模和项目复杂度的要求。

Microsoft Project Standard 为无须与他人协作建立项目或选择资源的管理者而设计。Microsoft Project Standard 不能够连接到 Microsoft Project Online 或者 Microsoft Project Server。

Microsoft Project Professional 是一款桌面客户端程序，允许创建和编辑项目计划以及企业资源库。通过连接到 Microsoft Project Server 来实现共享日程和资源。

Microsoft Project Web App 是一个基于浏览器的客户端程序，允许工作组成员、资源经理和主管人员在 Web 环境下输入和查看进程表信息，创建项目建议和活动计划，查看项目组合报告。另外，通过它还可以访问服务器。

Microsoft Project Server 可以帮助企业实现项目和资源信息的集中化和标准化，提供完善的项目管理功能：企业资源管理、项目时间和状态报告、项目性能和健康状况视图、资产组合分析和建模；同时，也支持与业务应用系统进行集成。可以使项目管理者、参与者以及业务决策者随时随地快速开展工作，划分和管理项目的日常工作并实现预期的商业价值。

通过上述四个系列产品可以实现四种项目管理方案：单项目管理、团队项目管理、企业项目管理、项目组合管理等。除了本地安装的 Microsoft Project 产品外，微软也发布了基于云服务的 Microsoft Project Online 产品。其中，Microsoft Project Online Essentials 为简化版的 Microsoft Project Online 产品，专为项目组成员用来接收项目任务以及开展简单的项目协作管理；Project Online Professional 为专业版的 Project Online 产品，专为项目经理用来编制项目计划及项目计划执行过程的审核与团队协同；Project Online Premium 为高级版的 Project Online，专为项目管理高级管理者用于组织内企业项目组合分析、财务管理及项目执行过程管理。

11.3.3 其他项目管理软件介绍

1. Oracle Primavera Risk Analysis

(1)Oracle Primavera Risk Analysis 概述

Oracle Primavera Risk Analysis 软件是一款针对企业的项目风险管理需求提供的软件，可帮助企业建立风险模型、分析应对风险对项目成本和进度的影响，并在此过程中消除项目和产品组合管理中的不确定性。它可以直接与项目进度安排和成本估算相集成，通过全面的方式来报告项目置信度，生成各种格式的风险分析报告，提供相应的技术来确定应急计划和风险应对计划。

(2)Oracle Primavera Risk Analysis 功能

①分析、缓解和管理风险。通过直接集成项目进度安排和成本估算来为风险和不确定性建模，Primavera Risk Analysis 为 Primavera 项目组合管理应用和 Microsoft Project 提供了一个全生命周期成本和进度风险分析解决方案。Primavera Risk Analysis 采用简便快捷的技术来确定应急计划和风险应对计划并采用全面的方式来报告项目置信度，通过风险登记表和风险模板来确定项目风险，然后使用蒙特卡罗模拟方法进行分析。随后，它会提供各种报告(如风险柱状图、龙卷风图和散点图)来帮助用户轻松识别风险驱动因素并(选择性地)根据风险调整进度。

②提供客观的看法来支持有效评估。作为确定项目成本和进度置信度的决策支持工具，Primavera Risk Analysis 可提供对所需应急计划的客观看法以及对风险应对计划有效性的分析。这样，用户就能根据风险来调整进度。现在，这种做法已经成为规划和进度

安排流程中的一个标准环节。为了支持这项任务，该工具提供了以下特性。

a. 风险分析指南。风险分析指南将概述风险分析流程中的步骤，引导用户完成准备、建模和运行风险分析的过程。从进度验证、风险模型开发、风险分析到结果审查，每个需要执行的步骤都与用户所采用的 Primavera 风险分析特性相关联。

b. 进度检查。Primavera Risk Analysis 进度检查特性可帮助用户找出影响确定性进度的常见进度安排问题，并据此评估进度的成熟度和风险应对程度。进度检查报告将解释每种检查的原理，并说明它将如何影响风险分析。此外，它还会提供一个所识别活动的列表。

c. 快速风险模板。Primavera Risk Analysis 快速风险模板特性采用模板方法并根据工作细分结构(WBS)、活动代码、用户定义的字段或筛选条件来为任务指定不确定性风险分布。通过采用一种更高级的方式来执行快速风险分析，这些模板可简化任务不确定性的建模。

d. 风险登记表向导。借助 Primavera Risk Analysis 风险登记表向导，用户可以快速创建新的风险登记表、定义风险计分标准、输入定性风险评估以及将风险映射至安排好的活动。随后，用户可以在所生成的风险登记表中收集定量评估和更详细的信息。

e. 风险登记表。借助 Primavera Risk Analysis 中的风险登记表特性，用户可以集成之前创建的风险登记表并定义新的风险登记表。此外，用户还可以使用此特性来生成正面和负面风险事件(威胁和机遇)的定性和定量模型及相关的应对计划(如风险缓解计划)。风险登记表还会通过创建风险事件计划自动将所识别的风险事件集成到进度中，随后，用户可以分析风险事件计划来确定主要的风险驱动因素以及风险缓解策略的成本效益。

f. 风险分析。Primavera Risk Analysis 采用基于蒙特卡罗方法的高级成本和进度分析，并通过以下类型的风险模型提供全生命周期风险管理：估算不确定性、任务存在性、概率分布等。此外，用户还可以在项目和项目组合级别执行风险分析，从而通过项目组合模型以及基于单个进度或关联进度的传统项目级风险分析来制定关于项目选择的战略决策。

g. 风险管理报告。借助 Primavera Risk Analysis，用户可以查看各种格式的风险评估报告并生成风险分布图、龙卷风图、散点图以及分析报告。

2. PowerPIP

(1)PowerPIP 概述

PowerPIP(Power Project Information Platform)是上海普华科技发展股份有限公司总结 20 年工程项目管理信息化建设经验，基于企业级项目管理思想，融会西方项目管理思想，贯通中国工程管理实务，而开发的属于中国人自己的工程项目管理软件。PowerPIP 以政府项目管理机构、集团公司项目管理部门、大型项目业主、项目管理公司信息化需求为业务原型，以企业级多项目并行管理(Enterprise Project Management，EPM)思想为指导，结合企业管理、项目管理和 IT 系统运用的前沿发展，集中了普华公司以及业界同仁的管理智慧，采用成熟的 IT 技术历经多年磨炼而成。该平台整合了项目管理领域几十年来 IT 应用实践的精髓，将业务人员使用的 PMIS(项目管理业务系统)、管理层使用的 PCIS(项目管理总控系统)与参与单位使用的 PIP(项目管理门户系统)三合一，可以更好地发挥项目管理的 IT 辅助功能。

(2)PowerPIP 功能

①项目管理业务系统 PMIS。该系统为企业的项目管理与整体管理架起了一道桥梁，使企业能够针对每个项目的整个生命周期进行管理。通过统一的数据模型，提供了与项目相关活动的准确的各角度视图，使企业能够为项目分配合适的资源，确保项目的实施，并跟踪其项目收益。

②项目管理总控系统 PCIS。PCIS 是站在多项目管控中心的视角监控项目执行，落实规范化的项目管理程序和流程，共享项目实施经验和知识。PCIS 对集团、企业内多项目及大型建设工程项目群进行信息的收集、加工和传输，支持项目决策者进行策划、协调和控制。总部通过 PCIS 建立标准的工作程序和流程，促进项目管理的规范化，并通过知识库的建立为项目提供技术支持和指导。

③项目管理门户系统 Portal。Portal 为企业决策者、项目部、承包方、供应方、设计方、员工和合作伙伴提供一个统一的应用界面，用户可以根据自己的需要获取信息和反馈信息。

11.4 基于 P6 的项目计划

11.4.1 启动 P6

在 Windows 界面的开始程序中，找到 P6 Professional 20(x64)登录快捷方式，见图 11-6。

选择“P6 Professional 20”，进入登录对话框，见图 11-7。

输入前面安装设置的登录名(Login Name)与密码(Password)。单击下方的“Connect”命令，登录 P6 软件。单击“Edit database configuration?”可以在弹出的“数据库配置”对话框中进行数据库配置。

如果需要配置高级选项，可以单击“Advanced”左侧的三角箭头，显示登录 P6 专业版的高级设置。主要包括所需登录的数据库和软件语言的设置。P6 专业版的默认官方语言为英语。可以通过单击“Language”下方的下拉菜单，选择“中文(中国)”使用简体中文作为 P6 专业版的官方语言，见图 11-8。

首次登录过程中，将弹出对话框提示“尚未在‘管理设置’中为您的组织选择适当行业”，单击“确定”按钮进入 P6 专业版，依次单击“管理员”“管理设置”，在弹出的“管理设置”对话框的“行业”页面，点选默认的行业，见图 11-9。

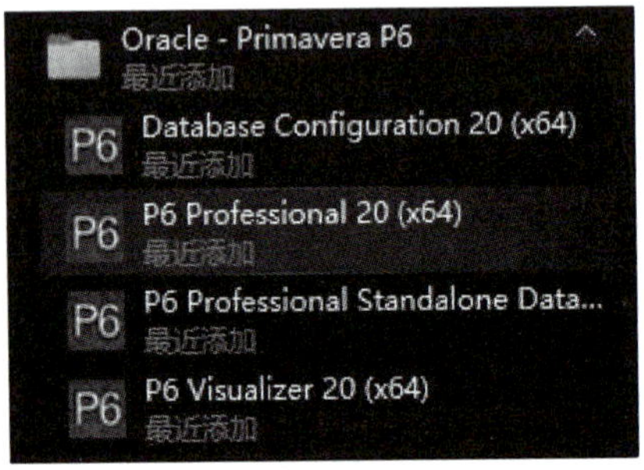

图 11-6　启动 P6 专业版

图 11-7　登录 P6 专业版

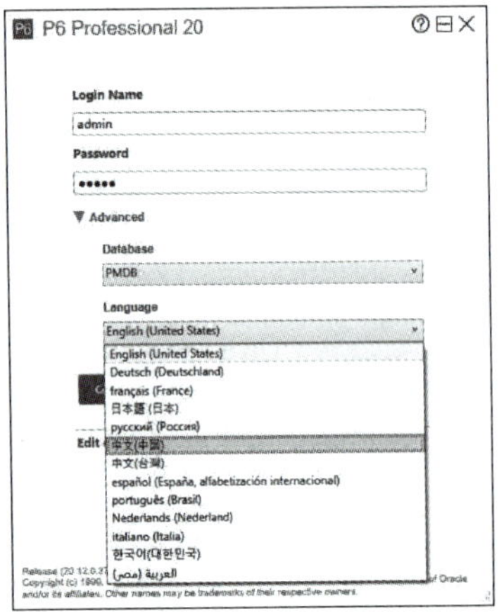

图 11-8　设置 P6 专业版界面语言

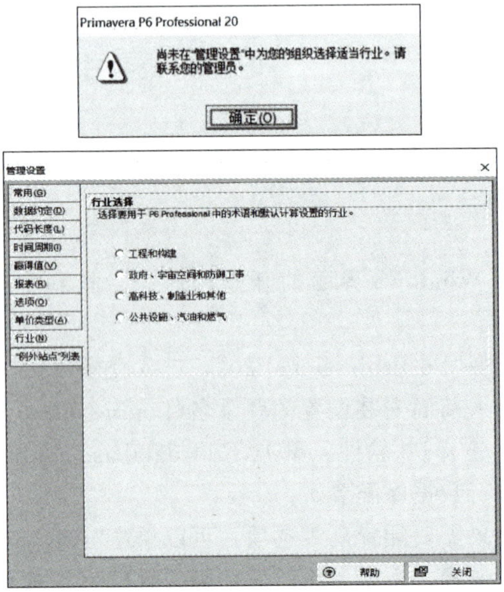

图 11-9　设置 P6 专业版的默认行业

11.4.2 P6 初始界面

登录后，进入 P6 的初始界面，默认的“窗口”为项目窗口。如图 11-10 所示，P6 的初始界面主要包括标题栏、菜单栏、工具栏、窗口和状态栏。其中，菜单栏包括文件、编辑、显示、项目、企业、工具、管理员和帮助等下拉菜单按钮。工具栏是分布在窗口左侧、上侧、右侧的一些快捷按钮，包括放大、缩小、过滤、进度计算等。窗口包括顶部视图区域和底部视图区域，其中顶部区域通常分割为左侧区域与右侧区域，可以通过“显示”菜单中的“显示于顶部”和“显示于底部”这两个下拉菜单控制不同区域的显示状态。多数窗口在屏幕顶部包括有视图选项栏，此栏显示当前视图或过滤器名称，单击此栏可显示该窗口或对话框的可用命令菜单。状态栏是窗口底部的消息栏，此栏显示的信息可包括当前组合的名称、存取模式、数据日期、当前基线、最后一个任务请求的任务状态、当前用户名，以及在登录时选择的数据库别名的名称及数据库类型，当连接到 P6 Professional 数据库时数据库类型将显示为(Professional)。当光标置于窗口顶部区域的左侧和右侧的分割线上时，将变为调整分割线的图标样式。此时单击并拖曳光标可以调整两侧区域的大小。类似的，可以将光标置于窗口底部区域上方的分割线上，并通过拖曳光标调整窗口底部区域的大小。

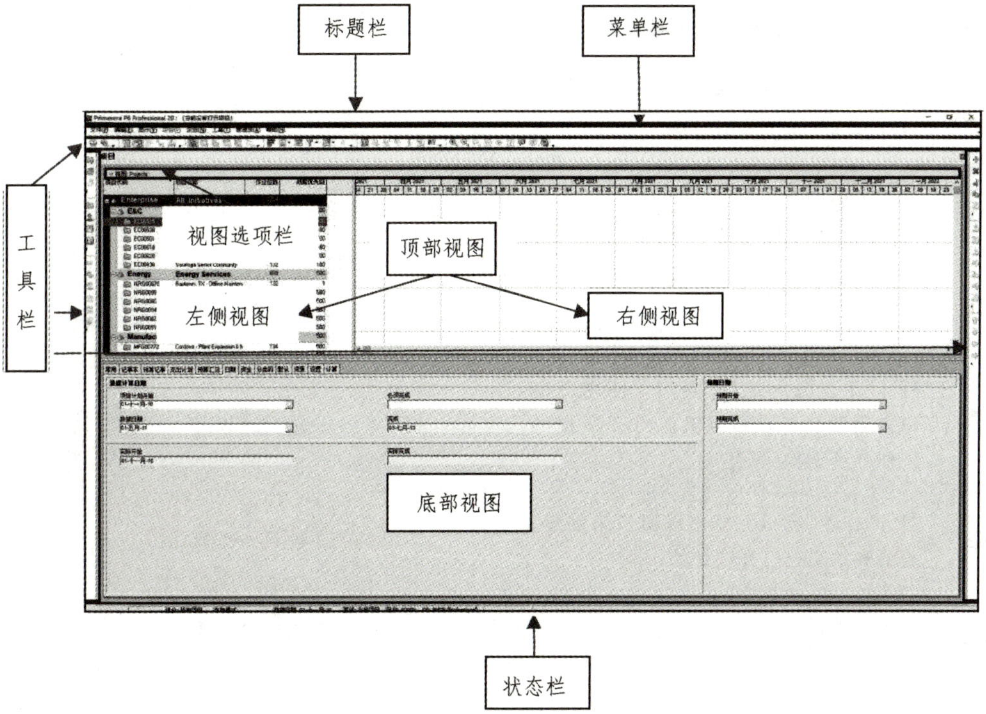

图 11-10　P6 的初始界面

工具栏常用图标的含义详见表11-1。

表11-1 工具栏常用图标

图标	功能	快捷键	对应菜单命令
	在目前激活的窗口中增加数据条目。例如，在“项目”窗口中增加项目；在“WBS”窗口中增加WBS；在“作业”窗口中单击该图标增加一个作业	Ins或Insert键	编辑→增加
	删除选中的数据对象	Del或Delete键	编辑→删除
	剪切选中的数据对象	Ctrl+X	编辑→剪切
	复制选中的数据对象	Ctrl+C	编辑→复制
	粘贴复制或剪切的数据对象 复制或剪切数据对象后启用该图标	Ctrl+V	编辑→粘贴
	将选中的对象在层次中上移一行		
	将选中的对象在层次中下移一行		
	将选中的对象在层次中左移。左移对象时会将其在层次中上移一层		
	将选中的对象在层次中右移。右移对象时会将其在层次中下移一层		
	EPS节点(EPS—项目数据库的分层结构)		企业→EPS
	打开“工作分解结构”窗口。使用该窗口来创建、查看和编辑已打开项目的工作分解结构(WBS)		项目→WBS
	打开“作业”窗口。使用该窗口来创建、查看和编辑已打开项目的作业		项目→作业
	创建新项目	Ctrl+N	文件→新建

续表

图标	功能	快捷键	对应菜单命令
	启动“打开项目”对话框。选择要打开的项目	Ctrl+O	文件→打开
	关闭所有打开的项目。单击该图标时，所有显示项目数据的已打开窗口(如“作业”和“WBS”窗口)都会自动关闭	Ctrl+W	文件→全部关闭
	在顶部视图中显示或隐藏表视图		显示→显示于顶部→表
	在顶部视图中显示或隐藏甘特图		显示→显示于顶部→甘特图
	在顶部视图中显示或隐藏作业网络图。要设置作业网络图选项，请打开一个作业网络图视图，或保存作业网络图视图，单击该图标，然后选择适当选项		显示→显示于顶部→作业网络图
	在甘特图中显示或隐藏逻辑关系线		
	在底部视图中显示或隐藏窗口详情。使用窗口详情来查看或编辑所选条目的信息		显示→显示于底部→详情
	显示或隐藏底部视图。当隐藏底部视图时，顶部视图会扩大并充满整个工作区域		显示→显示于底部→无底端视图
	打开“进度计算”对话框。在该对话框中，您可以计算已打开项目的进度并设置进度计算选项	F9	工具→进度计算

初学者对于工具按钮的图标可能不是特别熟悉，将鼠标悬停于工具按钮处即可显示该按钮对应的工具的名称与快捷键。

11.4.3 项目工期计划流程

项目工期计划流程如图 11-11 所示。

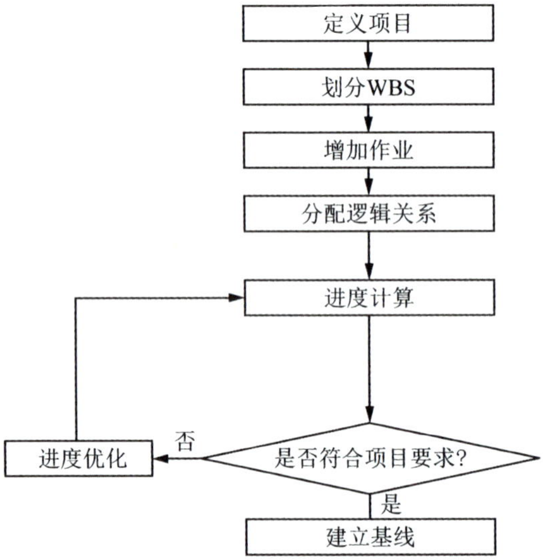

图 11-11　无资源约束的项目计划流程

1. 定义项目

现结合一个示例项目介绍 P6 软件计划的编制过程，该项目的项目名称为“CBD”，项目的计划开始日期为 2020 年 4 月 1 日，要求的完工日期为 2021 年 5 月 21 日。默认的项目日历为“七天工作制”，项目的 WBS 及作业详情见表 11-2。

表 11-2　项目详情

作业代码	作业名称	WBS 名称	WBS 分类码	原定工期(d)	日历名称	紧后作业	紧后作业详情	作业类型
E1000	地质初勘	地质勘察	CBD05. E. 10	3	七天工作制	E1010，PM1000	E1010：FS，PM1000：SS	任务相关
E1010	地质详勘	地质勘察	CBD05. E. 10	7	七天工作制	E1020	E1020：FS	任务相关
E1040	基础施工图设计	施工图设计	CBD05. E. 50	50	七天工作制	E1050，E1070	E1050：FS，E1070：FS	任务相关
E1050	地下室施工图设计	施工图设计	CBD05. E. 50	45	七天工作制	E1060，E1070	E1060：FS，E1070：FS	任务相关
E1060	地上部分施工图设计	施工图设计	CBD05. E. 50	45	七天工作制	E1070	E1070：FS	任务相关

续表

作业代码	作业名称	WBS 名称	WBS 分类码	原定工期(d)	日历名称	紧后作业	紧后作业详情	作业类型
E1070	建筑结构施工图报审	施工图设计	CBD05. E. 50	6	五天工作制	E1080，E1090，E1100，M1010	E1080：SS，E1090：SS，E1100：SS，M1010：FS	任务相关
E1080	消防施工图报审	施工图设计	CBD05. E. 50	6	五天工作制	M1010	M1010：FS	任务相关
E1090	人防施工图报审	施工图设计	CBD05. E. 50	6	五天工作制	M1010	M1010：FS	任务相关
E1100	节能报审	施工图设计	CBD05. E. 50	6	五天工作制	M1010	M1010：FS	任务相关
E1030	初步设计报审	初步设计	CBD05. E. 40	6	五天工作制	E1040	E1040：FS	任务相关
E1020	初步设计	初步设计	CBD05. E. 40	8	七天工作制	E1030	E1030：FS	任务相关
C1020	临时设施及道路	施工准备	CBD05. C. 1	20	七天工作制	M1020	M1020：FS	任务相关
C1000	三通一平	施工准备	CBD05. C. 1	42	七天工作制	C1010	C1010：FS	任务相关
C1010	办理《建筑工程施工许可证》	施工准备	CBD05. C. 1	3	七天工作制	C1020	C1020：FS	任务相关
M1020	开工典礼	里程碑	CBD05. M	0	七天工作制	CA1002	CA1002：FS	完成里程碑
M1030	基础出正负零	里程碑	CBD05. M	0	七天工作制	CA1000	CA1000：FS	完成里程碑
H1000	竣工验收	竣工验收	CBD05. H	7	五天工作制	M1050，PM1000	M1050：FS，PM1000：FF	任务相关
M1000	项目启动	里程碑	CBD05. M	0	七天工作制	E1000	E1000：FS	开始里程碑
M1010	施工图设计完成	里程碑	CBD05. M	0	七天工作制	C1000，PA1000，PA1230，P1A230，PA1240	C1000：FS，PA1000：FS 116d，PA1230：FS 160d，P1A230：FS 100d，PA1240：FS 160d	完成里程碑

续表

作业代码	作业名称	WBS名称	WBS分类码	原定工期(d)	日历名称	紧后作业	紧后作业详情	作业类型
PM1000	项目管理工作	项目管理	CBD05.2	369	七天工作制			配合作业
M1050	项目结束	里程碑	CBD05.M	0	七天工作制			完成里程碑
M1040	主体结构验收	里程碑	CBD05.M	0	七天工作制	A1000，A1010	A1000：FS，A1010：FS	完成里程碑
CA1000	一层结构施工	一层结构施工	CBD05.C.20.2.1	8	七天工作制	CA1012	CA1012：FS 1d	任务相关
CA1002	基础施工	基础施工	CBD05.C.20.7	95	七天工作制	M1030	M1030：FS	任务相关
A1000	一层砌体砌筑	一层砌体砌筑	CBD05.C.20.1.1	25	七天工作制	A1070	A1070：FS	任务相关
A1010	屋面工程	屋面工程	CBD05.C.20.RF	13	七天工作制	A1040，A1020	A1040：FS，A1020：FS	任务相关
A1020	电气设备安装	电气设备安装	CBD05.C.30.5	68	七天工作制	H1000	H1000：FS	任务相关
A1030	暖通设备安装	暖通设备安装	CBD05.C.30.1	30	七天工作制	H1000	H1000：FS	任务相关
A1040	电梯安装	电梯安装	CBD05.C.30.2	15	七天工作制	H1000	H1000：FS	任务相关
A1060	一层装饰装修	一层装饰装修	CBD05.C.40.3	8	七天工作制	H1000	H1000：FS	任务相关
CA1012	二层结构施工	二层结构施工	CBD05.C.20.2.2	8	七天工作制	CA1022	CA1022：FS	任务相关
CA1022	三层结构施工	三层结构施工	CBD05.C.20.2.3	8	七天工作制	M1040	M1040：FS	任务相关
A1070	二层砌体砌筑	二层砌体砌筑	CBD05.C.20.1.2	25	七天工作制	A1080	A1080：FS	任务相关
A1080	三层砌体砌筑	三层砌体砌筑	CBD05.C.20.1.3	25	七天工作制	A1040，A1110，A1030，A1090	A1040：FS，A1110：FS，A1030：SS 8d，A1090：SS 15d	任务相关
A1090	消防设备安装	消防设备安装	CBD05.C.30.3	30	七天工作制	H1000	H1000：FS	任务相关

续表

作业代码	作业名称	WBS 名称	WBS 分类码	原定工期(d)	日历名称	紧后作业	紧后作业详情	作业类型
A1100	二层装饰装修	二层装饰装修	CBD05. C. 40. 1	8	七天工作制	A1060	A1060：FS－1d	任务相关
A1110	三层装饰装修	三层装饰装修	CBD05. C. 40. 4	8	七天工作制	A1100	A1100：FS－1d	任务相关
PA1000	电气设备采购	电气设备采购	CBD05. P. 1	41	七天工作制	A1020	A1020：FS	任务相关
PA1230	暖通设备采购	暖通设备采购	CBD05. P. 3	56	七天工作制	A1030	A1030：FS	任务相关
P1A230	电梯设备采购	电梯采购	CBD05. P. 4	131	七天工作制	A1040	A1040：FS	任务相关
PA1240	消防设备采购	消防设备采购	CBD05. P. 2	56	七天工作制	A1090	A1090：FS	任务相关

2. 创建项目

利用项目创建向导创建一个项目，步骤如下。

(1)选中对应的 EPS 节点

选择菜单“企业→项目”命令，打开“项目”窗口后，选择 EPS 根节点“All Initiatives”，然后单击“增加”按钮，见图 11-12。

(2)输入项目代码和项目名称

项目代码是识别项目的身份代码，最多允许 20 个字符。项目代码是项目的唯一识别码，不同项目的项目识别码不能够重复。如图 11-13 所示在“项目名称”页面输入项目代码和项目名称。

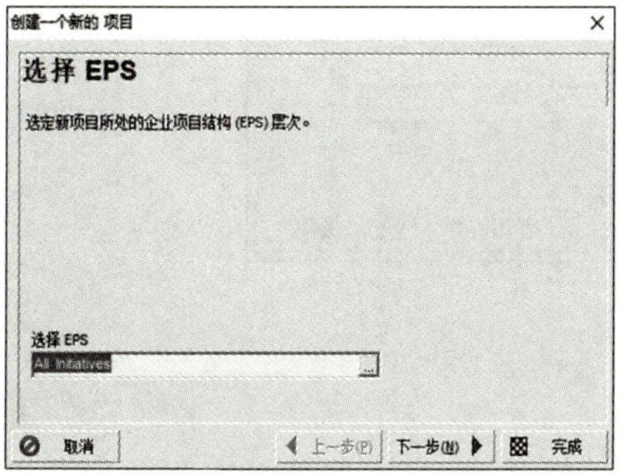

图 11-12　选择 EPS

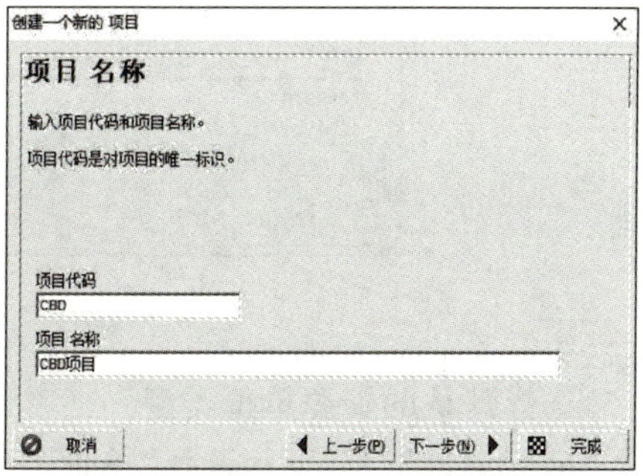

图 11-13　输入项目代码和项目名称

(3)输入项目的计划开始和(或)必须完成日期

按照工程的工期要求输入计划开始时间"2020 年 4 月 1 日"和必须完成时间"2021 年 5 月 21 日",见图 11-14。

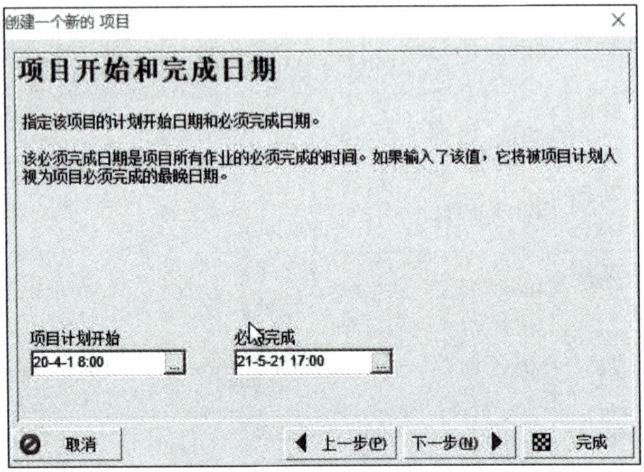

图 11-14　计划开始日期和(或)必须完成日期

(4)分配项目责任人

在"责任人"页面为新建项目分配责任人,见图 11-15。

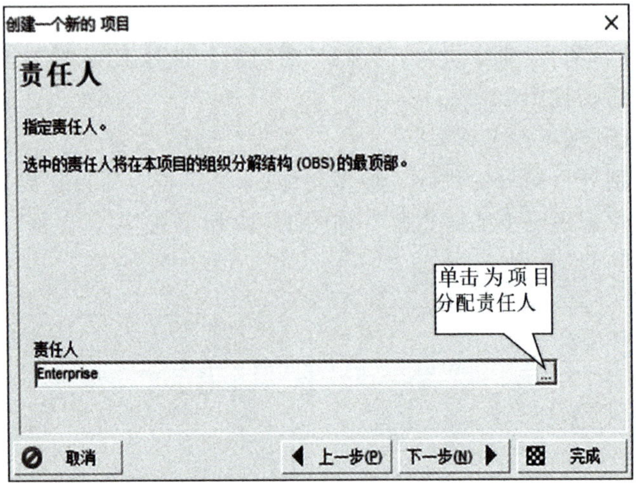

图 11-15　分配项目责任人

(5)选择默认的资源单价类型

在"分配单价类型"页面选择"单价类型",见图 11-16。

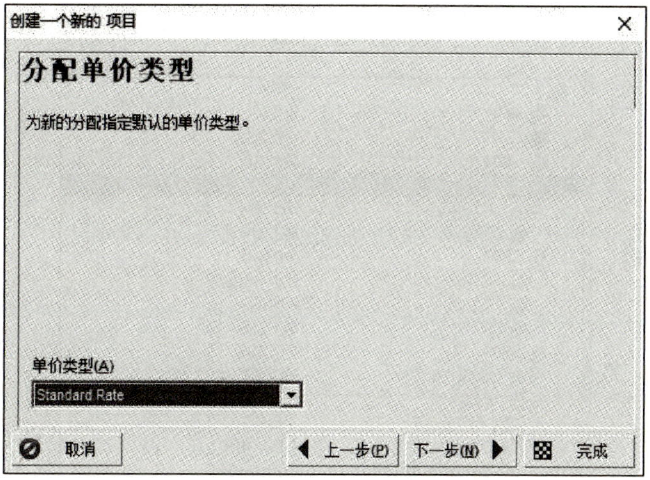

图 11-16　选择单价类型

项目默认的可供选择的单价类型共有 5 个。每个单价类型的具体内涵，需要在“管理员→管理设置→单价类型”页面中进行设置。工期计划没有资源，后续步骤可以省略。直接单击“完成”按钮，结束新项目的创建。

3. 设置项目详情及默认设置

创建项目完成后，需要在“项目详情表”中设置项目默认的设置。比如，在默认页面选择项目的日历、作业代码规则等信息。如果项目详情没有显示于窗口底部，可以在菜单中选择“显示→显示于底部→详情”命令，将“项目详情表”显示于窗口底部，见图 11-17。

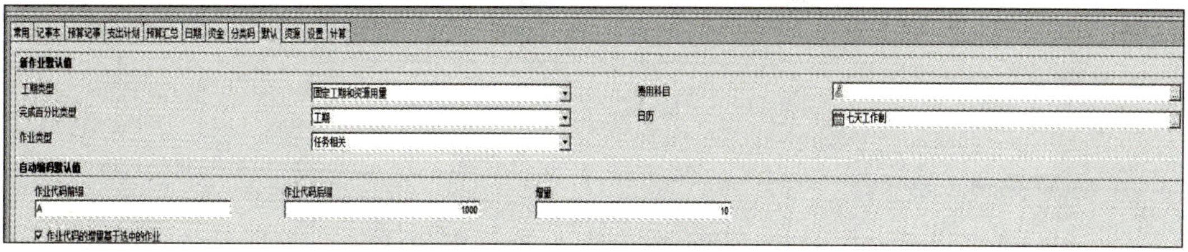

图 11-17　项目详情表

项目的默认信息定义后，单击工具栏中的按钮或者选择“项目→WBS”命令，切换到工作分解结构(WBS)窗口，为刚刚建立的 CBD 项目定义 WBS 层次结构。右击鼠标选择“✚增加(A)”命令或者选择右侧工具栏上的✚按钮，为 CBD 项目建立 WBS 编码和结构。建议一层一层地创建 WBS，鼠标选择根节点“CBD”创建下层 WBS，然后再选择“设计阶段”节点，创建下层 WBS。如果创建 WBS 的过程中出现层次紊乱，可以通过右侧工具栏的⇧、⇩、⇦、⇨按钮调节上下和左右层次结构。单击单元格“WBS 分类码”可以将 WBS 视图处于树形状态，见图 11-18。

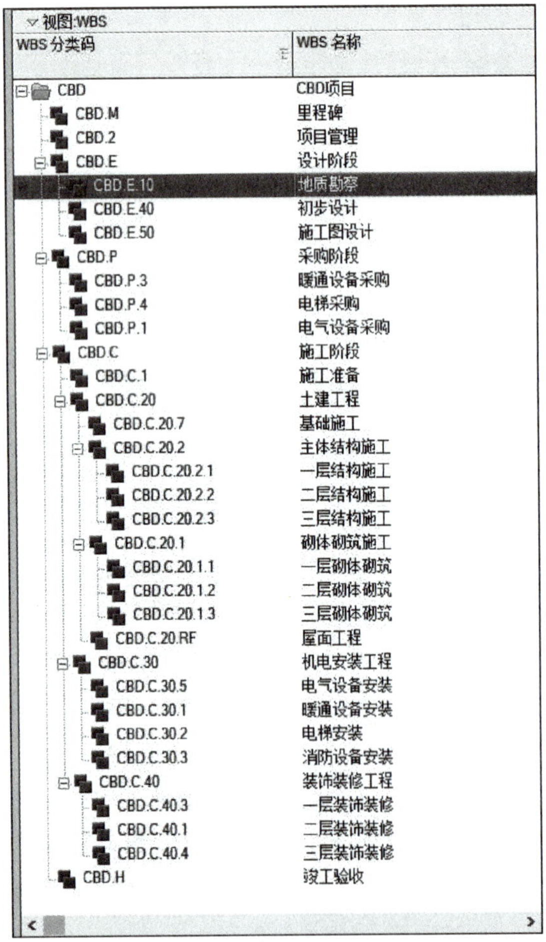

图 11-18　创建工作分解结构(WBS)

4. 建立初始工期计划

WBS创建完成后，需要为WBS增加作业及其逻辑关系。为项目的工作分解结构(WBS)增加必要的作业主要有以下三种方法：利用向导增加作业、在“作业”窗口增加作业和在网络图中增加作业。增加作业以及作业的逻辑关系后，在工具栏中单击按钮或者选择“工具→进度计算”命令，可以打开“进度”对话框，见图11-19。

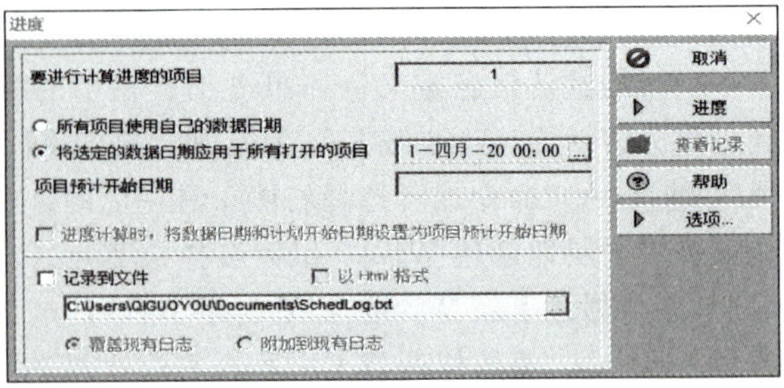

图 11-19　“进度”对话框

单击按钮选择数据日期为

“2020 年 4 月 1 日”，单击“进度”按钮，将执行进度计算，结果见图 11-20。

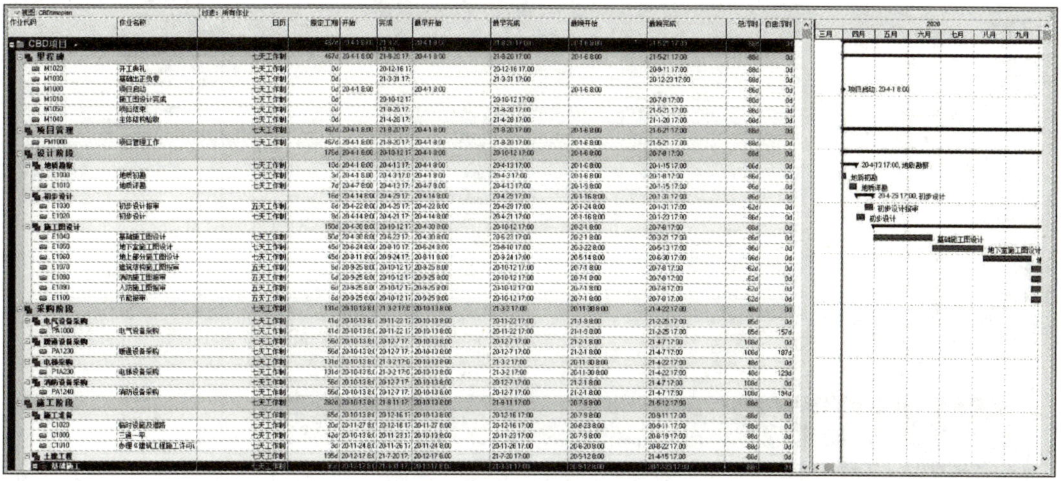

图 11-20　进度计算执行结果

5. 工期计划的优化

工期优化也称时间优化，是指当初始网络计划的计算工期大于要求工期时，通过压缩关键线路上工作的持续时间或调整工作关系，以满足工期要求的过程。工期优化的主要方案包括：压缩关键路径上的作业工期修改逻辑关系。CBD 项目的初始工期计划见图 11-21。

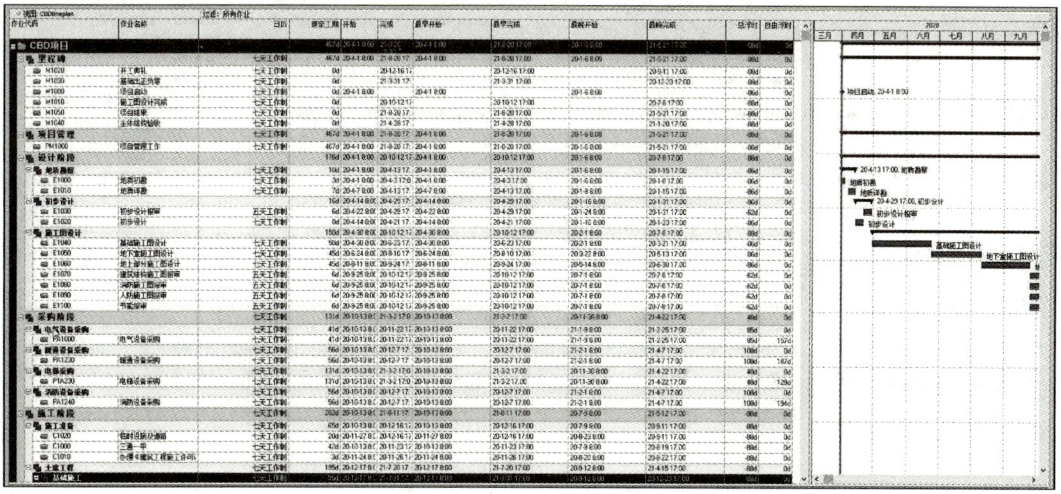

图 11-21　初始工期计划

(1)压缩工期

将“基础施工”作业的工期从 95 天压缩到 87 天，负的总浮时从－88 天变成了－80 天，有所缓解，见图 11-22。

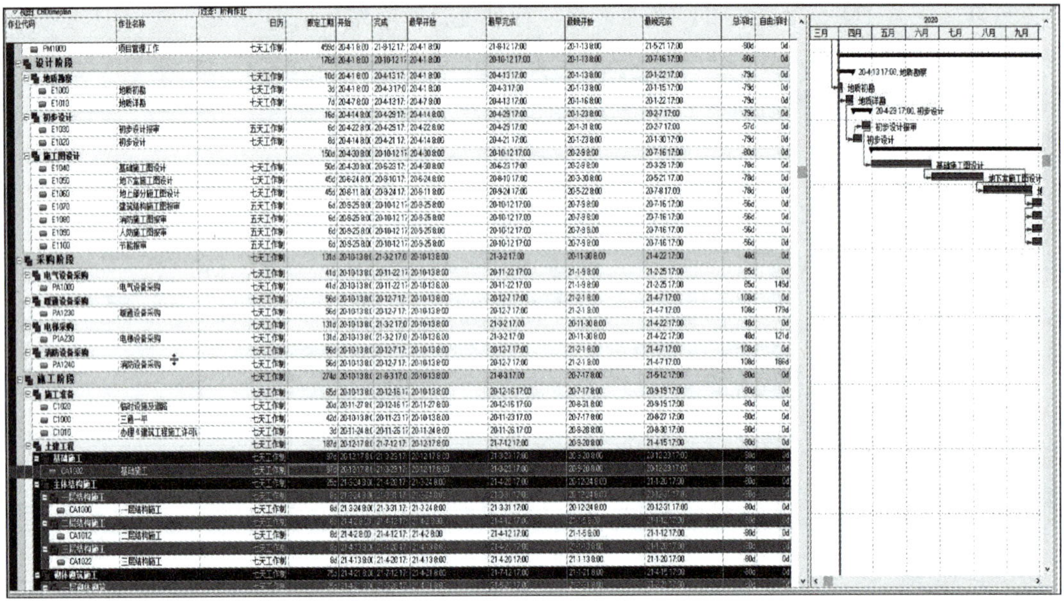

图 11-22　压缩后工期

(2)修改逻辑关系

修改设计作业的逻辑关系，将“基础施工图设计”“地下室施工图设计”和“地上部分施工图设计”的逻辑关系设置为 SS 关系，见图 11-23。

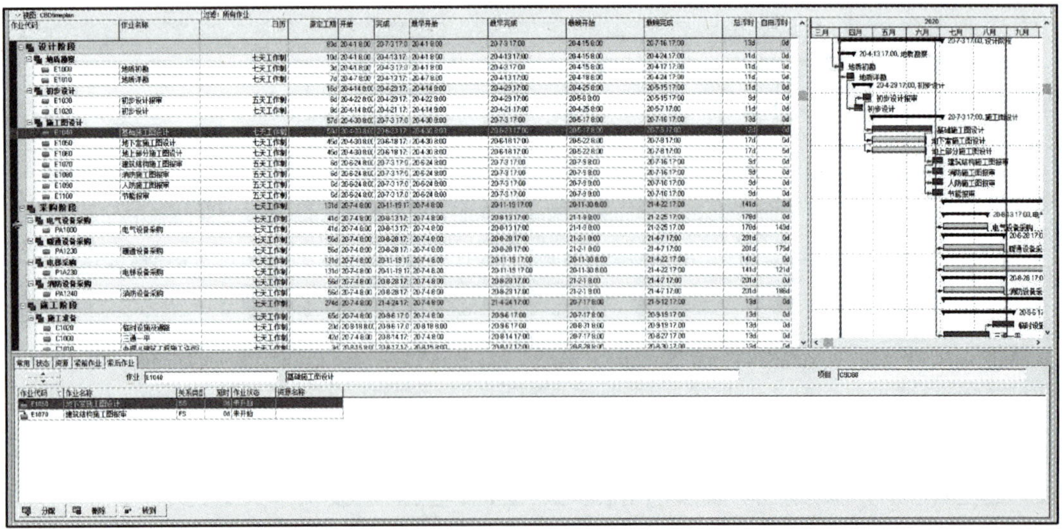

图 11-23　修改逻辑关系

当前的项目总浮时为 14 天，一年期的项目将关键路径的作业保留 14 天的总浮时是合理的。

(3)增加限制条件

项目计划的优化过程是一个逐步迭代的过程，比如对逻辑关系的重构、对延时的修改以及对限制条件的加载，需要综合考量、逐步迭代，直到最终确定项目的工期基线。在 CBD 项目中，“施工图设计完成”后即可开展设备招标工作，考虑到这些作业的总浮时很多，过早安排这些招标采购活动会影响早期的项目成本支出，为此，可以增加作业逻辑关系的延时，适当推迟这些设备的招标活动，见图 11-24。

图 11-24　增加延时

同时，可以通过为“电梯安装”作业增加限制条件，推迟该作业的最早开始时间，从而降低本阶段的资源负荷和冲突，见图 11-25。

在计划的编制过程中，可能需要批量修改上述信息。比如对于限制条件的批量删除，可以在作业窗口将“第一限制条件”“第二限制条件”显示出来，通过“自动填充”功能进行批量修改。对于延时的批量修改，可以将项目作业数据的逻辑关系导出到 Excel，通过对“lag_hr_cnt”进行筛选，将拥有延时的作业过滤出来，对该列进行批量数据修改。修改完成后，通过文件“导入”操作，更新原来的项目作业逻辑关系数据。

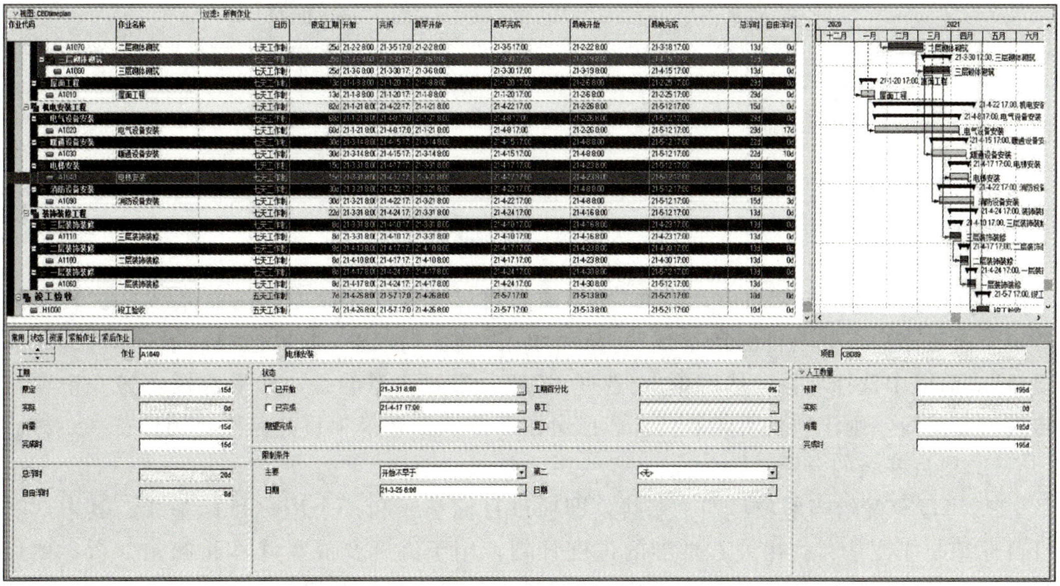

图 11-25　增加限制条件

6. 项目基线维护与分配

(1)项目基线

项目基线是项目计划的完整副本，可以将它与当前进度计算进行比较以评估进度，在栏位数据和视图中可以显示基线数据。项目经理可以将项目的副本作为该项目的基线，也可以选择EPS同一节点下的其他项目作为本项目的基线。理论上可以为每个项目保存无数个基线，具体的数量可以在“管理设置”中确定。不管为项目保存了多少个基线，在任何指定时间最多只能选择三个基线用于比较。项目层次基线用于项目/作业使用剖析表和直方图以及挣值计算。在“管理员→管理类别”中可以设置为每个基线分配的反映其用途的基线类型，例如初始计划基线、模拟分析项目基线或项目中期基线。要修改基线项目，首先必须取消它与关联前项目的链接，将其恢复为单独的项目，然后对其进行处理。为了反映项目的范围变更，可以自动将当前项目的新数据增加到基线中，并使用“更新基线”功能修改当前项目中已更改的现有基线数据。

(2)项目基线的维护

创建项目基线的步骤如下。

①打开要创建基线的项目。

②选择“项目→维护基线”命令。

③单击“增加”按钮，见图11-26。

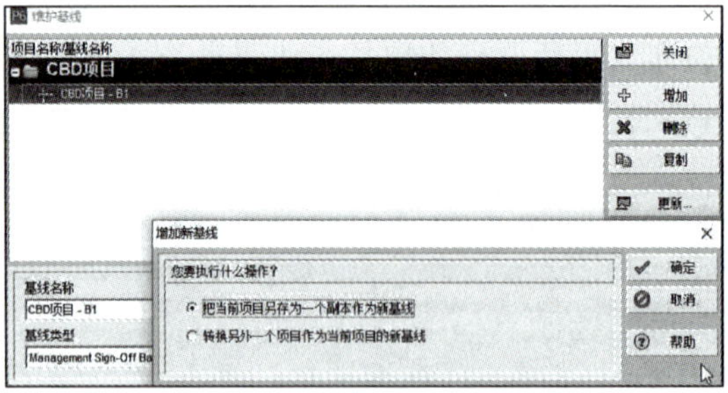

图 11-26 “项目-维护基线”窗口

④在图11-26所示窗口中，点选“把当前项目另存为一个副本作为新基线”或“转换另外一个项目作为当前项目的新基线”，然后单击“确定”按钮。如果选择后者，请在“选择项目”对话框中选择项目，然后单击“选择”按钮。需要注意的是，如果选择将另一个项目转换为新基线，则该项目不能被打开或已分配了基线。转换项目的名称将用作基线名称。

(3)项目基线的分配

P6可以分配给当前项目四个基线，即项目目标基线和三个用户目标基线。其中，项目目标基线往往是利益相关方批准的进度计划，用于进度及成本计算和偏差分析。项目管理团队可以创建用于编制计划、跟踪项目进展的用户目标基线。

打开要为其分配基线的项目，然后为其分配基线，分配基线的步骤见图11-27。

图 11-27　“分配基线”对话框

①选择“项目→分配基线”命令。当打开多个项目的时候，选择需要分配基线的项目。

②在“项目”字段中，选择要为其分配第一基线【主要基线，Primary Baseline】的项目。如果没有第一基线选择值，则会使用当前项目基线作为第一基线。

③在“第二”【Secondary Baseline，第二基线】和“第三”【Tertiary Baseline，第三基线】字段中，下拉选择当前项目的现有基线予以分配。

思考与练习

某大学为配合城市道路扩建工程，将校门及围墙后移 25 米，并对校门进行了重新设计。经初步设计，新的校门采用钢架结构支撑，上部采用网架结构。经过招标，工程的施工图由建筑设计院设计；校门的钢架基础由第三建筑公司负责施工；两边钢架由工程机械厂制造，并负责运输至现场，同时，工程机械厂还负责钢架和网架的安装工作；上部网架则委托网架工程公司制造，并负责运输到施工现场；大门的装饰、照明用灯及霓虹灯由电子霓虹灯有限公司制作，并负责运输至现场以及安装和调试；最后的现场清理工作由第三建筑公司完成。校方委托学校所属的监理公司负责此项工作的监理工作。学校要求采用项目管理软件管理该工程的进度计划，同时要求整个工作从 2021 年 4 月 9 日开始，至 2021 年 6 月 20 日完工。

(1)工作分解结构(WBS)及其编码说明见表 11-3。

表 11-3　WBS 及其编码说明

WBS 编码	编码说明	WBS 编码	编码说明	WBS 编码	编码说明
GT	校门工程	GT. 2	土建	GT. 4	运 输
GT. 1	设计	GT. 3	制作	GT. 5	安装

(2)作业清单见表11-4。

表11-4 作业清单表

作业代码	作业名称	原定工期	作业类型	紧前作业
1000	项目开始	0	开工里程碑	
1010	布局设计	10	任务	1000SS
1020	网架设计	15	任务	1000SS
1030	钢架设计	12	任务	1020
1040	基础设计	5	任务	1020SS6，1030SS7
1050	照明、装饰设计	8	任务	1000SS
1060	人员设备进场	5	任务	1000SS
1070	破土动工	0	开工里程碑	1010P52，1040，1060
1080	挖土	5	任务	1070SS
1090	支模	4	任务	1080
1100	扎筋	5	任务	1090
1110	浇筑混凝土	3	任务	1100
1120	养护	7	任务	1110SSl
1130	拆模	2	任务	1120
1140	土建完成	0	完工里程碑	1110FF
1150	钢架制作	25	任务	1030
1160	钢架运输	2	任务	1150
1170	钢架组对	2	任务	1160
1180	钢架吊装	1	任务	1140，1170
1190	网架制作	28	任务	1020
1200	网架运输	1	任务	1190
1210	网架吊装	1	任务	1180，1200
1220	照明装饰灯制作	10	任务	1050
1230	照明装饰灯运输	1	任务	1220
1240	照明装饰灯安装	2	任务	1210，1230
1250	照明装饰灯调试测试	1	任务	1240
1260	现场清理	2	任务	1250
1270	项目完成	0	完工里程碑	1260FF

要求：利用项目管理软件P6进行项目计划的编制。

参考文献

[1]艾琳·迪丁斯基. 项目集管理实践指南[M]. 傅永康，陈正洪，苏金艺，译. 北京：中国工信出版集团，电子工业出版社，2019.

[2]白思俊. 现代项目管理(升级版)(上下册) [M]. 北京：机械工业出版社，2019.

[3]布鲁斯·巴克利，詹姆士·塞罗. 客户驱动的项目管理——项目过程形成质量[M]. 2版. 毛尧飞，等，译. 北京：清华大学出版社，2002.

[4]陈艳，吕云翔，谢运慧. 基于PT-MA理论的PPP项目风险管理行为演化博弈分析[J]. 系统科学学报，2020，28(4)：65-70.

[5]耿瑞，朱建军，王翯华，等. 基于z标记的灰色GERT多任务项目费用优化研究[J]. 中国管理科学，2017，25(4)：133-142.

[6]郭婧娟，冯璐瑶，李营. 基于网络联保的合同能源管理融资模式研究[J]. 工业技术经济，2020，39(1)：105-112.

[7]何清华，陈震. 知识型建设项目有机式组织结构边界条件研究——以上海徐汇西岸传媒港总体项目管理组织设计为例[J]. 科技管理研究，2015，35(17)：176-182.

[8]胡浩. 改进型PPP模式在城际客运铁路项目融资中的应用[J]. 甘肃社会科学，2017(2)：240-244.

[9]黄晓宇，宋歌，莫鹏. 国际工程总承包项目全阶段合同管理[J]. 国际经济合作，2012(12)：41-44.

[10]吉姆·海史密斯. 敏捷项目管理：快速交付创新产品[M]. 2版. 李建昊，译. 北京：中国工信出版集团，电子工业出版社，2019.

[11]蒋建林，陈建国，郑荣跃. 工程项目组织间壁垒问题分析——以装配式建筑项目为例[J]. 软科学，2019，33(3)：106-110.

[12]蒋明. 浙江X输变电工程项目成本控制的案例研究[D]. 浙江工业大学，2017.

[13]焦健. 基于价值工程的政府投资项目全过程工程咨询研究[D]. 北京建筑大学，2020.

[14]鞠建东，兰晓梅. 中国跨境融资管理的问题与改进[J]. 金融论坛，2021，

26(2)：3-7，36.

[15]鞠文静. 基于价值工程的A项目景观设计质量与成本管理研究[D]. 北京交通大学，2020.

[16]瞿焱. 项目质量管理[M]. 杭州：浙江大学出版社，2005.

[17]肯尼斯·罗斯. 项目质量管理：从入门到精通[M]. 2版. 边登峰，李一，汪小金，译. 北京：中国电力出版社，2016.

[18]黎永艳. 全过程工程咨询项目组织管理体系研究[D]. 长春工程学院，2020.

[19]李存斌，刘赟奇，李书科. 施工项目中设计风险元传递模型研究[J]. 运筹与管理，2015，24(6)：143-151.

[20]李金海. 项目质量管理[M]. 2版. 天津：南开大学出版社，2014.

[21]李倩，王普，王秀村，等. 基于改进多属性群决策的高速铁路建设项目质量管理绩效评价[J]. 铁道学报，2018，40(5)：156-163.

[22]李晓辉. 电力工程项目采购物资质量管理评价研究[D]. 山东大学，2020.

[23]李莹. 有关悉尼歌剧院项目管理的分析[J]. 山西建筑，2016，42(22)：247-248.

[24]李中锋，高婕. 对口援藏建设项目组织实施方式：演进特征、动力机制及优化研究[J]. 西南民族大学学报(人文社会科学版)，2020，41(6)：198-202.

[25]梁文国. 我国工程项目合同管理研究[J]. 财经问题研究，2014(S1)：193-196.

[26]蔺文虎. 建筑企业项目成本控制中的问题及防范对策[J]. 山西财经大学学报，2019，41(S2)：69-70，73.

[27]刘建文. 建筑工程项目管理中施工进度的管理探究[J]. 冶金管理，2021(11)：112-113.

[28]吕志强，栗继祖. PDCA循环在工程安装项目质量管理中的应用——以山西X大厦中央空调的安装项目为例[J]. 山西财经大学学报，2019，41(S1)：35-37，44.

[29]罗伯特·K. 威索基. 有效的项目管理：面向传统、敏捷、极限、混合项目[M]. 8版. 杨爱华，胡庆江，王颖，译. 北京：中国工信出版集团，电子工业出版社，2021.

[30]罗德尼·特纳，斯蒂芬·西米斯特. 项目管理手册[M]. 3版. 李世其，樊葳葳，等，译. 北京：机械工业出版社，2004.

[31]梅震宇，金峰. 国际工程项目风险管理最佳实践及启示[J]. 国际经济合作，2020(6)：148-156.

[32]美国项目管理协会. 项目管理知识体系指南(PMBOK指南)[M]. 4版. 王勇，张斌，译. 北京：电子工业出版社，2009.

[33]孟晓梅. 疫情下的国际应急采购管理实践与思考[J]. 国际经济合作，2020(2)：51-58.

[34]Project Management Institute. 组织级项目管理标准[M]. 北京：中国工信出版集团，电子工业出版社，2019.

[35]潘锋. 京杭运河邵伯湖区段航道疏浚工程进度管理优化研究[D]. 扬州大学，2020.

[36]彭勇. 国际 EPC 总承包项目费用控制的主要内容[J]. 有色冶金设计与研究，2020，41(3)：51-53.

[37]蒲天添. 基于AHP 模型的工程项目风险预警分析[J]. 统计与决策，2018，34(21)：182-185.

[38]戚安邦. 项目管理学[M]. 3 版. 北京：科学出版社，2019.

[39]齐国友. P3e/c 工程项目管理应用[M]. 北京：机械工业出版社，2007.

[40]沈小静，刘若阳，姜旭. 新中国 70 年采购管理发展历程、阶段特征及未来展望[J]. 管理世界，2019，35(10)：39-49.

[41]宋晓华，祖丕娥，陈灵青，等. 不确定环境下的项目融资租赁租金计量模型研究——基于出租人视角[J]. 会计研究，2012(10)：21-25，95.

[42]唐文哲，雷振，王姝力，等. 国际工程 EPC 项目采购集成管理[J]. 清华大学学报(自然科学版)，2017，57(8)：838-844.

[43]王加侣. 探讨公路工程施工质量控制与项目管理措施[J]. 低碳世界，2021，11(6)：239-240.

[44]王祖和. 项目质量管理[M]. 2 版. 北京：机械工业出版社，2018.

[45]吴光东，杨慧琳. 基于演化博弈的建设项目承包商道德风险及防范机制[J]. 科技进步与对策，2018，35(24)：56-63.

[46]熊莉. A 公司总承包项目费用控制管理改进研究[D]. 大连理工大学，2017.

[47]徐翘楚. 挣值分析在深圳地铁 9 号线 BT 项目中的应用[J]. 项目管理技术，2021，19(3)：122-126.

[48]薛大龙. 信息系统项目管理师历年真题解析[M]. 4 版. 北京：中国工信出版集团，电子工业出版社，2020.

[49]杨慧. 基于拉式供应链的企业采购管理优化[J]. 统计与决策，2017(23)：179-181.

[50]杨青，邹星琪，李兆超. 基于复杂网络和随机游走算法的研发项目组合风险分析[J]. 系统工程理论与实践，2020，40(7)：1 832-1 843.

[51]杨兴林，韩凯. 基于 SD 的船舶敏捷制造项目进度管理模型研究[J]. 科技管理研究，2013，33(12)：203-207.

[52]袁瑶. 基于 BIM 技术的项目全生命周期质量管理应用研究[D]. 南昌大学，2020.

[53]曾赛星，林翰，马汉阳. 重大基础设施工程社会责任[M]. 北京：科学出版社，2018.

[54]詹伟，杨超. 基于蒙特卡洛模拟和挣值分析的项目完工预测优化[J]. 科技管理研究，2019，39(17)：214-219.

[55]张耿. EPC工程总承包项目的成本管理方法探究[D]. 长安大学，2019.

[56]张公绪，孙静. 质量工程师手册[M]. 北京：企业管理出版社，2003.

[57]赵国富. PPP解困：社会资本融资攻略 某市污水处理PPP项目融资方案分析及启示[J]. 项目管理评论，2017(5)：60-63.

[58]朱锦旭. EPC总承包项目费用控制实例浅谈[J]. 化工管理，2018(12)：142-143.

[59]Atkinson R. Project Management：Cost，Time and Quality，Two Best Guesses and a Phenomenon，Its Time to Accept Other Success Criteria[J]. International Journal of Project Management，1999，17(6)：337-342.

[60]Babu A，Suresh N. Project Management with Time，Cost，and Quality Considerations[J]. European Journal of Operational Research，2007，88(2)：320-327.

[61]Biskupek A. Risk Management in IT Projects-case Study[J]. Trends Economics and Management，2018，12(32)：21.

[62]Bredillet C. The Future of Project Management：Mapping the Dynamics of Project Management Field in Action[EB/OL]. http://eprints.qut.edu.au/statistics/eprint/49469/downloads_by_period.[2021-1-1].

[63]Carbone T A. Project Risk Management Using the Project Risk FMEA[J]. Engineering Management Journal，2004，16(4)：28-35.

[64]Changming Hu，Juan Wang，Yuan Mei. Uncertain Time-resource-cost Trade-off Models for Construction Project Schedule[J]. KSCE Journal of Civil Engineering，2021(Prepublish).

[65]Cooper D，Grey S，Raymond G，et al. Project Risk Management Guidelines：Managing Risk in Large Projects and Complex Procurements[M]. Chichester：John Wiley & Sons Inc.，2005.

[66]James P T. Project Financial Management and Modern Financial Slavery：The Case of a KSA Metro Project Start-up[J]. International Journal of Project Management，2014，6(2)：278-300.

[67]Kern A P，Formoso C T. A Model for Integrating Cost Management and Production Planning and Control in Construction[J]. Journal of Financial Management of Property and Construction，2006，11(2)：75-90.

[68]Mantel L H. The Systems Approach and Good Management：An Argument for the "Whole" Approach[J]. Business Horizons，1972，15(5)：43-51.

[69]Lyons T，Skitmore M. Project Risk Management in the Queensland Engineering Construction Industry：A Survey[J]. International Journal of Project Management，2004，22(1)：51-61.

[70]Ma H，Zeng S，Lin H，et al. The Societal Governance of Megaproject Social

Responsibility[J]. International Journal of Project Management, 2017: 1 365-1 377.

[71] Orwig R A, Brennan L L. An Integrated View of Project and Quality Management for Project-based Organizations [J]. International Journal of Quality & Reliability Management, 2000, 17(4/5): 351-363.

[72] Othman A, Abdellatif M. Partnership for Integrating The Corporate Social Responsibility of Project Stakeholders Towards Affordable Housing Development a South African Perspective[J]. Journal of Engineering Design & Technology, 2011, 9(3): 273-295.

[73]Peixoto J, Tereso A, Fernandes G, et al. Project Risk Management Methodology: A Case Study of an Electric Energy Organization[J]. Procedia Technology, 2014, 16: 1 096-1 105.

[74]Cooper R, Slagmuloler R. Interorganizational Cost Management and Relational Context[J]. Accounting Organizations & Society, 2004, 29: 1-26.

[75]Turner R, Huemann M, Keegan A. Human Resource Management in The Project-oriented Organization: Employee Well-being and Ethical Treatment[J]. International Journal of Project Management, 2008, 26(5): 577-585.

[76] Woodward D G. Life Cycle Costing—Theory, Information Acquisition and Application[J]. International Journal of Project Management, 1997, 15(6): 335-344.